苏州市职业大学石湖智库项目成果

江苏省社科应用研究大运河（江苏段）文旅融合协同创新基地项目成果

千年回响

纪念顾野王诞辰1500周年研究论集

主 编　曹毓民　　　副主编　刘 丹　陈 璇

古吴轩出版社

图书在版编目（CIP）数据

千年回响：纪念顾野王诞辰1500周年研究论集 / 曹毓民主编. -- 苏州：古吴轩出版社, 2022.4
ISBN 978-7-5546-1882-0

Ⅰ. ①千… Ⅱ. ①曹… Ⅲ. ①顾野王（519-581）-纪念文集 Ⅳ. ①K825.5-53

中国版本图书馆CIP数据核字（2021）第281488号

责任编辑：俞　都
见习编辑：万海娟
装帧设计：李　璇
责任校对：胡敏韬
责任照排：刘　浩
图片提供：陈　爽　陈　璇等

书　　名：千年回响——纪念顾野王诞辰1500周年研究论集
主　　编：曹毓民
出版发行：古吴轩出版社
地址：苏州市八达街118号苏州新闻大厦30F
电话：0512-65233679　　邮编：215123
出 版 人：尹剑峰
印　　刷：苏州恒久印务有限公司
开　　本：787×1092　1/16
印　　张：14.75
字　　数：243千字
版　　次：2022年4月第1版　第1次印刷
书　　号：ISBN 978-7-5546-1882-0
定　　价：88.00元

编委会

序

顾氏先祖顾野王的家乡传出好消息——由苏州市职业大学校长曹毓民先生主编的《千年回响——纪念顾野王诞辰1500周年研究论集》，历经两年多的精心编选，即将出版发行。这是对顾野王生平研究的又一重要成果。

古谚曰：“上有天堂，下有苏杭。”苏州古称“吴”，作为春秋时期吴国的都城，它是一座历史悠久、人文荟萃的名城。而在地灵人杰的吴地历史长河中，顾野王是一位百科全书式的文化巨人，被誉为“江东孔子儒”。

顾野王（519—581），字希冯，吴郡吴县（今江苏苏州）人。出身于吴地名门顾氏家族，生活在南朝梁陈时期，官至光禄卿。其为官有政声，治学留华章，在历史、地理、文学、书法、绘画诸方面均有很高造诣，所著《玉篇》三十卷，是继东汉许慎《说文解字》之后又一部重要字典，也是我国现存最早的楷书字典。他不仅学识渊博，而且一身正气，在梁末“侯景之乱”爆发后，旗帜鲜明讨伐叛军，忠信正直，赢得世人称誉。顾野王的同族后辈、明末清初著名思想家顾炎武曾作诗称赞顾野王“述记名山业，提戈国士风”，对这位顾氏先贤给予高度评价。

2019年底，苏州市职业大学牵头承办，举行了纪念顾野王诞辰1500周年学术研讨会，邀请全国各地专家学者齐聚上方山下、石湖之畔，从不同的角度深入研讨顾野王的学术思想内涵和当代价值，对新时代如何传承与弘扬吴地优秀文化发表真知灼见。《千年回响——纪念顾野王诞辰1500周年研究论集》正是此次研讨会的成果汇编。全书20余万字，精选北京、上海、南京、苏州等地文化学者的研究文章与文学作品，内容丰富充实，可以帮助读者进一步走近顾野王，了解顾野王的生平事迹和学术成就，对于传承中华民族优良传统、增强文化自信，具有积极的促进作用。

苏州是全国首批24个历史文化名城之一，文化底蕴厚重深邃，有着2500多年的历史传承。2022年是苏州获批国家历史文化名城40周年，这又是一个历史节点。进一步加强苏州的古城保护和精神传承，就要在保存、保护好物质空间的基础上，深入挖掘其人文精神内涵，讲述好苏州历史名人故事。因此，不断深化对顾野王的研究，对于赓续历史、传承文脉、激发千年古城的当代活力，也将大有裨益。

值此《千年回响——纪念顾野王诞辰1500周年研究论集》出版之际，有感而发，写了以上文字，谨为序。

（本序作者系中国科学院院士、清华大学前校长）

目录

学术论文

文艺创作

附　录

会议剪影

纪念顾野王诞辰1500周年学术研究会场景

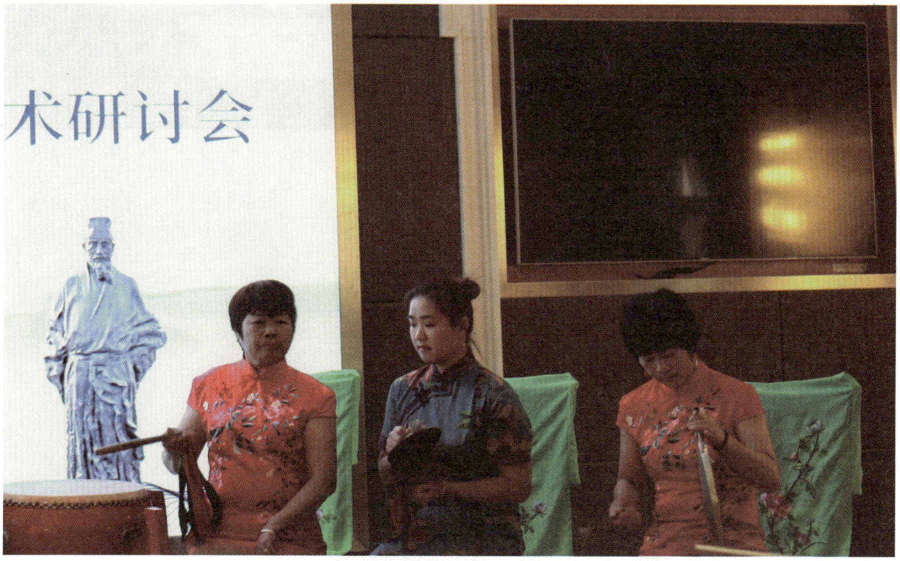

歌颂顾野王的赞神歌表演

研讨会场景

研讨会场景，捐赠仪式

纪念顾野王诞辰1500周年学术研讨会合影

谒顾野王墓

参观顾野王纪念馆

座谈会

会议文选

在纪念顾野王诞辰1500周年学术研讨会上的致辞

刘　丹

尊敬的各位专家学者，各位老师，同志们，朋友们：

上方山下，石湖之畔，在三千年的历史长河里，经常是少长咸集、群贤毕至之地。今日，苏州市职业大学在此诚邀各地学者共同纪念吴地大家顾野王诞辰1500周年。首先，我谨代表苏州市职业大学向各位领导、各位专家学者和来宾表示热烈的欢迎！

顾野王是南朝梁陈时期吴郡人，是文字训诂学家、历史学家、地理学家、文学家、诗人、书画家、音乐家，具有“江东孔子”之美称。所著《玉篇》是我国现存最早的楷书字典，也是中国字典史、文字学史上里程碑式的著作。顾野王不仅是一位大学者，而且还是一位“忠信质直，知谋有余”的杰出人物，具有敢于担当、一身正气的民族精神。太清二年（548）八月，顾野王在家里守孝，得知侯景之乱爆发，毅然在家乡吴县招募乡民数百人，跟随义军支援京城，抗击叛军。这种国家有难，舍身而出的爱国气节是中华民族伟大复兴最需要的品质，是当代极好的爱国主义教育素材。今天，全国各地专家学者汇聚一堂，在这里隆重举办纪念顾野王诞辰1500周年学术研讨活动，是弘扬先贤文化、彰显中国优秀传统文化的重要举措，很有意义。

文化是大学的灵魂，是学校的软实力，也是核心竞争力。地处历史悠久、底蕴深厚的古城苏州，得益于浓厚的吴文化熏陶，苏州市职业大学具有得天独厚的文化优势，具有源远流长的文脉传承，办学历史可追溯至1911年创建的苏州工业专科学校，是一所历经风雨沧桑已走过百余年历史的高校。学校虽然是高职教育类型的，却非常重视地域文化的研究和传承，建有国家级大学生素质教育基地“吴文化园”和江苏高校哲学社会科学重点建设基地“吴文化传承与创新研究中心”。多年来，我校吴文化研究团队坚持地方优秀传统文化的研究与传承，着力打造特色鲜明的吴文化品牌，取得了丰硕成果：承担省、市级科研课题百余项，发表核刊论文近百篇，出版专著和教材五十余部，荣获省、市级教学科研成果奖六十余项。吴文化研究是学校一张亮丽的文化名片。

顾野王出生于吴中的光福镇，在吴中和吴江生活过相当长时间，归葬于吴中越溪的下舟村（现在苏州市职业大学校区内）。2011年，在学校百年校庆前夕，苏州市职业大学修缮了顾野王墓园，“落星坟”的规制亦属别致。研究顾野王，是吴文化研究乃至江南文化研究题中应有之义。顾野王身上的气质与苏州的精致、典雅、守正、创新精神完全吻合。今天，苏州市职业大学牵头举办顾野王诞辰1500周年纪念大会，邀请了全国知名学府及科研机构的专家学者，共同研讨挖掘顾野王学术思想及文化，夯实顾野王研究的学术基础，打造顾野王文化品牌，这对于传承吴地文化，进一步扩大江南文化之影响力，建设好古今辉映的历史文化名城大有裨益。

各位领导，各位嘉宾，1500年前，因为顾野王，江南文化的史书上多了浓墨重彩的一笔；1500年后，我们齐聚苏州职大，共同缅怀并纪念先贤以增强文化自信，增强民族自信，共同书写江南文化崭新的篇章。

祝学术研讨会取得圆满成功！

谢谢大家！

从顾野王到顾颉刚

——纪念顾野王诞辰1500周年学术研讨会感言

仲富兰

感谢苏州市职业大学吴文化研究中心盛情邀请我出席“纪念顾野王诞辰1500周年研讨会”，我主要是来学习的。今天还特地拜谒了石湖之畔的顾公墓地，斯人已逝，但他的智慧犹在，精神气韵犹在。放眼那一抹远山，那一湾近水，那一座千年古墓，任我心游物外，冥思遐想，谈一点浅薄的感想，请各位同道批评指正。

一、顾野王是吴文化的光辉财富

顾野王是吴郡吴县梓里（今苏州市吴中区光福镇）人，他与上海这块土地有着因缘。因为“上海”这个地名是宋代才出现的，在古代，上海就是吴郡的一部分。在今上海市金山区东北有个古镇——亭林镇，顾野王年代的亭林镇属吴郡华亭。历史地理的划来划去，不影响我们对于这位文化巨擘的怀念。

纪念顾野王之地，目前有好几个地方：一是吴郡华亭，顾野王长期居住于云间乡亭林镇，证之于明代的《松江府志》和现代的《上海通志》等。二是苏州吴县，顾野王的籍贯确实是吴郡吴县梓里，《吴县志》等均有记载。三是吴郡海盐新埭泖口村（今属浙江嘉兴平湖市），顾野王在这里生活过，明天启、清光绪的《平湖县志》与1997年的浙江《嘉兴市志》等有记载。四是建安（今福建建瓯县），顾野王幼年时跟随在福建做官的父亲顾烜在那生活过，那里的地方志书也有记载。我想，就如同今天的上海人、苏州人大抵有籍贯与出生地的不同一样，顾野王是苏州人，长期在亭林生活与著述。一个人一生到过许多地方，特别是文化名人，各地都会留下记载。现在大家都来纪念这位文化大师，是一件令人高兴与欣慰的事情。

为什么我说顾野王是“大吴胜壤，千秋笔墨”呢？因为他是古代吴地学者的精神楷模，是吴文化杰出的代表人物。我在一篇文章里说过，要论及上海文化，其实吴文化是上海文化的母胎与底色。西晋陆机的《吴趋行》里说：“吴趋自有始，请从阊门起。”说明西晋时期的文士就认识到苏州已成为中心城市，以苏州为导向，为苏州的文化发端做了注解。在中国地域文化中，可能各个地域文化都有特色，但吴文化的特色鲜明。如果要我对吴文化做一番表述，我认为，吴文化肇始于太湖三山岛旧石器文化至马家浜文化、崧泽文化、良渚文化等新石器文化，以商末“泰伯奔吴”为契机实现本土文化和中原文化的首度融合；成形于春秋时期定都姑苏、争霸称雄的吴国，以“吴侬软语”为主要方言特征，苏南浙北环太湖流域是吴文化的发源地和核心区域。

我曾经读过林锡旦先生的《古城赋》：“江南平原，勾吴立国；太湖之滨，伍员建城。通门二八而水道陆衢；环城一河并三纵四横。水木清华，川原暄淑，竟繁衍成锦绣之乡、风雅之薮；风土清嘉，人物隽秀，且发展为文萃之邦、园林之城。因山兮得名苏州，以地兮亦谓吴中，世称兮人间天堂，又号兮东方水城。奕奕煌煌，代有遗迹；星星点点，世有传承。”林先生说得非常到位，也非常精彩。

环太湖文化，亦即吴文化，有什么特点呢？历代文人学士都曾经做过精彩的提炼，如钟灵毓秀、物华天宝、人杰地灵，都可以说，但我觉得，还是明代大学士王鏊的《姑苏志》说得精准：“精细雅洁，称苏州绣。”

王鏊（1450—1524），吴县（今江苏苏州）人，字济之，号守溪，晚号拙叟，学者称其为震泽先生。自幼随父读书，八岁能读经史，十二岁能作诗。十六岁时，国子监诸生即传诵其文。明成化十一年（1475）进士，曾经官拜户部尚书、文渊阁大学士。王守仁曾经赞其为“完人”，唐寅赠联称其“海内文章第一，山中宰相无双”。王鏊说的是苏州刺绣“精细雅洁”，其实这个表述不仅是物质层面的，更是对吴文化、苏州文化人文内涵的很好的表述。

在1500年之前的南北朝时期，吴地就诞生了顾野王这样的文化巨人，集中展现了吴地学者的思想光华。亭林的名字，当然与顾野王有关。他是中国历史上著名的文字训诂学家，也是一位博学多才的历史地理学家。顾清主编的《松江府志》记载：“松江华亭县亭林乡乃梁顾野王（华亭人）所居之地，今宝云寺是也。”又明郎瑛《志失顾野王》文云：“淞江华亭县亭林乡，乃梁顾野王所居之地，今宝林寺是也……”宝林寺是宝云寺的异名，《云间志·卷上·古迹》中说：“顾亭林，旧经：顾亭林湖在东南三十五里。湖南又有顾亭林，陈顾野王居此，因以为名焉。今为宝云寺。寺有《伽蓝神记》，云：寺南高基，野王曾于此修《舆地志》。今传以为顾野王读书墩。”“顾野王读书墩”今已成为“顾野王读书堆”公园，是上海市有记载的最早的私家园林。

金山亭林是顾野王平生重要的游寓、创作之地。他在此著书立说，留有全国性地理总志《舆地志》。宋代诗人唐询的《华亭十咏》，开篇第一首就是《顾亭林》。前四句为：“平林标大道，曾是野王居。旧里风烟变，荒原草树疏。”著名文学家王安石的《次韵唐彦猷华亭十咏·顾林亭》唱和道：“寥寥湖上亭，不见野王居。平林岂旧物，岁晚空扶疏。自古圣贤人，邑国皆丘墟。不朽在名德，千秋想其余。”诗中提到的“野王居”，是今位于金山亭林的顾野王故居。岁月沧桑，亭林湖上的凉亭孤寂寥落，顾野王住的房子如今已经荡然无存，但顾野王值得人们千秋万代的敬仰。

顾野王不但是个百科全书式的学者，梁末侯景之乱时，他还曾招募义军，驰援京师。陈代官至黄门侍郎，掌管修史。他博览群书，通晓天文地理、虫篆奇字，又擅绘画，尝画古贤像，由王褒书赞，时人称为“二绝”，足见顾野王的才华。而他的学问又是做得非常精到的，他在《玉篇》的序言中，指出文字可以突破时空阻碍：“文遗百代，则礼乐可知；驿宣万里，则心言可进……”这个观点是非常了不起的，至今在日本及韩国，“玉篇”二字还是汉文字典的代名词。生活在南北朝时期的顾野王完成了他一生中最重要的一部著作——《玉篇》30卷，其时年仅25

岁。《玉篇》为继东汉许慎《说文解字》后的又一部重要字典，也是我国现存最早的楷书字典。清代经学家孙星衍曾评论说，顾野王的功绩“不在大禹之下”，并不言过其实。顾野王所撰《玉篇》，是继《说文解字》后对后代字典编纂有较大影响力的一部书，原本只存残卷，有抄本藏于今日本京都博物馆。

二、从顾野王到国学大师顾颉刚

说起顾野王，我想到了另一个苏州人——顾颉刚先生，他们都姓顾，是不是有血缘上的联系，我没有做过考证，我想也无须做这个工作。顾颉刚先生不仅是20世纪历史学的杰出大师、一位满腹经纶的学问大家，也是中国民俗学的开山祖师，可以说他对于中国史学、中国民俗学以至整体学术发展都产生了深远的影响。在学术成就之外，顾颉刚先生还具有超凡的人格魅力，影响了现代中国的几代学人，我们就是读他的书走上治学道路的。

顾颉刚先生一生学术成就非凡，在很多学术领域有着精深的造诣和重要的研究成果，但他学问的核心点则是在古史的考辨研究，不管什么时候、哪种环境，古史问题都是他萦绕心怀、挥之不去的情感所系。他在《史林杂识》“小引”中曾表述过他的学术情怀：“通观五十年来积稿，虽所得有浅深，所论有然否，而有一主题思想坚持而不变者，曰对于战国、秦、汉时代学说之批判。战国之世，百家争鸣，皆欲以已说易天下，为欲起人信念，必求证于古人；然彼时社会已与古代截然异致，势不得不强古人以就我，而古史于是乎多歧……前人之奋斗精神及其成就激励我辈，便欲清扫战国而下之蔀障，以恢复古代史实之真面目……”与之相对应的是，顾颉刚在国内外的学术地位得到了认可，他甚至被誉为“中国史学现代化的第一人”，也主要是由于他倡导的声势浩大的“古史辨运动”及其巨大成就。

一个社会科学工作者，思想应该是开放的，而不应该是封闭的。他只承认规律和真理，而不屈服于任何权威。“古史辨”树起了一面大旗，一面倡导独立之精神、自由之思想的大旗。顾先生告诫过他的学生，做学问务必要有自己独立思考的能力，不迷信、不盲从，通过自己的探寻，永不停下追求真理的脚步。顾颉刚先生平等对待各种不同学术见解的博大学术胸襟，办刊、办报建立阵地的无私学术奉献，不遗余力奖掖青年后进的学术气度，以及高尚的民族气节等，在促进中国史学发展的同时，对其弟子及后学产生了强烈的震撼，使其学术影响更深远也更广泛。

顾颉刚先生之所以能够取得巨大的学术成就，与其做事善于计划有直接关系。他一生之中不断地为自己制订宏大且艰难的研究计划，虽然由于各种原因，这些计划有的未能如期、如愿完成，但他一直在坚忍不拔地执行计划。知道自己在干什么，明白自己要做什么，不疑惑，不迷茫，就不会盲从，为自己的人生负责任，不怨天也不尤人。先生的渊博学识与高风亮节，让所有崇拜他的学子怀念到如今。最近，我在做上海历史文化的一些工作，首先就捧读顾颉刚先生的《苏州史志笔记》，从中汲取学术养分。

我举例的历史上的这两位苏州人，他们生活的时代相差了十几个世纪，但一千多年间仿佛有一根红线，从顾野王到顾颉刚，他们身上有着共同的禀赋，我想，这就是吴文化的力量，是“大吴胜壤，千秋笔墨”的文化传承。从上古时期的勾吴时代起，随着历史上北方一次又一次的大战乱，大批北方的地主、官僚、文人一次又一次地流徙吴地，他们的生活习惯熏染了吴地的文化特色。到唐与两宋时代，吴地城市经济、城市文化空前繁荣。明清时期，吴地中心的苏州，在人口、财富、工农业生产、国内外贸易以及文化、教育、学术、艺术等主要领域都跃居全国前列，成为“第一大都会”，中国的资本主义萌芽在这里孕育，吴文化的内涵特别丰富，特性更加鲜明，生命力十分强大，辐射全国甚至海外不少国家和地区。

三、学习先贤至德，加强吴文化与江南文化研究

行程万里，不忘来路；饮水思源，不忘初心。缅怀吴地先贤至德，为的是汲取在历史的洪流中屹立不倒、奋勇向前的精神力量。

目前，我正在做一个课题，就是“江南民俗图录”，我想更多地收集长三角各地的老照片、图片，更加形象地传播与理解吴文化与江南文化的精神内涵。其中，就要更多地搜集和描绘从顾野王到顾颉刚这一千多年来，产生于长江下游三角洲地区的吴文化。自古以来，凭借太湖流域良好的经济条件、人文环境，吴文化已经发展成为传播广泛、影响深远的区域文化。

泰伯、仲雍所开创的吴国文化，经商、周（春秋、战国）、秦汉、魏晋南北朝的成长，诞生了顾野王等一批文化大家，此后历经唐、宋、元的发展，至明代形成高峰。一千多年来，吴地走出了一大批文化大家，古今遗墨，千古芬芳，这是吴地文化的荣光。晚清以降，至民国，吴文化走出了叶圣陶、王伯祥、顾颉刚、章元善、俞平伯等后来被称为"京华姑苏五老"的国学大家和文化巨匠，又展现出极其灿烂的文化之光。

苏州博物馆馆藏文物4万余件，其中国家一级文物有865件（套），国家二级文物有1188件（套），国家三级文物达32295件（套），古籍善本共725种3128册，普本28501种91754册。常熟博物馆馆藏文物有1.6万多件，其中国家一级文物有21件，国家二级文物有261件，以书画、陶瓷、玉器三大类为主。（数据源自2015年）仅从两地博物馆珍藏的吴地文物中，可以见到太湖流域的吴文化有着灿烂光芒，让人深深感受到江南水乡延绵不断的浓郁的历史文化气息扑面而来，为吴地先祖所创造的人类文明所感动。从博物馆到吴文化历史研究成果，吴地先人们所展现的文化特色开始清晰起来，在江南大地上所展现的优秀文化有着不可磨灭的印证。

吴地文化有崇文尚学的精神传统。太湖流域保持农业生产常年丰收，家家户户富足有余（从遗址中发现死者身旁有一年的粮食），这就加速了社会分工，使一部分人从事造船、冶铸、制陶、桑蚕、畜牧、纺织、染色、商业、管理、军事等，而这些行业和门类，都必须有人传授，也必然会有人创新。百业兴旺，也给农业生产带来了改进，因此加快了社会生产力的发展。

当今，改革开放使我国走向新时代，实现中华民族伟大复兴的使命一直鼓舞我们前进。"改革开放40年来，从开启新时期到跨入新世纪，从站上新起点到进入新时代，40年风雨同舟，40年披荆斩棘，40年砥砺奋进，我们党引领人民绘就了一幅波澜壮阔、气势恢宏的历史画卷，谱写了一曲感天动地、气壮山河的奋斗赞歌。""改革开放已走过千山万水，但仍需跋山涉水，摆在全党全国各族人民面前的使命更光荣、任务更艰巨、挑战更严峻、工作更伟大。"

对于吴文化概念的界定，学术界基本有两种观点：一指先秦时期的吴国文化，即狭义的吴文化，主张者多来自考古界和博物馆界；二指吴地文化，即广义的吴文化，包括吴国文化的源流及后世吴地文化的发展，主张者多在社会的其他领域。而吴文化的时间跨度，也有狭义、广义之分。狭义的吴文化只是指古吴国的考古文化，广义的吴文化指吴地自有人类开始，直至现今的各种物质、精神的文化创造。我们上海市民俗文化学会的同仁将更加注重吴文化与江南文化研究，并且将这种研究与新的社会实际结合起来，用新的视野、新的研究方法，努力打造吴文化研究的升级版。

谢谢大家！

不朽在名德，千秋想其余

——顾野王思想精神散论

俞 前

顾野王是吴县人，顾野王也是吴江的文化标识，在历史上有很高的地位。宋朝王安石写诗赞曰：“寥寥湖上亭，不见野王居。平林岂旧物，岁晚空扶疏。自古圣贤人，邑国皆丘墟。不朽在名德，千秋想其余。”同代的刘嘉谟也有《顾公祠》曰：“博洽倾当世，江东孔子儒。荒墟访遗庙，老稚辄名呼。”把顾野王称为江东如孔子一样的名儒。我们认可一个人，主要是认可他的思想、他的精神，我们学的也是他的思想、他的精神。要让顾野王的思想精神、文化特色焕发时代光彩，就需要把他的精神标识提炼出来、展示出来，把其中具有当代价值、世界意义的文化精髓提炼出来、展示出来。我想了以下几点，一孔之见，班门弄斧，请大家批评指正，意在抛砖引玉。

一、积极向上的理想境界。理想是人生航程的灯塔，是人生奋斗的目标，对人的一生都起着非常重要的作用，而积极向上的理想境界才能使一个人充满正能量，才能在人生的道路上不断进取。顾野王原名顾体伦，字希冯，怎么又叫顾野王呢？因为他佩服冯野王，他希望自己成为冯野王。冯野王是谁？他是西汉的一个官员，看古人是如何评价他的：“刚强坚固，确然亡欲，大鸿胪野王是也。”（汉元帝刘奭）“野王行能高妙，内足与图身，外足以虑化。”（萧育）“受业博士，通《诗》。”（班固）“忠信质直，知谋有余。”（司马光）顾野王希望自己能取得像冯野王一样的成就，这可不是一个平凡的追求。因为有了追求目标，顾野王成就了名望。吴江建了顾公祠，后人祭他，祝文曰：“惟公居陈国之显官，任黄门之清职。制《玉篇》以深裨于士教，捍潮势以广益于农田。兹其美功，合登祀典，式陈蘋藻，鉴此微忱。”

二、书生意气的家国情怀。什么是家国情怀？家国情怀即心怀国家，将国家的安危置于人生首选的位置上。一腔书生意气，可以书写出感人至深的家国情怀，展现出来的是意气风发、斗志昂扬。侯景之乱时，顾野王正在家里给父亲守孝，完全可以作壁上观，逃避这件事情，但他毅然在家乡招募能作战的人，抗击侯军，有几百人响应。一个文弱书生，带着乡民跟随义军到了京城，披着战袍，戴上盔甲。在讨伐侯景叛军的阵前，他对着叛军慷慨陈词。抗击叛乱的行动一时失败了，他又与东阳的刘归义一起据城抗击叛军，彰显了他作为一个君子的家国情怀。顾野王的祖上就出过为国抗敌的英雄。咸和二年（327）苏峻之乱，就是被吴郡以顾众为首的士族力量平定的。因为顾野王的爱国之情，吴江人就将他的居处称为顾墟，还将他敬为神明。民国《垂虹识小录》卷七载：“先是公居吴，适吴淞江潮骤涨数十，民岌岌矣，公一喝而水退，土人德之，称为喝潮王，立庙而祀。”清光绪《吴江县续志》卷五有《顾日新重修顾公庙记》，赞扬了顾野王的家国情怀：“既已勤劳国家矣，而又功逮乎乡里，学甚为人师，光乎前而范乎后，是故无愧于祀典所及者。”家国情怀在顾氏后人中得到了传承，顾宪成回家乡办书院，写出了“风声雨声读书声声声入耳，家事国事天下事事事关心”，告诫读书人不要读死书，要关心国家。顾炎武提出了“天下兴亡，匹夫有责”的经典思想。如今在广西有位叫顾荣的顾氏后裔，他是一位战斗英雄，亲自抓获过敌人，至今仍在为地方经济做贡献。

三、忠于职守的敬业行为。敬业，就是敬重自己从事的事业，专心致力于事业，千方百计将事情办好。忠于职守，就是忠诚地对待自己的职业岗位，尽力地遵守自己的职业本分是敬业的具体体现。顾野王历梁武帝大同四年（538）太学博士，陈国子博士、黄门侍郎、光禄大夫，博通经史等，这与他的敬业行为不无关系。《玉篇》是顾野王奉旨而作的一部按部首排列汉字的字典，他任梁太学博士时，奉命编撰字书，“总会众篇，校雠群篇”，搜罗考证汉魏齐梁以来古今文字形体、训诂的异同，编撰成“一家之制”的《玉篇》30卷，当时他年方25岁。此书为继东汉许慎《说文解字》后的又一部重要字典，也是我国现存最早的楷书字典。此后，顾野王的敬业精神在他的后人身上也得到了体现。《顾氏宗谱》中的《五侯墓考》一章，内容源自800多年前在光福一处墓穴中发现的《武陵顾氏族谱·石函谱传》，其中介绍道：顾野王夫人姓贺，是光禄卿贺琛的女儿，合葬在下周村。顾野王共有五个儿子：老大盛南，性亢爽，喜击剑，官至佐卫大将军，封“安远侯”；老二鸿南，治军号令严明，敌不敢犯，以功进封“宁远侯”；老三周南，镇守吴兴，祯明二年（588），隋文帝攻陈，贺若弼围攻吴兴，周南与四弟夏南坚守不降，双双自刎，后来两人被宋高宗分别追封为“靖远侯”和“平西侯”；老五允南，以功晋封“征西侯”。他们在生死关头坚持忠于职守，这就是顾野王的家风，我们纪念顾野王，要传颂的不就是这种精神吗？兄弟五人去世后，都归葬苏州光福潭西黄公坞，人称“五侯坟”。而苏州上方山的楞伽寺香火旺盛，尤其在每年农历正月初五这天，苏浙沪地区的香客们大量涌来，他们所拜的并不是大家熟知的财神，而是苏州特有的“五路神”。在“五路神”众多说法中，有一个说法就是指顾野王的五个儿子盛南、鸿南、周南、夏南、允南。我们讲顾野王的故事，同时讲五侯的故事，能进一步加深人们对顾野王思想精神的认识。

四、承前启后的创新意识。创新思维是人类社会发展的灵魂，“继往开来”与“承前启后”之间最必要的就是创新。顾野王敢为人先。《玉篇》仿东汉许慎《说文解字》的体例，但又有所改进，体现顾氏辞书编纂思想的“野王案”忠实反映了六朝时期社会用字的使用情况。他写有全国性地理总志《舆地志》，既详考山川古迹之典故，又注明其文献出处，被誉为“集汉魏以来240家地理大成”，代表南朝地理学发展的最高成就。顾野王曾隐居武夷山著书讲学，传播文化知识，首创武夷讲学之风，那里的人知学问就是从顾野王开始的。翻开吴江的历史，承前启后的创新意识也在吴江人身上得到继承，在顾野王之后，一代代吴江人在学术上承前启后，开一代学风。北宋末南宋初的王苹所创立的儒家“震泽学派”和明代以沈璟为代表的昆曲“吴江派”，是吴江地域文化的灿烂坐标；费孝通先生的“各美其美，美人之美，美美与共，天下大同”和南怀瑾先生的“佛为心，道为骨，儒为表，大度看世界；技在手，能在身，思在脑，从容过生活”成了人们的经典座右铭……习近平总书记在纪念孔子诞辰2565周年国际学术研讨会暨国际儒学联合会第五届会员大会开幕会上的讲话中说：“要坚持古为今用、以古鉴今，坚持有鉴别的对待、有扬弃的继承，而不能搞厚古薄今、以古非今，努力实现传统文化的创造性转化、创新性发展，使之与现实文化相融相通，共同服务以文化人的时代任务。”我们在纪念顾野王诞辰1500周年之际，也要努力研究顾野王思想精神的当今意义，实现顾野王思想精神的创造性转化、创新性发展，使顾野王文化绽放出时代的光华。

五、博极群典的勤奋态度。书山有路勤为径，学海无涯苦作舟。顾野王是梁陈时期著名的文字训诂学家、历史学家、地理学家、文学家、诗人、书画家、音乐家。他的贡献是多方面的，顾野王对学问很是钻研，他博览群书，把经史通篇阅读完毕，记忆力很强，对天文、地理、蓍龟、占候、虫篆奇字，无不贯通。顾野王还研究地方风土人情，对民间的一些方术进行研究。同时，顾野王在书法和绘画上也很有造诣。《顾氏族谱》载顾野王。明弘治《吴江志》载同邑莫子文《顾公像赞》：“伟矣顾公，古之英特。方幼而奇才异能，既长而精记默识……著述富矣，而《玉篇》为经世之书，丹青美哉，而贤为名世之笔。”顾野王在吴淞江边的松陵镇上建起了住宅，在这里专心著述。在上海亭林建茅舍读书，后人称“顾野王读书堆”。只有博极群典才能有所建树。顾野王平生著作极多，《陈书》《南史》有列传，如此评价：“萧济、陆琼，俱以才学显著，顾野王博极群典，傅縡聪警特达，并一代之英灵矣。”今年9月份，我在吴江过云楼艺术馆听了一场讲座，无锡江南琴社社长顾颖讲了顾氏的故事。“顾氏为吴中大族，家谱久失，系出梁黄门侍郎野王公后。”过云楼的历史，讲述了一代代顾氏人的历史。顾鹤逸（1865—1930），名麟士，字鹤逸，清末著名书画收藏家顾子山（名文彬，晚号艮龠）之孙。父顾廷烈精鉴赏、好玺印，曾集拓新收旧藏自编《画余龠印存》。顾鹤逸擅画山水，亦精鉴别，秉承先志，广事搜求，使过云楼所藏书画更为丰富。《过云楼书画记》中详为述录。顾文彬，清代词人、书法家、收藏家。道光二十一年（1841）

进士，官浙江宁绍道台。自幼喜爱书画，娴于诗词，尤以词名。工于书法，酷爱收藏，精于鉴别书画，“自唐宋元明清诸家名迹，力所能致者，靡不搜罗”。著有《眉绿楼词》八卷、《过云楼书画记》十卷、《过云楼帖》。凭借着在职业营生中集聚的财力，以过眼烟云的出世心态，以锱铢必较、精益求精的入世手段，不仅营造出一座美轮美奂的怡园，成为世界文化遗产，同时搜罗抢救古籍，对中华国粹艺术，如古琴、绘画、昆曲等多有保护。顾公可、顾公雄、顾公柔、顾公硕对书画均有研究。顾笃璜早年求学于上海美术专科学校。常年从事昆剧学术理论研究，主持编选了《韵学骊珠新编》《昆剧选浅注》《昆剧穿戴》，出版了两期《昆剧艺术》杂志。2004年，顾笃璜执导的清代洪昇的《长生殿》在台北（2月）、苏州（6月）、北京（12月）演出，为昆曲界一大盛事。1921年建立的苏州昆剧传习所，1981年恢复持续到今天，成绩斐然，顾笃璜是掌门人，一生倾力。

六、知行合一的仁义道德。“仁”是中国古代一种含义极广的道德范畴，以人为本，富有爱心。顾氏家族传统中就拥有仁德情怀。孙吴时期的顾氏代表人物顾雍，担任丞相十九年，政风谦谨稳健，有深厚的文化修养。顾野王儒道双修，佛心归真。他20多岁的时候，就在光福施基200余亩，建了光福寺和光福塔，因香火极盛，古镇也改名为“光福”。他的三弟顾充国早亡，顾野王抚养年幼的孤儿，对孤儿的恩义极其优厚。顾野王的仁德在顾氏后人中传承着。清《分湖小识》记载了吴江的顾氏后裔的仁义之事：“顾昺，字仲光，北芦墟人……迁汝宁知府。汝宁多宗藩大姓，俗尤忮刻。昺以清静化之，政教大洽。后，引疾归。先是，昺去将乐，士民思之久而不忘，立碑县庭以表其德。”“顾亨，字叔泰，吴郡人。通音律，善丹青，尤工诗。平生好施与，尝立义仓、义学、义冢，以济贫乏。”如今有在广西的顾氏后裔，近两年都曾来苏州寻宗，他们继承了顾氏的仁德。顾家龙在当地以慈善被人称赞，他先后捐资几百万元用于扶贫、帮困、抗洪救灾、市政建设、助残、敬老、助学、拥军等。新成立的“顾氏政方奖学助学基金会”，顾家龙捐赠200万元，有人送他一副对联：“龙行天下蕴厚德，家和千秋藏玄功。”这也正是我们当今需要弘扬和赞扬的。苏州的顾氏后裔顾建新创办了顾野王文化传播工作室和苏州顾野王茶叶有限公司，参与了一系列顾野王纪念活动，为顾野王文化的传播劳力、劳心、劳财，他的精神也正是继承了顾野王的精神。

传承中华文化基因，是习近平新时代中国特色社会主义思想的重要内容。如果能进一步探索顾野王思想精神，总结它的传承发展脉络，讲述顾氏家族的人文故事，阐明它的当代意义，顾野王思想精神将会被进一步深入挖掘与弘扬传播，影响力将会进一步扩大。

在纪念顾野王诞辰1500周年学术研讨会上的发言

顾建新

各位领导，各位专家学者，感谢你们来参加纪念顾野王诞辰1500周年学术研讨会，我代表顾野王后裔和苏州顾氏家族，向在座的各位嘉宾表示热烈的欢迎，祝本次研讨会圆满成功。

我作为顾野王42代孙，很荣幸参加今天的会议。我们今天的活动也来了许多各地代表，有广西北流支代表顾家瑜先生、无锡车骡门支代表顾俊荣先生、江阴安雅堂支代表顾根良先生、江阴清化支代表顾叶东先生、苏州过云楼支后人顾笃璜先生的女儿顾其正老师，以及苏州支顾焕军先生等顾野王后人。顾氏众后裔对于学校这次筹办顾野王学术研讨会都感到很高兴，非常感谢苏州市职业大学和苏州吴文化研究院的辛勤付出。自2011年以来，顾野王园一直由苏州市职业大学管理，种松树，立神道，立铜像，做碑记，且做到了中轴线的“显山、显松、显塔”，多方面体现了学校方面的精雕细琢，严格按照文物的要求来修缮，因为学校方面的精心管理，才有了今天顾野王园的新气象。为表示感谢，顾氏族人筹资铸“和鼎”，并将其捐献给学校，安放于铜像前面的广场，为学校增加一景，祈福校园绿水长流，基业鼎盛，蒸蒸日上，人才辈出。再次感恩学校领导的重视和支持。

我们还要感谢上海金山区政府和亭林镇党委的高度重视，2019年9月，亭林顾野王读书堆千年遗址修缮一新，镇政府兴建了亭林书院、顾公广场，还在广场竖立了顾野王雕像，为顾野王诞辰1500周年纪念献上了大礼，为当地百姓增加了一个文化广场，送上了文化大餐。特别感谢上海亭林镇党委领导陈军林书记和上海顾野王研究院院长蒋志明博士的到来。

2019年，值顾野王诞辰1500周年，苏州市职业大学顾野王园、光福镇顾野王纪念馆、光福镇顾野王书院、吴江区顾野王纪念馆、上海亭林镇读书堆遗址、亭林顾公广场……各地顾野王文化熠熠生辉，精彩纷呈。

今天，众多专家学者在苏州市职业大学参加顾野王文化研讨会，我有了找到组织的感觉，希望依托苏州市职业大学、苏州吴文化研究院，在这人杰地灵的石湖之畔，成立顾野王文化研究基地，或设立顾野王文化研究中心，让更多的朋友和顾野王文化爱好者参与顾野王文化的传播和发展，使之成为长三角文化的桂冠明珠。

再次感谢大家对于顾野王文化的厚爱和大力支持。感恩！

背景资料：

本人从事顾野王文化传播已经十多年了，自2008年以来，一直尽心尽力，积极参与顾氏家族文化的保护工作，走访全国各地与顾野王相关的文物古迹，完善顾野王遗踪。2012年3月，在苏州怡园，我们在顾笃璜先生的主持下召开了首届顾野王文化研讨会。2014年，于上海举行了第二届顾野王文化研讨会暨顾野王纪念邮册首发活动；设计、制作了顾野王纯银纪念章；出版了与顾野王有关的书籍；拍摄了顾野王微电影；开发了顾野王童子拜海图桃花坞木刻文创；呼吁保护顾氏三贤墓。2019年9月19日，光福顾野王纪念馆成立，我提供了一些力所能及的帮助：和顾家龙、顾建辉、顾家瑜、顾笃璜、顾俊荣、顾恒一等族人一起组织捐资，制作元叹鼎一座、和鼎二座，分别捐赠给吴中区穹窿山景区、光福顾野王纪念馆和苏州市职业大学顾野王园。我参与开发顾野王文创产品——顾野王文人茶。顾野王古法碧螺春是苏州第一个完全恢复碧螺春传统工艺的品牌，顾野王罗汉蒸青茶也是近代苏州史上第一款蒸青工艺制作的绿茶，同样是用碧螺春原料制成的。还有吴门黄芽，它是苏州近代的第一款黄茶，也同样是用碧螺春原料制成的。希望我们的各种努力能有效传播顾野王文化，我们既坚守传统，又积极创新，或许这就是顾野王文化的精髓。顾野王茶庄还拿出资金，不断支持顾笃璜先生对于昆曲的坚守，支持原生态昆曲的发展。我辈谨遵顾笃璜先生给我们的十二字方针：“拾遗补缺，力所能及，卓有成效。”这也是我们今后努力的方向。

名贤让历史更璀璨、文化让城市更美丽 关于挖掘和打造顾野王文化品牌的建议及举措

陈　璇

顾野王(519—581),字希冯,吴郡吴县(今江苏苏州)人。南朝陈代官至光禄卿。顾野王是一位“忠信质直,知谋有余”的杰出人物,吴国名相顾雍14代孙。多才多艺,天文地理、蓍龟占候、虫篆奇字,无所不通,是文字训诂学家、历史学家、地理学家、文学家、诗人、书画家、音乐家。所著《玉篇》30卷,收字16000余字,是继东汉许慎的《说文解字》之后的一部重要字典,素有“北《说文》、南《玉篇》”之称,是我国现存最早的楷书字典,也是中国字典史、文字学史上里程碑式的著作。顾野王,生于苏州,最后归葬于苏州,是一代硕儒,有“江东孔子”之称。2019年,是顾野王诞辰1500周年,借此契机,大力挖掘和打造顾野王文化品牌,是吴文化研究乃至江南文化研究应有之义,可进一步扩大苏州地域文化之影响力,弘扬中华优秀传统文化。其意义在于:

一、纪念伟大先贤,有利于增强地方自信及荣誉感,普及和弘扬中华优秀传统文化,促进东南亚各国与苏州的交流合作

作为我国现存最早楷书字典的编纂者,顾野王在文字训诂学方面的影响力极大。顾野王与许慎所处的时代背景不同,除了南北朝代分裂,更因佛教的传入,产生了许多新的文字及字义,加之汉字由隶书向楷书演变,文字的使用比东

汉时期更加混乱。顾野王“总会众篇，以成一家之制”，梁大同九年（543），顾野王编成了中国历史上现存最早的楷体字书——《玉篇》。30卷的《玉篇》奠定了楷体汉字的规范结构、字义和读音，之后的1400多年，成为历朝历代规范字体。同时，汉文在古代东亚的日本、朝鲜、越南等国家，地位相当于拉丁文在欧洲。《玉篇》传播到日本、韩国、朝鲜以及东南亚其他国家，就日本而言，仅明治时期以《玉篇》命名的类汉文字典就有57种之多；韩国亦是。因此，纪念顾野王，宣扬《玉篇》的文化价值，不仅能使民众增强地方自信及荣誉感，还有利于在字典视角下寻找文化传播的DNA，促进东南亚各国的文化认同，从而更好地在苏州形成以中华汉字为文化基因的核心圈，促进东南亚各国与苏州的交流合作。

二、有利于宣扬一代鸿儒的秉直家风以及敢于担当、一身正气的民族精神，可以进一步弘扬优秀的民族品质，是很好的爱国主义教育素材

顾氏家族以儒学传家，素有“顾厚”之称。太清二年（548）八月，顾野王在家里守孝，听到国家有难，毅然在家乡吴县招募乡民数百人，跟随义军支援京城抗击叛军。侯景之乱平定后，太尉王僧辩对顾野王大加赞赏。这种国家有难，舍身而出的爱国气节是中华民族伟大复兴最需要的品质，是当代极好的爱国主义教育素材。苏州，以精致温润著称，但苏州城骨子里的刚毅、坚韧的品质由来已久。从专诸刺王僚到顾亭林的“天下兴亡，匹夫有责”以及近现代苏州历史上的各种可歌可泣的英雄事迹，苏州历来都开风气之先。宣传顾氏家风以及顾野王的文化品质和精神，可以更好地追思先贤的民族精神，是爱国主义十分生动的一课。

三、有利于打造属于苏州独有的文化品牌，对于弘扬苏州江南文化精髓，打造古今辉映的历史文化名城有积极意义

苏州历史悠久、人文荟萃，古今文化名人众多，文化底蕴丰厚。但目前存在的问题是，在文化品牌的挖掘和打造上，苏州缺乏一定的前瞻性与敏锐度。作为环太湖滨水面积最大的市，太湖品牌被无锡抢占，以至于外地游客提到太湖，必然想到无锡。苏州是大运河最早的起源地之一，至今大运河苏州段仍然承担着重要的航道运输功能，但扬州作为中国大运河申遗的牵头城市，目前已经被打造成“中国运河之都”。顾野王，生于苏州，长于苏州，长期寓居于苏州光福、吴江，最后归葬于下舟村，现在的苏州市职业大学校园内还有其墓，这是苏州所独有的重要文化资源和文化品牌。顾氏家族乃苏州的名门望族，随着家风家训以及地方先贤文化研究日益兴盛，2019年9月，中央电视台《百家讲坛》节目在苏州录制了《今古话苏州》，其中第二集柯继承以“汝曹切勿坠家风”为题讲述了顾氏家族的家风家训以及优良传统。与顾野王的文化地位相比，目前苏州市对于顾野王的宣传力度还是远远不够的，人人都知唐伯虎，但是顾野王鲜有人知。2019年是顾野王诞辰1500周年，同属江南文化区域范畴的上海金山亭林在原有的顾野王读书堆的旧址上打造“顾公广场”和“亭林书院”，举办大型的纪念及研讨活动，请来了清华大学前校长顾秉林、雕塑大师何鄂以及中国社科院、上海交通大学、华东师范大学、南京师范大学、浙江师范大学等单位的多位重量级的专家学者，梳理顾野王生平和《玉篇》价值，挖掘乡贤的文化精神，弘扬其当代价值，受到社会各界的一致好评，《光明日报》《新华日报》等媒体纷纷报道。在苏州，光福镇人民政府在塔山打造了顾野王纪念馆和顾野王书院，除此以外，便没有更多的宣传和纪念活动。顾野王官至光禄卿，又各体兼善，是一代通儒大家，完全应当被作为苏州市历史文化名人的翘楚进行宣传，其身上的气质与苏州的精致、典雅、守正、创新精神完全吻合，应当大力宣扬。

四、整理顾氏家族历史，有利于吸引顾氏家族优秀人才回乡，真正贯彻文化引领区域经济发展

顾氏家族为大姓氏族，顾野王出身于吴郡名门望族。三国时期的东吴宰相顾雍是他的祖先，祖父顾子乔曾为武陵王参军，父亲顾烜在梁朝临贺王、吴郡太守萧正德王府担任记室参军兼本郡五官掾。苏州，是顾野王出生、归葬之地，其有文献可考的墓在现在的苏州市职业大学校区内，是苏州市的文物保护单位。顾野王生平于苏州寓居时间较长，与其相关的古迹众多，其中包括光福的铜观音寺及吴江的三里桥。因此，宣传和打造顾野王文化品牌，有助于梳理顾氏家族历史，古为今用，吸引顾氏在外的优秀人才回苏州认亲。一方面，能很好地宣传苏州的文化精髓；另一方面，能更好地吸引人才回归，也是文化引领地方经济发展，为苏州更好地打造古今辉映的历史文化名城所做出的一份贡献。

鉴于此，本文提出打造顾野王文化品牌的对策与举措具体如下：

一、建议举办顾野王诞辰1500周年纪念大会，邀请全国文史专家、学者共同研讨，夯实顾野王研究的学术基础

顾野王墓在苏州市职业大学里，且由苏州市职业大学倡导修缮，“落星坟”的规制亦属别致。因此，可由苏州市职业大学牵头举办顾野王诞辰1500周年纪念大会，邀请全国乃至国际，尤其是东南亚汉字文化圈的各类专家学者共同研讨顾野王的生平著作思想及文化地位价值。可以从顾野王的家风家学、顾野王的家国情怀、顾野王的交友活动等方面展开研究。同时，建议苏州市职业大学吴文化研究院牵头，编纂顾野王的研究专著和普及读本。一方面借助专家学者的学养夯实顾野王研究的学术基础，另一方面，借助专家学者在报刊等主流媒体上研究成果的展示以及普及读物的推广，扩大顾野王的影响力，帮助宣扬其思想精髓及文化价值，在群众中树立“博洽倾当世，江东孔子儒”的一代硕儒形象。

二、建议与传统商业街区振兴计划相结合，在南门苏纶场片区建立顾公广场，打造书香氛围浓郁的特色文化时尚街区

商业步行街或商业街区是城市消费文化的场域核心，也是城市活力的重要载体空间。好的商业街区空间的设计，能够激活一个城市文化表达的热力舞台。每一条商业步行街只要合理规划，政府积极扶持，都可以成为创意街区。随着商业竞争的日益激烈，商品促销活动越来越丰富多彩、形式多样、创意百出。“文化搭台、产品唱戏”在很多城市促销活动中占据重要位置。

顾野王是苏州历史上的一代硕儒，文字、历史、地理、诗歌、书法、绘画无所不通，本身就是一种极好的文化资源。目前，苏州有四大传统商业街区：观前、石路、南门、狮山。南门片区有吴门桥以南的“盘门印象”街区和隔街相邻的苏纶场商业休闲区域。苏纶场，东靠“千年龙脉”人民路，北邻千年名胜古迹盘门三景，其本身规划定位就是文化创意街区，沿古运河缓缓铺陈而设。可是，自苏纶场建成至今，整个商业街却人气不够，一直处于生意惨淡的境地。

建议在南门片区苏纶场区域运河沿岸打造顾公广场，围绕顾公广场设立顾公书院，打造楷书文化体验中心。并以此为契机，挖掘与顾野王相关的文化元素，通过街区规划创意、建筑设计创意、街道景观的创意、商业空间的装饰创意、商业街区内的文化创意以及各种创意促销，制造各种吸引眼球的要素，最大程度地吸引市民，吸引游客，吸引消费者。其实，苏纶场位于古运河沿岸，是运河环城游的必经线路，在此设立顾公广场，一方面可以借运河观光旅游迅速扩大顾野王在百姓心中的影响力，另一方面，将顾公广场作为苏纶场文化街区的地标，使其成为运河旅游一景，也将大大提升大运河苏州段人文故事地标文化价值的含金量，是双赢的举措。

三、联动开发顾野王主题研学旅行项目，文旅融合助推文化品牌的打造

在苏州，有句谚语叫“宁可赤脚奔，不踏野王坟”，体现了民间对顾野王的尊重。顾野王生于光福，很长一段时间生活在吴中和吴江，归葬于石湖上方山脚下的下舟村。建议以顾公广场为起点，将苏州市职业大学顾野王园、光福塔山铜观音寺、吴江三里桥顾野王纪念园串联起来，设计特色研学游线路，组织相关活动，拍摄以顾野王为主角的电视剧和其他传统戏剧、戏曲，将顾野王文化资源开发为苏州特有的文化IP。同时，可在重要时间节点上举办主题庆祝活动，如吴江农历三月廿八顾野王夫人生日和九月初九顾野王生日这两天会举行春秋庙会，唱《喝潮王神歌》。原来这样的活动传播受众少，不为其他地域人们所知。开发研学旅行线路，既进一步宣传了顾野王的生平事迹，打造苏州特有的文化IP，也进一步拉动吴江区、吴中区的旅游文化发展，为乡村振兴提供了具体可操作的支持。

名贤让历史更璀璨、文化让城市更美丽，作为一代硕儒、江东孔子，顾野王是苏州特有的文化IP资源。对顾野王文化品牌的挖掘和开发，有利于塑造苏州独有的城市文化精神、打造特色文化资源，更有利于培养民众爱苏州的地方自豪感和文化自信心，对提升苏州城市形象和文化品位都有十分重要的意义。

纪念文选

解字笃学无二顾，江南忠信第一家

曹毓民

我们在爬梳吴地文化史的时候，顾野王应该是绕不开的一个人物。姑苏城外，石湖之畔，现在是苏州国际教育园。而顾野王的归葬地就在这儿的一所大学校园里。工作之余，我常会到顾野王园里转转。这里绿水环绕，四季皆有风景，又与大学校园氛围相融，是个极佳的发幽古之思的地方。

顾野王（519—581），原名顾体伦，字希冯，吴郡吴县（今江苏苏州）人。一般都介绍他是南朝梁陈间官员、文字训诂学家、史学家。他因仰慕西汉官员冯野王，更名为顾野王，希望自己像冯野王一样成就功名。曾居亭林（今属上海金山区），人称顾亭林。明末清初思想家顾炎武亦称顾亭林，以寄追慕先人之意。

“博洽倾当世，江东孔子儒”，宋朝诗人刘嘉谟的诗句评述赞誉了顾野王在训诂学、史学、文学方面的成就与地位。清顺治九年（1652），顾炎武专程拜谒顾野王墓，在写下的诗作中流露了对顾野王的仰慕之情：“才名留史传，谱系出先公”“眷言怀往烈，感慨意无穷”。这与王安石评价顾野王的诗句“不朽在名德，千秋想其余”，有同样的高度与分量。

顾野王能流芳百世，主要原因是他在学问上取得了巨大成就。在历史上，他对中国文字学、地志学产生了深远影响。年仅25岁的顾野王就编成了史上第一部楷体字书典——《玉篇》。30卷《玉篇》奠定了楷体汉字的规范结构、字义和读音。顾野王编撰的《舆地志》当时是全国地理总志，所记北自辽宁朝阳的营州，南至越南北部的爱州，东起沿海，西到新疆吐鲁番，包括当时的“四夷地境”。

顾野王还是一位教育家。21岁时便被朝廷授为太学博士。太学为官方在京师设立的全国最高教育机构，朝廷设博士，就是请饱学之士开课授徒，为国家培养人才。梁元帝非常赏识顾野王，爱读顾野王的《御览》，常命顾野王陪伴身边，叫宫人朗诵《御览》，一人念一卷，有不明之处，梁元帝直接命顾野王上前对答。天嘉年间，顾野王作为朝廷官员，奉使入闽，设坛讲学，开创武夷讲学之风。顾野王的好友虞荔，把两个儿子虞世基、虞世南都托付给顾野王。在顾野王的悉心指导下，虞家两个儿子均成大才。虞世南在唐官至秘书监，封永兴县子，也是初唐大书法家。其兄虞世基，官至隋炀帝朝宰相。

就“社会公益”而言，顾野王有两大杰出贡献。一是治理潮患。今天，吴江顾墟一带每年春秋有两次祭祀顾野王活动，并把顾野王封为“喝潮大王”，将他当作百姓的守护神。相传，顾野王早年在吴淞江上治理潮患，手持铁杵，面对汹涌而来的大潮大声呵斥，大潮一喝而止。从此吴江一带，风平浪静，再无潮患发生。吴江神歌传人一曲《喝潮王神歌》，铭记着顾野王在吴江松陵抗击自然灾害的历史功绩。二是“舍宅为寺”。顾野王年轻时欲在光福山顾氏世居地营建七进大宅园。光福山山不高但濒临太湖，清溪流淌，草木葱茏，可谓洞天福地。工程刚刚启动，一位来自武夷山的高僧飘然而至。这位高僧与顾野王早年相识，此次云游江南，与顾野王在光福山下谈经论诗。高僧盛赞顾宅花园所处之地是洞天福地，是弘扬佛法的好地方。顾野王听闻离席登上光福山，再环顾四周，沉思片刻，毅然决定舍宅为寺以普度众生，并全权交托高僧督建光福寺。顾野王舍宅建寺的义举震动四乡八方父老乡亲，大家有钱出钱有力出力，由此留下了千年古刹和悠远钟声。

顾野王对顾氏宗族的贡献，不可不谓令人称奇。顾野王共有五个儿子，分别是盛南、鸿南、周南、夏南、允南。盛南在南朝陈当过南安的太守，因为讨伐叛乱有功，去世后被追封为安远侯。鸿南文武兼备，曾以御史身份出镇临淮关，督师荆州、徐州，生前即被封为宁远侯。周南是吴兴太守，在隋灭陈的战斗中，当城破之际与弟弟夏南一起以身殉职，被南朝宋封为靖远侯。夏南与兄周南一同战死，受封为平西侯。允南文武兼备，出任泯州刺史，上任后执法公正严厉，带兵消灭了匪徒，朝廷封他为征西侯。顾野王五子皆封为侯，这在中国历史上是独一无二的。吴中百姓在上方山上为顾野王建祠，直到今天，顾野王的五个儿子被苏州百姓尊为五财神，每逢大年初五，老百姓登上上方山，共同表达仰慕与崇敬之情。

当然，顾野王还是一位著名的历史学家。太建六年（574），领衔大著作，执掌国史，负责“梁史”资料的搜集编写。晚年潜心历史著作编写，曾撰写《通史要略》一百卷，又撰写《国史纪传》两百卷，可惜“未就而卒”。他又是一位文学家，诗多为乐府，清婉有致，耐人寻味。所写诗歌大多散佚，今传世仅《芳树》《有所思》等十首。顾野王著有散文、辞赋等文集二十卷，现散见于《艺文类聚》等书。从传世的《虎丘山序》可以看出他的文采与风格。他在武夷山设坛讲学时，首创武夷讲学之风。因此，有“武夷文化，始于顾野王”之说。他曾泛舟九曲，览胜诸峰，叹赞“武夷山，千岩竞秀，万壑争流，地仙之宅，美哉山河，真令人世希觏也”。他也是最早对武夷山“悬棺”做出解释的人，称悬棺崖洞是神奇的墓葬之处。顾野王还是一位画家。宣城王建造东府学舍时，请顾野王画古贤图像，命王褒题赞，时人称为“二绝”。顾野王的画，在唐朝《历代名画记》、宋朝《宣和画谱》中都有记载。

吴地文化史绕不开顾野王，对顾野王的深度推介绕不开他的《玉篇》。就时间维度来讲，顾野王的《玉篇》是中国第三部重要的辞书。在《玉篇》之前，中国还有两本重要的辞书。第一本是成书于战国、西汉间的《尔雅》，是中国训诂学的开山之作，在音韵学、词源学、方言学、古文字学方面都有着重要的影响。第二本是东汉许慎的《说文解字》。这是第一部系统分析汉字字形，考究字源并按部首编排的汉语字典。但是，由于《说文解字》的字头是小篆，到了顾野王的梁代，已经迫切需要编撰吸取当时汉字理论和文献的新成果。《玉篇》就是针对数百年来的字形演变所出现的“五典三坟，竞开异义；六书八体，今古殊形。或字各而训同，或文均而释异”等问题编撰的社会需要的、信息量更大的、更实用的字典字书。《玉篇》是在这样的背景下由顾野王编著而成的。后世的字典、字书，都沿着顾野王《玉篇》开辟的方向发展。从而也确定了顾野王在汉文字史上的地位。

《玉篇》旁征博引，采撷了他当时能见到的各种古籍。从经史子集，到楚辞汉赋，可谓包罗万象。引书多，尤其是引佚书多，引书的时代早，书籍广，这决定了《玉篇》文献价值的高度。可惜顾野王的原本《玉篇》在当时就经人修订、删改，自唐以来，又多次增补，流传至今的《大广益会玉篇》已经失去了顾野王原本《玉篇》的本来面目。清代末期，文字学家黎庶昌、罗振玉先后在日本发现了原本《玉篇》的残卷，认为顾野王原本《玉篇》“释义完备，例证丰富，词义丰富，词义不明时，还有野王按语”，乃“千古奇书”。

范成大（1126—1193），平江府吴县（今江苏苏州）人，南宋名臣、文学家，晚号石湖居士，筑石湖书院，其描摹与讴歌石湖山山水水与四时景致的《田园杂兴》六十首是中国文学史的瑰宝。范成大所撰修的《吴郡志》卷三十九记道：“梁顾野王墓在吴县楞伽山下，近越来溪。”言之凿凿，消除了历来坊间的种种传说，是对前辈文豪的礼敬。墓上有数块铁褐色陨石，故俗称“落星坟”。前些年，为了美化校园、传承文化，学校斥资整修，重堆封土，树碑建亭，周以护栏，曲水画桥怀抱墓葬，始现昔日规制与模样，并将周围二十余亩地精心打造成了顾野王园。此举不但得到了顾氏后裔的赞许，也受到了文管部门与百姓的肯定。对我们当代大学生来讲，在山水清嘉、文脉悠长之地，接受熏陶与涵养又是何等幸运啊！

“江东孔子”顾野王

李嘉球

“博洽倾当世，江东孔子儒”，这是宋朝诗人刘嘉谟的诗句，评述赞誉南朝梁陈间文字训诂学家、史学家、文学家顾野王的成就与地位。

顾野王（519—581），原名体伦，字希冯，吴郡吴县光福（今属江苏苏州吴中区）人。他博学多才，淹洽经史，工诗文，善丹青，天文、地理、蓍龟、占候、虫篆、奇字，无所不通，著有《玉篇》《舆地志》《符瑞图》等。侯景之乱中，他旗帜鲜明，招募乡党，出征讨伐，赢得世人称誉。官至光禄卿。晚年舍宅为寺，惠泽家乡。

今年恰逢顾野王诞生1500周年。光福镇特在昔日的“顾氏家山”——光福山上建立顾野王纪念馆、顾野王书院，缅怀先贤，传承、弘扬其优秀品德与精神。

出身大族，才华横溢，被誉为顾氏“中兴之祖”

顾氏是江南著名的土著氏族，出自“姒”姓，祖先是越王勾践。勾践第十二世孙安朱为秦帝国闽中郡守。安朱之子摇，始迁吴地大姚（今属吴中区角直镇）。汉文帝时，姒摇之子期视被封为“顾余侯”，其后人以“顾”为姓，并追封安朱为顾氏一世祖。

《顾氏族牒》记载，安朱曾孙顾贵，始居苏州横山，后徙太湖之滨光福潭东。顾贵之子顾翱，以孝行著称。东汉末年，社会黑暗，后裔顾通，官光禄勋，不愿同流合污，辞官回家，徙居光福山（亦称龟山、龟峰山、塔山）。其子顾融，官至尚书，辞官后亦隐居光福山。从此，顾氏后裔长期居住在光福山，光福山因此被称为“顾氏家山”。

顾氏家族人才辈出，三国至东晋时期，曾涌现出顾雍、顾谭、顾荣、顾众、顾和等名臣，成为苏州“顾、陆、朱、张”四大氏族之首。顾炎武曾有“江南无二顾”的论述，意思是说整个江南顾氏都是同一个老祖宗——越王勾践，他们都来自光福。

顾野王原名体伦，生于梁武帝天监十八年（519）农历八月初十。祖父顾时秀，曾任东中郎武陵萧纪王府参军事，是萧纪的重要幕僚。父顾烜，任信威临贺王记室，兼本郡五官掾，曾知建安郡，多善政，以儒术知名，著有《钱谱》一卷——是中国钱币学最早的专著。顾野王早岁勤奋好学，胸怀大志，敬慕西汉冯野王的才华、学识、品德，因此更名野王，取字希冯，希望自己能像冯野王一样。

顾野王是顾氏第三十世孙，被誉为顾氏家族“中兴之祖”。他从小聪明颖异，有“神童”之誉。七岁时，通读《五经》已能知晓书中大体意思。九岁时，细心观察日出日落，写成《日赋》，梁武帝亲信朱异见了大为惊奇，赞赏有加。梁中大通二年（530），十二岁的顾野王随父至建安（今福建建瓯），游历建安的山山水水，后撰写《建安地记》二篇，成为福建历史上第一篇地理志书。

顾野王博览群书，过目不忘，经史六艺无所不通，对天文、地理、蓍龟、占候、虫篆、奇字，都有很深的钻研和造诣。他工诗文，善丹青，“人物、蔬果、草虫，时皆称绝”（宋《宣和画谱》卷二十）。梁大同四年（538），宣城王担任扬州刺史，顾野王及琅邪王褒并为宾客。宣城王建造东府学舍时，请顾野王画古贤图像，命王褒题赞，时人称为“二绝”。顾野王的画，唐朝《历代名画记》、宋朝《宣和画谱》等都有记载。

总会众篇，校雠群籍，著成第一部楷书字典《玉篇》

六朝时期，事物日繁，言语日增，加上佛学翻译等原因，造成社会用字混乱，文字变异，俗化简化趋势十分突出，“六书八体，今古殊形。或字各而训同，或文均而释异。百家所谈，差互不少；字书卷轴，舛错尤多，难用寻求，易生疑惑”（宋本《玉篇序》），给人们阅读、交流造成诸多困难。

梁大同四年（538），顾野王被梁武帝任命为太学博士，编撰字典。受命后，他“总会众篇，校雠群籍”，查阅大量典籍，搜集考证汉魏齐梁以来古今的文字体形、训诂的异同，网罗训释，以成一家之言。他重视汉文字在社会发展中的作用，在《玉篇·自序》中云：“文遗百代，则礼乐可知；驿宣万里，则心言可述。”他认为正确使用文字，可以“鉴水镜于往谟，遗元龟于今体，仰瞻景行，式备昔文，戒慎荒邪，用存古典”，即通过了解古今文字的变化，可以正确地保存、读懂、运用古代文献，更好地了解历史与文化。梁大同九年（543）三月，字典的编纂工作完成，取名《玉篇》。

《玉篇》是我国第一部按部首编排的楷书字典，开启后代字典的先河。它是继东汉许慎的《说文解字》后又一部重要字典，也是我国现存最早的楷书字典，共30卷，收集汉字16917个，比《说文解字》多收字7564个。《玉篇》对字的解释不限于本义，把一个字的多种意义罗列在一起，列举见于古籍的例证和前人的注解，先经传，后子史文集，最后是字书、训诂书，极其详备，字有异体也分别注明。《玉篇》还收录了众多异体字、俗体字、冷僻字、奇字。

《玉篇》对于字源和释义见解精到，真实反映了六朝时期汉字的使用情况，是中国辞书史、文字学史、训诂学史上的一部重要著作。

心存志远，励精力行，撰成第一部地理专著《舆地志》

顾野王笃志好学，心存志远，读书治学注重实用，尤重经世致用之学。他关心全国的山川地理，潜心钻研，曾撰写《舆地志》30卷。这是一部关于古代地理学的重要著作，既详考山川古迹之典故，又注明其文献出处，具有重要的史料价值和文献辑佚价值。

《舆地志》是全国地理总志，集汉魏以降200多家地理书之大成。记载范围极广，北自辽宁朝阳的营州，南至越南北部当时的爱州，东起沿海，西到新疆吐鲁番，包括当时的“四夷地境”。它是我国古代开舆地志完整体系先河的专著，记述内容丰富而翔实，有山川河泊，有城楼宫殿，有桥梁亭泉。例如，记载苏州望亭云："御亭，吴大帝立。晋顺顾飏尝监晋陵军事，筑垒于此，进讨贼将张健。梁肩吾有'御亭一回望，风尘千里昏'之句。"（见《咸淳毗陵志》卷二十七）

《舆地志》代表了南朝舆地学的最高成就。唐宋时期尚有传本，唐代类书《初学记》，宋代类书《太平御览》《锦绣万花谷》，地理书《太平寰宇记》，以及《嘉泰会稽志》《嘉定镇江志》《景定建康志》《咸淳毗陵志》《至顺镇江志》等宋元地方志都有引录，由此可以看出《舆地志》对后世舆地书的影响。2000年，江苏省政府确立镇江铁瓮城遗址为省级文物保护单位，依据之一就是顾野王《舆地志》中的记载：铁瓮城是"吴大帝孙权所筑，周回六百三十步，开南、西二门，内外皆固以砖甓"（见《至顺镇江志》卷二）。

清代，王谟曾根据11种古籍辑得佚文335条，辑成《舆地志》一卷，收于《重订汉唐地理书钞》。2011年12月，上海古籍出版社出版了由顾恒一、顾德明、顾久雄辑注的《舆地志辑注》。辑者从130余种古籍中辑出《舆地志》佚文1400多条次，汇总为710条，其中包括核收王谟非误辑、非重辑的317条，实际增辑393条。辑者又引相关典籍对佚文详加注解，并附按语。《舆地志》问世1400多年后，终于有了完整的单印本。

旗帜鲜明，招募乡党，讨伐侯景叛军赢得赞誉

梁太清二年（548）八月，东魏降将侯景勾结梁宗室萧正德举兵谋反，史称"侯景之乱"。当时梁朝政务松弛、防备松懈，侯景叛军很快就攻破京都建康城（今南京）。次年五月，梁武帝萧衍被侯景软禁而活活饿死。侯景几番更帝，最后竟自己称帝。叛军所到之处，大肆烧杀抢掠，出现"千里烟绝，人迹罕至，白骨成堆"的景象。

当时，顾野王因父亲去世正在家中守孝。听到消息，他毅然在家乡树起义旗，振臂高呼，招募能作战者抗击叛军，援助京城。听闻顾野王组织义军抗击叛军，数百人前来响应。顾野王身高仅六尺，身体向来清瘦羸弱，又因服丧哀痛过度，一副弱不禁风的样子。他手执兵器，身披战袍，头戴重盔，慷慨出征，威风凛凛。他将生死置之度外，面对叛军大声申明君臣之义，斥责叛军的不义行为，高亢激昂，铮铮有声，"抗辞作色，见者莫不壮之"（《陈书》）。

梁太清三年（549）三月，侯景派于子悦率兵攻夺吴郡（今苏州），太守袁君正投降，叛军乘机大肆掠夺。民众纷纷筑城堡反抗。因遭遇失败，顾野王带领少量人马逃到会稽（今浙江绍兴），不久撤到东阳（今浙江金华），与刘归义领导的义兵会合，共同据城抗击叛军。在顾野王的激励和鼓舞下，东阳军民众志成城，誓与城池共存亡。叛军连连受挫，于是改变策略，变强攻为围困，妄图等守军粮食断绝，城池不攻自破。双方相持一个多月，城中粮草将尽。在此危急之际，顾野王心生妙计，令士兵在每个城门放置一只鸡，挑选几十名口技高手在城中各处做好准备。等天明鸡叫，四处口技高手便传来此起彼伏的阵阵鸡鸣，向叛军发出城里生活井然有序的信息。叛军粮草不足，只得发起强攻。顾野王令旗一挥，滚木、礌石、箭矢、砖瓦如雨点般落下，叛军死伤无数，军心动摇，仓皇败退。顾野王妙计退敌，率众保住东阳，使之免遭战火，赢得了东阳军民的爱戴。顾野王的表现与精神，深得平叛主帅王僧辩的赞赏。叛军平定后，梁元帝感叹顾野王的忠肝义胆与家国情怀，任命他为海盐（今属浙江）县监。

撰写国史，舍宅为寺，留传清史扬美名

陈永定元年（557），陈霸先取代梁朝建立陈朝后，顾野王依然担任重要官职，历任金威将军、安东临川王府记室参军、转府咨议参军、撰史学士、招远将军、镇东鄱阳王咨议参军、国子博士、东宫管记、太子率更令、东宫通事舍人等。后任黄门侍郎（皇帝近侍之臣，掌管机密文书，备皇帝顾问）、光禄卿，知五礼事。逝世后，皇帝下诏赠秘书监、右卫将军。

顾野王是一位著名的历史学家。太建六年（574），领衔大著作，执掌国史，负责“梁史”资料的搜集编写。晚年潜心历史著作编写，曾撰写《通史要略》100卷，又撰写《国史纪传》200卷，可惜“未就而卒”。他又是一位文学家，诗多为乐府，清婉有致，耐人寻味。所写诗歌大多散佚，今传世仅《芳树》《有所思》等10首。顾野王著有散文、辞赋等文集20卷，现散见于《艺文类聚》等书。从传世的《虎丘山序》可以看出他的文采与风格。

相传天嘉年间（560—566），顾野王作为朝廷官员，奉使入闽。他在武夷山设坛讲学，传播文化知识，首创武夷讲学之风。因此，有“武夷文化，始于顾野

王”之说。他曾泛舟九曲，览胜诸峰，看到武夷山的美景和悬棺，发出“武夷山，千岩竞秀，万壑争流，地仙之宅，美哉山河，真令人世希觏也”的赞叹。他是最早对武夷山“悬棺”做出解释的人，称悬棺崖洞是神奇的墓葬之处。

梁朝时，佛教盛行，顾家在光福山麓创办光福寺。顾野王曾在光福寺殿后著书讲学。山上有墨池，又称墨沼、洗砚池，相传顾野王曾在此撰写《玉篇》《舆地志》，染黑了一泓碧泉。明朝都穆《游郡西诸山记》云：“墨沼……僧云传为顾野王砚池。”清朝《光福志》云：“墨泉，又谓墨池，又曰洗砚池……相传顾野王于此著《舆地》《玉篇》诸书。国朝顾都宪汧《光福诗》有‘荒径空传洗砚池’之句。”又云：“墨泉，一名墨池，一名洗砚池，在龟峰东麓，深不可测，视之如墨色，故名。相传陈顾黄门遗迹。”

梁陈年间，百姓普遍信奉佛教，许多大户人家或在家里创办寺院，或将自家宅院捐赠给僧人，为的是修身养德、普度众生。天监二年（503），顾野王父辈即在家里开办佛寺。顾野王“晚悟禅理”，又因在外为官，家里宅院长期闲置，于是舍宅为寺，让它成为普度众生的地方。

顾野王逝世后，墓葬在苏州石湖上方山下，史载墓上有数块铁褐色陨石，故俗称“落星坟”。他的5个儿子都为官封侯，去世后均归葬光福潭西黄公坞，人称“五侯坟”。后代子孙亦多附葬于此。后裔为纪念先祖，在光福寺里（后搬至寺东侧）建造“顾黄门祠”，祠堂中间供奉顾野王像，左右配以顾野王的5个儿子，以及后裔、唐朝宰相顾琮与进士顾在镕的像。

顾野王纪念馆、书院筹建经过暨顾野王墨泉、墨池及其舍宅为寺考辨

李嘉球

太湖之滨的光福是个历史文化积淀十分深厚的江南小镇，2019年1月被住房和城乡建设部、国家文物局批准为第七批中国历史文化名镇。光福曾是江南顾氏的宗源之地，所谓“江南无二顾”，即江南地区的顾氏都是同一个祖宗，顾氏后裔都认同自己的祖先源于光福。

一、顾野王纪念馆、书院建设经过

中国历史文化名镇获批后，光福应该做些什么？为此，本人作为镇政府的文化顾问特地在古镇上转了一圈，当我再次来到曾经的江南顾氏家山——光福山上，看到茶室及北面的空房时，眼前一亮，心里很是高兴——今年是顾野王诞辰1500周年，将它改为纪念馆真最合适不过了，这座空房子仿佛是一直在等候着我们。

4月8日，我到镇党委书记张建明的办公室正式向他提出利用山上茶室后的空屋，将其改为“顾野王纪念馆”的想法，当即得到他的赞同。于是我马上与顾氏后裔顾建新先生取得联系，并着手撰写顾野王纪念馆具体的建议案。4月19日，我向张建明书记、徐正镇长正式提交了《关于利用塔山空房建“顾野王纪念

馆”的建议》。在建议中，我提出2019年是光福“中国历史文化名镇”获评之年，恰逢光福历史文化名人顾野王诞辰1500周年，建议利用塔山空房建“顾野王纪念馆”，以弘扬名镇传统文化，打造文化强镇，促进光福文旅业的发展，并从5个方面论证了建立纪念馆的背景、理由及光福独特的优势。在建议中，我特别强调一点：顾野王生于光福，被誉为“顾氏中兴之祖”。塔山是顾氏家山，原本是顾家的宅院，顾野王舍宅为寺，建造了光福寺，“光福”之名亦因寺而得名，因此他堪称“光福之父”。

张书记非常重视，在党委办公会议上专门研究讨论此事，领导班子一致同意。4月26日，我陪同顾建新先生到光福与领导见面。那天领导正在开会，张书记出来接待了我们，并告诉我们，他认为建立顾野王纪念馆很有必要，光福终于找到了历史文化的根脉。听了张书记的话，我们真的都很高兴。张书记随后请具体负责此事的李群副书记、浦孝东副镇长与我们见面对接。那天，我和顾建新先生再上塔山实地考察，商量筹建纪念馆的相关事项。

5月7日，李群副书记召集我们在塔山茶室召开会议，商量讨论筹建“顾野王纪念馆”相关事宜，宣传委员吴建卫、副镇长浦孝东、旅游公司总经理华蓉，以及顾野王后裔顾建新、顾君荣，吴中区文联施晓平等人参加。根据这次会议的决定，我马上撰写了《顾野王纪念馆及书院布馆陈列方案》，于5月12日分别发给张建明书记、李群副书记，以及顾建新、顾君荣、施晓平。5月13日，我又撰写了《纪念顾野王诞生1500周年活动方案》。7月份起，房子修葺工程开始招标。7月25日，李群副书记召开“顾野王纪念馆”“顾野王书院”布馆及其内容方案论证会，后经3次修改，于8月初，“顾野王纪念馆”陈列方案文字稿正式定稿。8月20日，李群副书记召开“顾野王纪念馆”布馆陈列方案论证会，随后补充资料。8月底前，房屋的修缮工作完成。9月13日中秋节上午，顾氏后裔捐赠的“和鼎”安放到了纪念馆前。9月16日，纪念馆、书院的匾额全部安装完毕。9月18日，顾氏后裔在纪念馆前举行了祭祀活动。次日，光福镇隆重举行了开馆仪式；下午，举行学术报告会。

二、关于顾野王墨泉、墨池及舍宅为寺的考辨

我是土生土长的光福人，20世纪70年代初，就读于设在光福寺里的光福中

学高中，80年代曾在光福中学当语文教师，所以对墨池、墨泉、顾野王祠堂等与顾野王相关的古迹有所了解。结婚后我住在光福山东麓墨泉井旁（下街14号），当时还没有自来水，饮用的都是墨泉井的井水。

先说墨泉井。墨泉井有两眼，一南一北，直线距离不到10米，南端的是原来的，北端的是后来开掘的。明末清初，苏州状元宰相申时行的后裔落户这里，造了一幢大房子，将原来的墨泉占为己有。为此，当地百姓与申家打了一场官司，最后官府出面让申家打了一口新井，用的是花岗石，井栏圈上镌刻“墨泉官井”四字，表示任何人不得占为己有。后来，申家人陆续搬走，房子卖给了许家、凌家。

网上说，以前地方上的善男信女经常来取墨泉井水煎药、养生，凌家很是怕烦，就在自己的院墙外特地新挖了一眼双井，取名“墨泉宝井”。这是错的，没有任何根据。

两口墨泉井都是双孔井，南端原墨泉井用的是青石栏圈。双孔中间隔有一垛墙，一孔在凌家墙内，只供自家用；另一孔在凌家的后院内，供别人家用。后院井的栏圈旁边还有长方形的青石水池（网上说像一只大砚台，我见到的好像不是）。石上雕有花纹图案，正面镌有“墨泉”两个篆书大字。20世纪80年代末，姚家买下这里建房，将原墨泉井圈进了家里。后来的墨泉井用的是花岗石，又是双眼井，故俗称“双井”。本人曾经写过一篇《塔山寻墨泉》的散文，刊登在1991年6月18日的《苏州日报》上。

再说墨池（墨沼）。元代，书画家赵孟頫曾为墨池题词。明朝文人朱存理《龟峰胜概记》云：“墨沼，亦云（顾）野王物，沼水墨色，如出污渠中，盖其遗迹欤。”他还写有“半泓墨池窥遗迹”的诗句。清朝诗人顾汧也曾到此寻访，有诗写道：“巍然高塔漾西陂，荒径空传洗砚池。”由此说明，光福山上的确有墨池。具体的位置不清楚。

20世纪80年代，光福中学拆除铜观音殿建造校舍时，我（当时在学校当教师）在大殿东侧的断崖下发现了一个长方形水池，池右边的断崖上刻有文字，我特地爬上刷清辨认，并抄录了下来：“道光乙巳小春七日，嘉善黄安涛、捐山，陈黄门侍郎后裔顾沅、羽士吴二逸同游，访□□悟涛，□值监院安柱陪。”道光乙巳，是道光二十五年，即公元1845年。这是墨池还是观音泉，不得而知。

最后，关于顾野王“舍宅为寺”。铜观音寺，原名光福寺，又名光福讲寺、光福贤首教寺。唐陆广微《吴地记》记载，寺庙始创于梁天监二年（503），云：“光福寺，在（吴）县西北七十里，梁天监二年置。”取佛教“佛光普照，广种福田”语意，命名为光福寺。

关于光福寺的舍宅为寺者，现有梁九真太守顾某、陈顾野王、宋顾凤三种说法。

唐朝文学家崔鹏在《光福讲寺舍利塔记》中写道：

光福寺者，即梁九真太守顾氏之家山也。士有恶嫌尘网，种植善根，遂舍林泉，建兹佛刹，立寺之始，其由此焉。

意思是说，光福寺所在的山，原本是梁代九真太守顾氏的家山，他厌恶世俗，于是捐献林泉，始创了这座佛刹。

元大德六年（1302）夏，顾颐在《顾氏宗谱序》中写道：

惟吾远祖（顾）允南从兄（顾）鸿南、（顾）周南归光福山家焉。衍于世祖十七承事公讳（顾）凤，舍宅为寺，建峻阁、装金像。阁之东构一殿，奉中兴祖（顾）野王公居其中，傍以五侯之位列焉……

顾颐是太仓人，顾氏第五十三世孙，其祖先由光福铜坑迁至太仓。

那么，光福寺的舍宅为寺者到底是谁？历代有争议。

明初卢熊在洪武《苏州府志》第二卷记述云：

光福山，在（吴）县西南七十里，或云龟山；（山）上有光福寺，即梁九真太守顾氏之家山也。俗云顾野王宅，非是。

有人则认为，卢熊说的是光福寺所在的山，并非指舍宅为寺之事，家山与舍宅是两回事。

此后的府志、县志都没有明确记载舍宅为寺者是谁。清道光年间（1821—1850），顾震涛重提此事。他曾经做过专门的研究考证，最后得出结论认定：舍宅为寺者应该是陈代顾野王。他在道光十四年（1834）付梓的《吴门表隐》（卷二）写道：

光福（山）名龟山，汉顾融隐此，名顾氏家山，至十四世孙陈黄门（侍郎）（顾）野王舍宅为寺。志中误载梁九真太守顾某舍宅。

明确指出，地方志中记载梁九真太守顾某舍宅为寺是错误的。

顾震涛是顾野王的第三十九世孙，生于清乾隆五十五年（1790），咸丰年间尚在世。他是当时有名的考据学家、方志学家，一生致力地方史乘、家谱资料的搜集、整理，著作等身，他的考证应该是有依据的，结论应该是准确的，并与民间传说吻合。

然而，这里又涉及顾野王生卒年的问题：顾野王生于梁天监十八年（519），也就是说天监二年（503）光福寺创立时，顾野王还没有出生，舍宅为寺显然不能成立。这又该怎么理解呢？是不是顾震涛考证出了差错？

其实，这里有个时代的背景。梁陈时期，江南佛教兴盛，信佛之风风靡上下，许多大户人家就在自己家里辟室设寺，因此出现“南朝四百八十寺”的盛况。天监二年（503），梁代九真太守顾某在自家家山宅院创立了光福寺；大同年间，僧人又在山顶上建造舍利塔；到陈代太建年间（569—582），已经在朝廷做官的顾野王（《南史·顾野王传》载，太建二年迁国子博士，六年除太子率更令，寻领大著作，掌国史，兼东宫通事舍人，后迁黄门侍郎、光禄卿）“舍宅为寺”，把自家龟山上的宅第全部捐献给了寺庙。

光福寺于是进行了大规模的扩建。民间相传，当时的光福寺占地几百亩；现光福古镇区几乎都是寺庙佛院，百姓称呼它为“大寺”，至今光福老人仍这样称呼它。现在寺庙大院里陈放着一块青石大柱础，约一米见方，这是1979年从殿宇旧基下挖掘出的古代遗物，由此不难看出寺院旧时的宏伟规模。

唐武则天当政时，光福寺成为江南著名的宣讲贤首宗教义的场所，改称光福贤首教寺，因此后人称它“古贤首教寺”。唐会昌五年（845），唐武宗颁发《废浮屠法》，开展声势浩大的“灭佛运动”，全国有4.46万座寺院被拆毁、26万多僧尼被勒令还俗，没收寺院良田数千万亩。光福寺奉诏亦在拆毁之列。咸通年间（860—874），光福寺重建，但规模大大缩小。

由此可以看出，元代顾颐所说的宋朝顾凤舍宅为寺，显然是不成立的。

北宋康定元年（1040）六月二十三日，光福梓里村村民张惠在光福寺旁取土，挖得一尊因当年“灭佛运动”而失踪的唐代铜观音像，送还给光福寺。当时吴中大地正值大旱，苏州城里一帮虔诚的佛教信徒将它迎入城里祈雨，竟然“祷之即雨”，轰动一时，佛教信徒于是纷至沓来，香火大盛。此后，每当苏州出现干旱或淫雨，人们都会效仿，“敬迎入城，无不感应”。况钟、林则徐都曾恭迎铜观音像入城。《吴郡图经续记》《吴郡志》《苏州府志》《吴县志》等历代地方志均有相关记载。直至民国时期，人们还将铜观音像请到城里求雨。

铜观音像的名声越来越大，人们便称寺庙为铜观音寺了。

总有一种情怀叫家国

柯继承

总有一种情怀叫家国。这是去年我参加央视《百家讲坛·今古话苏州》节目时最深切的感受。节目中有一集重点讲述的是江南顾氏的家风故事。

顾氏家族是苏州乃至江南历史最悠久的土著大族，但从汉代起，这个家族开始接受儒家文化，“土豪”的习气慢慢消退，在经过社会激烈动荡的磨炼及各种事件的风雨洗礼后，终于在东汉末年形成了充满儒雅色彩的文化世家，并以厚重的家风知名于世。这种厚重的家风，让顾氏族人待人处世讲究宽容、厚道，好学多艺，道德品行上则讲究齐家报国、践守忠孝。如果说三国时的顾雍是顾氏厚重家风的奠定者那么把顾氏家风发扬光大的，就是南朝梁陈时代对顾氏家族有中兴之功的大才子、当时就被人称为“鸿儒”的著名学者顾野王。

顾野王（519—581），原名体伦。有人可能会奇怪，顾家既然已是一个以厚重家风著称的文化世家，顾野王这个名字怎么起得一点也不雅训，又是野又是王的？原来顾野王自小熟读史书，是因敬慕西汉冯野王的为人与学问，才改名的。

冯野王是怎样一个人呢？

《汉书》上说，冯野王是冯奉世的儿子，冯奉世是汉代为边疆稳定做出巨大贡献的名将。冯野王的大姐就是冯媛，也就是历史上挡熊救护汉元帝的冯婕好。冯野王少年博学通诗，有才华，为官后执法严明，很有政绩，“京师称其威信”，因此

"虽不为三公，甚见器重，有名当世"。顾体伦佩服他，才改名"野王"，字希冯。

顾野王追慕冯野王，也自幼好学，7岁就读五经，9岁已善作文，12岁随父亲到建安郡（今福建省建瓯市），为那里的风土人情所吸引，撰写了《建安地记》两篇，已经显示了他在舆地学方面的才华。年稍长，则"遍观经史，精记默识，天文地理，蓍龟占候，虫篆奇字，无所不通"（《陈书》卷三十）。他在书画上也很有造诣。当时的梁武帝深知并欣赏顾野王的学问，就令他编撰字书，大同九年（543），顾野王完成了30卷的书稿，取名《玉篇》。

《玉篇》是继许慎的《说文解字》后，中国又一部重要字典，共收16917字，比《说文解字》多出7564字。它也是我国现存第一部完整的楷书字典，为后代楷书字典的编撰奠定了基础。顾野王一生还撰写了多部研究史学的著作。他撰写的《舆地志》，更是集地志之大成，代表了南朝地名学发展的最高成就。

顾野王不善言辞，"著书万卷，嘉惠后学，东南礼乐，赖公而存"。"在朝无过辞失色"，他虽然是一介书生，为人非常低调，但在国家危难时，他和他的祖先一样，同样选择挺身而出，能勇于担当救亡图存之责。梁武帝太清二年，即公元548年八月，侯景叛反，次年二月攻下台城，梁武帝愤恨而死。当时顾野王因父亲去世，正在苏州守孝，听到消息，主动招募了数百人，跟随义军赶到建康抗叛，历史上记载："野王体素清羸，裁长六尺，又居丧过毁，殆不胜衣。及杖戈被甲，陈君臣之义、逆顺之理，抗辞作色，见者莫不壮之。"体素清羸是说顾野王身材矮小。顾野王身高才六尺，南朝的尺是什么概念呢？南朝的一尺相当于24.5厘米，六尺大约147厘米，身长一米五都不到，又因父丧伤心过度，病躯几乎禁不住所穿战衣，这样的身材外形放在任何一个时代，都离"肌肉男"的标准相差十万八千里。但顾野王披上战甲，一上战场，面对穷凶极恶的叛军，他毫不畏缩，慷慨陈词，义正词严，高亢激昂，如同换了一个人似的。最后虽然因为寡不敌众被迫撤退到浙江，但他又联合当地驻军据城抵抗叛军，充分体现了面对国家危急，勇于救难，置个人生死于度外的英雄气概。太建十三年（581），顾野王去世后，被追赠为秘书监、右卫将军。

人世有代谢。不管世代如何更迭，修身齐家治国平天下，践守忠孝，始终是顾氏家族中的精英们的践行准则，顾野王就是一位极其光辉的代表。顾家良好的家风在他的生平作为中得到了充分的体现、完善与升华。

顾野王：长歌挑碧玉，罗尘笑洛妃

韦 力

按照《陈书》上的记载，顾野王自小就是个天才："野王幼好学。七岁读五经，略知大旨。九岁能属文，尝制《日赋》，领军朱异见而奇之。年十二，随父之建安，撰《建安地记》二篇。长而遍观经史，精记默识，天文地理、蓍龟占候、虫篆奇字，无所不通。"他7岁就能读五经，9岁就能写出漂亮的文章，而后他对古文字有了特别的偏好。除此之外，他在绘画方面也极有才能："野王又善丹青，王于东府起斋，乃令野王画古贤，命王褒书赞，时人称为二绝。"

顾野王的诗留下来的不多，至今能看到的诗赋大约有十几首，而他所作的三首《艳歌行》较有名气。明代藏书家徐𤊹最欣赏此诗中的"罗尘笑洛妃"，他说这句诗"新奇可爱"（《徐氏笔精》卷二）。顾野王的这句诗出典于曹植的《洛神赋》：

体迅飞凫，飘忽若神。

凌波微步，罗袜生尘。

而"罗尘"之意按照《五臣注文选》中吕向的说法则为："微步，轻步也。步于水波之上，如尘生也。"看来，顾野王用这句诗来形容美女的步履轻盈。而清代的王夫之则更喜欢顾野王的《芳树》：

上林通建章，杂树遍林芳。

日影桃蹊色，风吹梅径香。

幽山桂叶落，驰道柳条长。

折荣疑路远，用表莫相忘。

王在《古诗选评》卷六中称赞该诗“炼格完美”。

顾野王还有四首赋流传了下来，这四首赋都收录在《初学记》中。有意思的是，他所作的赋篇幅都短，比如《筝赋》的全文为：

调宫商于促柱，转妙音于繁弦。

既留心于别鹤，亦含情于采莲。

始掩抑于纨扇，时怡畅于升天。

也很有一种可能，《初学记》所录只是节选，但原文是如何，就难以知道了。

而顾野王所作的《笙赋》则字数更少：

声流洛渚，器重汾阳。

协歌钟于宿夕，咏月扇于绕梁。

同离鸿于流徵，会别鹤于清商。

相比较而言，他所作的《舞影赋》的篇幅已经是其流传至今最长的了：

耀金波兮绣户，列银烛兮兰房；

出妙舞于仙殿，唱雅韵于清商。

顿珠履于琼簟，影娇态于雕梁；

图长袖于粉壁，写纤腰于华堂。

萦纡双转，芬馥一房；

类只鸾于合镜，似双鸳之共翔。

愁冬宵之尚短，欣此乐之方长。

除此以外，他还有几篇文章流传至今，但对后世影响最大者莫过于他的名作《玉篇》。《玉篇》不是诗作，而是一部字典，有人将此书称为“中国汉语文字史上第一部楷书字典”，也有人说这是“中国第一部按照部首分门别类的字典”。不管是哪一种，都可看出顾野王对中国文字学的贡献。

然而《玉篇》到了唐代，有位叫孙强的人给此书增加了一些字数。到了宋代，陈彭年、吴锐、邱雍又对《玉篇》进行了重新修订。顾野王的原本后来在国内失传了，而日本却保存着初唐的写本，黎庶昌和杨守敬在日本时见到了这个唐写本，而后将其刻进了《古逸丛书》中。此本甚佳，虽然是残卷，但里面却有一些顾野王的按语。日本的森立之在《经籍访古志》卷二中称："此本之传，则远在孙强增字以前，真为顾氏原帙也。每注中有野王按语，与慧琳《经音》及《弘决外典钞》等所引合，其为可贵珍，亦非宋本所可得而比肩也。"而黎庶昌在《书原本玉篇后》中，也认定这个残本才是真正的顾野王原作："予观其（指日本柏木探古旧藏古写本《玉篇》）注文翔实，内多野王案云云，真乃顾氏原帙也。"

中土流传的《玉篇》名为《大广益会玉篇》，这就是唐孙强的增字本，宋代的王应麟在《玉海》中称："唐上元元年甲戌四月十三日，孙强增加字，旧一十五万八千六百四十一言，新五万一千一百二十九言。"而后《玉海》中又谈到了宋代的重修："（祥符）六年九月，学士陈彭年、校理吴锐、直集贤院丘雍，上准诏新校定《玉篇》三十卷。"由此可知，《大广益会玉篇》已经失去了当年顾野王原作的面貌，故而朱彝尊在《重刊玉篇序》中感叹道："于是广益者众，而《玉篇》已非顾氏之旧也。"

顾野王墓位于江苏省苏州市吴中区致能大道106号的苏州市职业大学校内。墓上有大大小小五块铁红色的石头，传说这是陨石，因此顾坟又称"落星坟"。然而我看这几块石头棱角分明，而陨石经过高温烧灼，绝不可能是这种模样。但不去管他，我找的是顾野王墓。墓上种着一棵大腿般粗的针松，显然是后补种的，其中一块石头下压着几个腐朽的树根，应当是坟上的原树。

早在千年之前，就有人探访过顾野王墓，比如，陈朝的江总就写了篇《伤顾野王》：

独酌一樽酒，高咏七哀诗。
何言蒿里别，非复竹林期。
阶荒郑公草，户阒董生帷。
人随暮槿落，客共晚莺悲。
年发两如此，伤心独几时。

到了明初，大诗人高启也来此拜谒了顾野王墓，而后写了篇《顾野王墓》：

南朝旧碑倒，墓近樵苏道。

应与读书堆，离离总秋草。

再后来，来拜谒顾野王墓的大诗人就更多了，清初朱彝尊所作的《鸳鸯湖棹歌》第八十一首，就是咏叹顾野王之墓：

野王台废只空墩，翁子坟荒有墓门。

舍宅尚传裴相国，移家曾住赵王孙。

而今我也跟从这些前贤来朝拜顾野王，竟找到了遗址，这个结果让我倍感愉快。

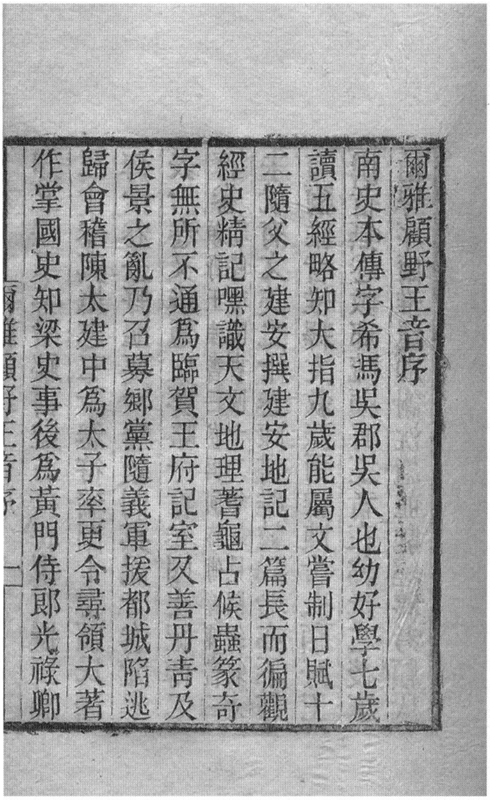

爾雅顧野王音序
南史本傳字希馮吳郡吳人也幼好學七歲
讀五經略知大指九歲能屬文嘗制日賦十
二隨父之建安撰建安地記二篇長而徧觀
經史精記嘿識天文地理蓍龜占候蟲篆奇
字無所不通爲臨賀王府記室又善丹青及
侯景之亂乃召募鄉黨隨義軍援都城陷逃
歸會稽陳太建中爲太子率更令尋領大著
作掌國史知梁史事後爲黃門侍郎光祿卿
爾雅顧野王音序　二

《尔雅》顾野王序言，清道光甘泉黄氏刻《汉学堂丛书》本

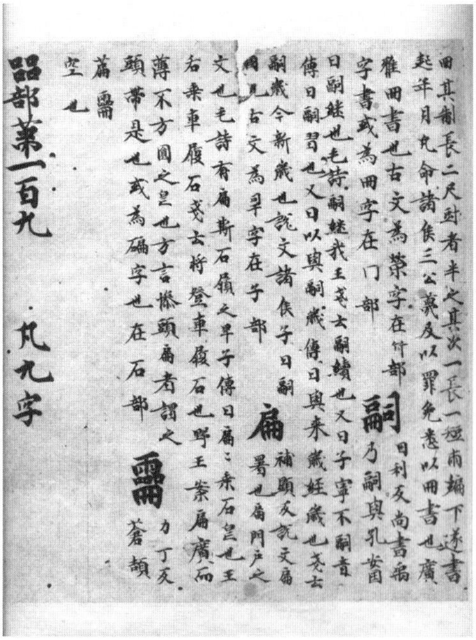

田其制長二尺短者半之其次一長一短兩編下逐書
起年月日命諸侯三公薨及以罪免悉以冊書也廣
雅冊書也古文為策字在竹部
字書或為冊字在冂部
嗣 曰利反尚書歸乃嗣與孔安國
日嗣繼也毛詩嗣繼我王秃去嗣續也又曰子寧不嗣音
傳日嗣習也又曰以與嗣歲傳曰與來歲繼歲也爻去
嗣歲今新歲也說文諸侯子曰嗣
𠚗古文為孠字在子部
扁 補顯反說文扁署也扁門戶之
文也毛詩有扁斯石履之卑兮傳曰扁扁乘石皃也王
右乘車履石或去將登車履石也野王案扁廣而
薄不方圓之皃也方言㯓頭扁者謂之
頭帶是也或為碥字也在石部
霝 力丁反蒼頡篇霝
空也
㗊部第一百九　凡九字

日本藏《玉篇》唐写本，民国五年至六年（1916—1917）上虞罗氏影印本

寻访顾公遗迹

陈志强

2019年是南朝梁陈间的文字训诂学家顾野王诞辰1500周年。顾野王的祖籍地——苏州市吴中区光福镇，寓居地——上海市金山区亭林镇，其墓所在地——苏州市职业大学，都举行了顾野王纪念馆开馆仪式，并举行了各种学术研讨会，来自北京、上海、江苏、浙江、福建等地的许多专家学者出席。吴江三里桥东的顾墟是顾野王的所居之处，就是在这里，他编纂了我国第一部楷书字典——《玉篇》。作为顾公故里的后人，眼见三地景象，我不由得想起十二年前探访这三地顾公遗迹的情景来。

一

随着纪念南朝梁陈间著名文字训诂学家顾野王的顾野王纪念馆在吴江三里桥东堍的建造，我寻访顾公在吴地其他地方遗迹的欲望不断强烈起来。

丁亥仲秋的一天早上，我踏上了去光福的路程。光福，地处姑苏西南，“湖光山色，洞天福地”，为一兼具阴柔之美与阳刚之气的江南古镇。早就听传光福的光福寺[宋康定元年（1040），居民于寺旁泥土中挖得唐铸铜观音，故又称铜观音寺]是在南朝梁大同年间（535—546）由顾氏舍宅而建的。我还听说光福寺那边尚有一座祠堂，内塑有顾野王的坐像。

到了光福汽车站，没走多远，就到光福寺了。穿过石牌坊，跨过多级石阶，迎面是一座古朴的石桥，名叫光福寺桥，亦称大寺桥、香花桥，因与寺前石阶连成两个凹形的轴对称图形，民间称为“翻转桥”。桥为梁式，两侧沿口以宋元时江南造桥常用的武康石凿成，雕刻着双龙戏珠的图案和“万”字纹饰，琢工精细，弹击有声，铿锵作响，故当地乡民又称之为“琵琶桥”。过寺桥，进山门，为正殿，殿前院内有一棵古香樟树，枝叶繁茂，树冠葱郁，传说当年顾野王曾在这里向好友的儿子侯悬喻树劝学。大殿两侧，一侧为西方殿，另一侧碑廊内嵌有张墨君《咏梅诗》碑，碑文清晰，章草字体笔势连绵，纵横飘逸。过正殿，再过观音殿，我循着山路往上而登。登上龟山山顶，只见一座七级宝塔直插云霄。此塔名为光福塔，本名舍利佛塔，创建于南朝梁大同年间，相传由顾氏所造，塔内原收藏有《大方广佛华严经》和光福寺开山祖师悟彻和尚的舍利。塔呈正方形，高25米，砖木结构，塔内陈列着四十九尊佛像，有八十八级台阶，我拾级而上，登至塔顶，四下眺望，近处的邓尉山、远处的姑苏西南诸峰尽收眼底。

下得塔来，走下山去。行至半山腰，一潭清水呈现在面前。看了旁边的说明牌，得知此潭名曰墨泉，又名墨沼，亦称洗砚池，相传顾野王当年撰写《舆地志》等著作时曾在此洗砚。我心想，真是不虚此行。回至山门前，顾公祠堂仍未见到。我遂到了客堂，寺内方丈慧通法师热情地接待了我。经询问，得知光福顾野王祠为三间，在光福寺西侧，始建年代无考，原祠为二进七间，后四间内塑有顾野王的坐像，并有廊可通光福寺内，现三间中的东边两间已为光福寺的围墙，余下西侧一间。我闻说后赶紧过去。到了那里，只见黄墙边果有一个门楼，黑色屋檐下掩着两扇褐红色的木门，隔一条深邃的弄堂与西侧的一排民房相望着，透过弄堂，光福塔那高耸的身影赫然入目。

应该说，光福当地在保护修缮光福寺、光福塔上，确实做了许多卓有成效的工作，如能恢复顾野王祠，则肯定能与寺、塔相得益彰，与吴江的顾野王纪念馆遥相呼应，凸显吴地悠久的历史和厚重的人文价值。

二

步出光福寺，已是快中午时分，我乘车赶往上方山。早就闻说顾野王墓在上方山下的澄湾前下舟村，濒临风景秀丽的石湖，其墓占地约50平方米，上下散布着五块大石，最大者长约6米，传为陨石，故俗呼“落星坟”。有一大石镌有清嘉庆八年（1803）钱大昕所书“陈黄门侍郎顾公之墓”。墓前原有“顾公神道”石牌坊一座，于1966年倒塌。乾隆、光绪间所立的墓碑现已不存，一株古松于1980年被砍去。1963年，此墓被公布为苏州市文物保护单位。作为顾公故里的后人，真该去好好地拜谒一下。车行到半路，突然下起了大雨，我心想，今天只能作罢，改天再去了。可车转到横塘站时，雨突然停了下来，我赶紧下车，换乘车去。到了上方山下，探路问人，几个人都说不知道顾野王墓。于是，我就向人问澄湾。有人知道，说向前走二十多分钟即可到达。我徒步而往。走了近半小时，远远见有一个村落，依山傍水，黛瓦粉墙，景致好极了。我心想，这定是澄湾无疑，赶紧拿出相机拍个不停。等走近了，一问村里人，说这里是北宅村，澄湾还要在前面。于是，我又往前赶。走了有十来分钟，我见有一个当地人打扮的中年妇女，赶忙上前询问落星坟在哪里，她说在前面一个学校里。走了七八分钟，果然见有一座名为“光明小学”的学校。这时，向右侧的山上望去，石碑、凉亭、墓道历历在目。我赶紧走进学校，看来是一座外来子弟学校，里面一个操着北方口音的教师模样的人告说，这里上山走不通，要从前面的口子上去。于是，我又往前走。走了好几分钟，几个口子都是厂家，进不了，好不容易见到了一个上山的口子，走近一看，是个公墓。于是，我只好再向人打听，得知顾野王墓所在的前下舟村，已圈在苏州国际教育园里面了。我又赶了不少路，来到教育园的一个入口。可保安说，从来没听说里面有什么古墓，不让进。我拿出了证件，也无济于事。最后，保安叫来了他们的班长，班长说前面约六七百米远有一个古墓，挺气派的。我一听，喜出望外，赶忙向前赶去。走了足有一千米的路，果真见到了一座有三个拱门的碑亭，走近一看，乃是明代嘉靖状元、建极殿大学士申时行的墓，修得真是挺宏伟的，从旁边的石碑上得知是江苏省文物保护单位。从那边折回来，我想还是进苏州国际教育园去找。不多时，见到了教育园的另一个入口，这里的保安人员听了我的来意，挺支持的，让我进去了。我十分欣喜，脚步如飞。这个教育园大得很，南北两区总面积达6.7平方公里，在里面转悠了好一阵子，一无所获。正在一筹莫展之际，忽见前面有些人在修路，赶紧上前去询问。里面有个中年男子告说，落星坟就在前面工棚的北侧。我听了，真是兴奋极了，奔了过去。走过工棚，见有一个土阜，上面长满了齐人高的野草，转了一圈，见没有一条上去的路。于是，我又往前走。遇到几个中年妇女，她们说不太清楚，说前面那个人肯定知道的。我向前看去，有一个男子在路边修剪树枝。上前一问，得知他名叫陶今南，今年60岁（身体挺硬朗的，看不出已是六旬的人了），是石湖村人，落星坟所在的前下舟村和后下舟村都归新丰村，与石湖村是邻村，由于是近邻，以前他常到落星坟这边来。听说我要去谒落星坟，他自告奋勇，帮我带路。我跟着他走，刚才走过的那个土阜果真是顾野王墓。可没有路啊！只见老陶一手拨开一米多高、长着刺儿的野草，一手招呼着我往前走。经过好几分钟深一脚浅一脚的艰难跋涉，终于来到了土阜前。老陶说，这就是落星坟。只见落星坟四周被一两米高的野草、灌木丛包围着。老陶拔掉一些野草，又拿出随身带的锯子，除去几株灌木，一块大石显了出来。这时，我的兴奋之情真是难以言表，赶忙拿出相机来摄影。举目而望，只见北面上方山上楞伽塔影历历，西边吴山岭、七子山青翠欲滴，周围则是一大片平地，我心里真有点惊奇，顾野王墓边的这几块大石不知是从哪儿来的，莫非真如民间流传是从天上掉下来的陨石？

这时，我好想去拜谒一下顾公先贤墓，可面前全是齐人高的野草、灌木，要到墓前，真是不可为之。于是，我按照老陶所示的位置，虔诚地向顾公墓膜拜，以表先贤故里后人的深深敬意。在这里，我要吁请有关单位和部门尽快修缮顾公墓，以传承和弘扬吴地文脉。

三

得知上海市金山区亭林镇现尚存顾野王的遗迹，我不禁喜出望外。

查了一下亭林的资料，得知该地历史上曾属浙江海盐，这与《陈书》上载顾野王曾“使海盐县”是吻合的。亭林是黄浦江南岸的重镇，相传为旧时松江府华亭县县府所在地，民国期间与朱家角、泗泾、枫泾齐名，合称为“朱泗枫亭”四大重镇。关于亭林镇名的由来，在当地流传着一个富有浪漫色彩的传说。相传在很久以前，这里被称作“十二家埭”，居住着十二户人家，为一个小集市。一天，心存隐居之意的顾野王来到十二家埭。他穿过集市后，眼前突然一亮，只见集市东首有一片梧桐树林，便心生欢喜，疾步走进林中，驻足呼吸，顿觉一股清新之气直入肺腑，令人心旷神怡。举目四顾，只见林中梧桐错落有致，枝繁叶茂，环境十分幽静，实为隐居著述的好地方。于是，顾野王便置身林内筑茅而居。谁知顾野王隐居梧桐林后，绘就了几幅凤凰图，招来了天上的神凤，一时间，神灵之气弥漫林内。凤凰图被那神灵之气濡染，上面的凤凰全都被激活飞起，随着神凤飞出了茅屋。这突如其来的神奇景象，顾野王看得两眼发直，那几位恰好在顾野王茅屋内做客的文友，也一个个目瞪口呆。等他们回过神来，不约而同地拔腿追出茅屋门，透过梧桐树林，只见众凤凰对茅屋依依不舍，不停地回望。这件神奇之事，很快在方圆百里内传开，招来无数探奇之人踏访这片神奇的梧桐树林。后来，又有许多人知晓顾野王隐居这里著书立说，更是心存敬意。顾野王见访客渐多，小茅屋不能容留众多客人，便在梧桐树林对面修筑了一座供人歇脚用的凉亭。于是，凉亭与树林遥相对应，成为文人雅客相聚的好去处。不久，顾野王便在林内茅屋中修纂完成三十卷《舆地志》。时间一长，人们便把这里称作顾亭林而忘了其原来的“十二家埭”之名。不知又经过了多少年，人们再称呼顾亭林时，竟把“顾”字省去，单叫“亭林”了。

亭林镇东北距上海市中心54公里，东距奉贤区政府所在地南桥镇15公里，西南至上海石化总厂19公里，西北经黄浦江至松江20公里。乘汽车的话，可先到青浦再转乘去南桥、石化总厂的班车即可到达。丁亥金秋的一天，我踏上了去亭林的路程。早上从吴江出发蛮顺利的，不到九点钟就到青浦汽车站了。继而，我坐上了青（浦）石（化）线公交车。一上车，只见黑压压的一片，挤满了人。我想，既是公交车，路程肯定不会太长，且上上下下的人肯定很多，不多时，就可有个座位坐了。谁知，下的人少得可怜，上的人却是蜂拥而至，我这一站竟然延续了一个半小时。终于到站了，我拖着疲惫不堪的双腿下了车。见到一辆三轮车，我赶紧上车，说要到读书堆。这读书堆，网上介绍得较为详细。说当年顾野王隐居在亭林镇的一个高阜上，建茅舍读书，其宅旁有林，人称“顾亭林宅”，亭林之名即源于此。顾野王所居之高阜，后人称为“顾野王读书堆”，原高十丈，占地数十亩，树木十分茂密。可三轮车车主说从来没听说过读书堆，于是我只得下得车来。再问一名三轮车车主，答曰：“我不知读书堆，但晓得有一大树墩。”我想，也好，不妨前去看看。

七八分钟后，我来到了“大树墩”前。看看路牌，处在大通路与寺平南路的交会处，土墩有三四米高，四周砌着围墙，墩上密密麻麻地挺立着几十棵古树，一片郁郁葱葱的景象，透露着勃勃生机。问问路边的老者，果真是“读书堆”。从老者口里，我知道了更多顾野王在亭林的遗迹情况。五代后晋天福年间，亭林迁建的宝云寺址原为顾野王故宅，寺内有“顾公祠”，今已不存。这宝云寺当时被誉为“云间（松江）古刹”，元代著名书法家赵孟頫书有“松雪碑”，记述了重修宝云寺的事宜，现碑虽已不存，但尚有拓印碑文在民间流传。宝云寺内原有唐咸通年间所建的楞严塔，又名“飞来塔”，现尚竖有一根六角形柱子，上面镌刻着《陀罗尼经》，覆顶雕有莲花，高约丈许。在中柱东侧还存有一块古碑，高一丈有余。读书堆，为顾野王读书和修《舆地志》之处，旧有大树剔牙松，在明代成化年间时尚存。读书堆在当地称为大寺山，原来比现在要大得多，可惜主峰于20世纪60年代末取土填河时被削平。读书堆西麓还有墨池，又名洗砚池，终年积水，清澈见底，因顾野王平素在这里洗砚而得名，这池早已湮没，成为陆地后上面建了房子。另外，读书堆附近，以前还有览翠楼、仙人洞、八角井等名胜，惜现均已不存。临走时，老者说离这里东面不远处的古松园也是亭林现存的古迹，值得一去。

于是，我徒步前往。走了数百米，一座砌有漏窗围墙的小园呈现在面前。穿过镌有“古松园”匾额的门楼，只见在一株苍翠遒劲的罗汉松的掩映下，方亭飞翘，曲廊逶迤，假山嶙峋，厅堂横卧，小园景色甚为怡人。看了园前照壁和园内石碑上的说明文字后得知，这座古松园与顾野王也有着一些联系。元至正十六年（1356），著名文学家杨维桢来亭林游顾野王读书堆，恰逢其六十寿诞，门人在东街为其祝寿。酒酣兴浓之际，杨维桢亲植罗汉松以志寿庆。这株罗汉松，树叶和树身上有星星点点的裂纹形成的小方块，犹如人工镂刻的一张张骨牌，故俗称“骨牌松”，现树龄已达650余年，历经风霜雨雪，虽仅存半株，仍傲然屹立，四季常青。早在1987年，金山县人民政府和上海市园林管理局就将此树列为古树名木，并砌栏置碑加以保护。

过云楼顾氏与顾野王

王　道

记得有一次，顾野王后人顾建新带着厚厚两卷本顾氏族谱来到顾笃璜先生面前。顾笃璜先生大为惊喜，连连说好，还说这事早就应该做起来，现在终于有人做了。他愿意为之核对相关史料。原来，过云楼顾氏与顾野王同属一支，早在顾先生曾祖时即得到承认和重视。

顾文彬（1811—1889），字蔚如，号子山，晚号艮盦、艮庵，过云楼创始人，元和（今江苏苏州）人，道光二十一年（1841）进士，官浙江宁绍道台。晚年精选所藏书画两百多件，编纂成《过云楼书画记》十卷，代表了他一生搜集、赏析、研究历代书法名画的业绩。他的日记《宦游鸿雪》详细记载了他的每日生活和书信内容，为后人研究过云楼文化提供了绝佳的参考。同治九年（1870）三月初九，仍在任上的顾文彬致信三子顾承（字廷烈，收藏家）提道："野王公事已蒙批准，祠屋有着矣。"由此可知，顾文彬在任上即重视对顾野王纪念场馆的建造和恢复。

顾文彬一脉祖上原本在徽州，元末明初时迁居苏州，以经营为家业。虽然自徽入苏，但顾文彬还是认可和吴门顾氏的渊源。顾文彬曾撰文称家族是顾野王后裔，"江左宗支我族分，遥遥世胄溯黄门"。每年清明，他都携家人前往石湖之畔的顾野王墓祭扫。顾野王墓附近有铁佛庵（守冢祠屋），有出家人维持香火。

顾文彬曾亲自参与打理顾野王墓园，并支付守墓人的资费。至于他信文中所称的“野王祠屋”，想必应该是墓园祠屋。

在民国闻人李根源的《吴郡西山访古记》中记载：“出下周村，谒顾黄门墓，在村端溪旁。前建西方庵，已倾圮，奉铁质地藏菩萨像，唐铸也。殿悬顾文彬书‘华海慈航’木榜。”根据明末清初思想家顾炎武所记，天启年中，顾野王墓地曾为豪家霸占，顾氏后裔奋起诉讼，后来赢了官司，墓地周围石块、树木都悉归顾家。清高宗乾隆皇帝南巡时路经此地，还前来凭吊。由此延续到顾文彬一代，顾氏族人常来祭拜。顾文彬作为吴中顾氏大族掌权人，势必带头出资出力修复墓园，并亲自题写木榜。

光绪八年（1882），顾文彬最喜爱的三子顾承病逝，顾文彬悲痛不已，写了四十首悼亡诗，其中一首提道：“落星坟指石湖滨，祭扫年年荐藻苹。古柏苍松防剪伐，绿荫浓护石麒麟。”并做了说明：“顾氏为吴中大族，系出陈黄门侍郎野王公后，其墓在石湖之滨。每年春，承必邀同姓熟人往祭，封植修卫，不靳赀力。”

这首诗无意中为我们指明了顾野王墓的具体方位，并说明了当时吴中顾氏后人纷纷前往祭扫的盛况，对于扫墓路线也有所指，苏州城里人去西郊扫墓，大多乘船出行，顺着护城河一路出去，经过石湖上岸，到达顾野王墓。顾承去祭扫的时候，还会主动邀上顾氏族人及熟人前往，对墓园进行清理打扫，并付出一定的费用维护下去。记得曾在顾沄（字若波，晚清著名画家）修撰的家谱上看到过顾野王墓园的示意图，墓旁曾有祠堂，应该与顾文彬修复有关。

从顾文彬到顾公硕，历经四代人，过云楼顾氏后人一直没有停止过对顾野王文化的关注，顾笃璜先生的父亲、文化人士顾公硕先生也曾对顾野王的诗词、著作有过记录和研究。顾氏文化，一脉相承，将会继续传承下去。

光福人文历史和楹联的渊源从顾野王说起

吴眉眉

引言

2010年中国楹联学会集中联界专家，将千余年来散见于各种典籍中有关联律的论述进行梳理、规范，形成了《联律通则》（修订稿）。楹联是中华民族特有的一种文学形式，是世界上独一无二的、拼音文字无法比拟的、神奇而又有情趣的综合艺术。它熔诗词、哲学、书法、政治、历史、科技、思想、文化和社会民俗于一炉，是中华民族传统文化的精粹之一。楹联既是雅文学，又是俗文学；既是殿堂文学，又是街巷文学；既是文人文学，又是民间文学；既是书面文学，又是口头文学；既是一种独立的文学样式，又与诗、词、曲、赋及书法、篆刻、园林艺术形式所交融。“撑天拄地两行字，涵古纳今一副联。”当然各个时期对于联律的要求不尽相同，这是很正常的，切莫误解。

光福地处郡西一隅，坐拥三万六千顷具区、七十二座峰，山外有山，湖外有湖，山环水绕，山重水复。凡湖山交错的地方，呈现原野锦绣、河渠纵横、层林叠翠、清泉潺潺的景观。而隐隐青山，迢迢绿水，间或衬着片片渔帆、点点飞鸟，映着名刹古观、摩崖塔影，缀着园墅楼阁、古树名木等，阴晴雨雪，烟鬟镜黛，紫霞乱抹，殊特妙好，不可名状。其山有西碛、邓尉、铜井、蟠螭之挺秀；其水有太湖、游湖、东西崦之浩渺，七宝、卧龙、尊生等泉之甘冽。地则东南平夷、宜蔬谷，西南多山、宜花木，向有“山家十八熟”之说，起首就是著名的梅花，其次是石壁的桃花。数千年来，盈盈山水间不知发生过多少传奇故事，特别是明代以来，帝王将相、达官贵要、文人墨客等更是以游光福为荣，无数名人归葬于此，无数园墅建造于此，无数文人高士流连于此，记之以文、咏之以诗、绘之以图、题之以名、刻之以石、赋之以联……

既然中国楹联具有如此深厚的历史文化内涵，光福古镇也同样具有深厚的历史文化底蕴，那么两者有着怎样的渊源呢？值此顾野王诞辰1500周年之际，谨以个人浅见，奉上小文，聊表敬意。

萧梁时，顾野王舍宅建光福寺后，光福以寺为中心，逐渐兴盛起来，镇也就以寺名命名。光福在宋代又名志（梓）里，明清时属吴县长山乡，已呈现出“山下人家成市廛，家家炊烟起曲突”的繁荣景象。

众所周知，顾野王是位文字训诂学家、诗人、画家。自幼好学且天资聪慧，七岁读“五经”，已略知主要意思；九岁能写文章，尝作《日赋》，受到广泛称赞。顾野王的学识很是广博，天文地理，蓍龟占候，虫篆奇字，无所不通。他对后世的最大贡献，当数大同九年（543）成书的《玉篇》。这是我国现存最早的一部楷书字典，仿《说文解字》体例，部目稍有增删，分五百四十二部，收字一万六千九百一十七个，每字下以反切注音，再引群书训诂，解说翔实，对字形重视篆隶之流变，为《说文解字》之后又一部大型字书。原书现存残卷，清代黎庶昌有影印本。除此，顾野王还著有《舆地志》《符瑞图》《顾氏谱传》《分野枢要》《续洞冥纪》《玄象表》等，大都散失了。

只要稍加注意就会发现，在顾野王诗作中频繁使用的对偶句，可视作光福楹联的雏形。例如：“风轻莺韵缓，露重落花迟”（《罗敷行》）、“池前竹叶满，井上桃花飞”（《阳春歌》）、“日影桃蹊色，风吹梅径香”（《芳树》）、“幽山桂叶落，驰道柳条长”（《芳树》）、“调弦八九弄，度曲两三章”（《艳歌行三首》其三）等等。可以说顾野王为光福楹联的兴起奠定了坚实的基础，从而促进了后世多元文化的发展与繁荣。

至迟宋元，楹联的形式已经出现。

光福历来是文人士大夫首选的隐居之地。宋室南渡，名门望族徐氏就定居这里，渐为当地大族。他们造园、生活，在自己的园墅中营造属于自己的精神世界和文化生活，以极大的热情追求着自己理想的生活方式——闭门读书，开门迎友，寄情山水，交友雅集等，从而创造出各种物质、精神层面的作品。点缀于亭台楼阁间的楹联，便应运而生，它是主人文化修养、政治理想、审美情趣、生活态度等的具体体现。不仅如此，他们还十分注重知识的传播，在家中设私塾，亲授族中子弟，聘请先生一起教习，还将自家田地分给族人耕种。名士常常聚集于此，留题甚多，诗笺百余幅，皆出自元季明初诸公手迹，辑成《金兰集》六卷，其影响积极而深远。可以想见，其中不乏楹联的存在。“元四家”之一的倪瓒，与徐达佐交好，是耕渔轩的常客，终年流连于太湖，留下许多诗词图画和奇闻趣事，曾为狮子林小方厅撰过联：“景即是情，情即是景；诗中有画，画中有诗。”

每个王朝更替，总会出现一批殉节或终身不入朝堂的遗老遗少，明代的徐枋是较为突出的一位。他初居光福惊鱼涧，后移居上沙，两处涧上草堂，风景也各有佳妙。故而住在“仙境”中的徐枋，每每被眼前的景致打动，笔下便生出串串妙言佳句，《邓尉十景记》中描绘的景致有虎山桥、司徒庙、铜坑、铜井、石壁、槎山（即查山）、七十二峰阁、西湾、磡上（即坎上）、玄墓。与他往来的都是当代高士，这些才华横溢的前朝遗民，将光福的文化推到了极致。

不过对光福影响最大的要数清代的两位皇帝——康熙皇帝和乾隆皇帝。特别是乾隆皇帝，自乾隆十六年（1751）到乾隆四十九年（1784）的三十三年里，六次驻跸圣恩寺，并且赏梅是必不可少的娱情节目，每次也必定诗兴大发，撰联赋诗无数。比如：“天寿无疆，万里山河宏寿域；圣恩普及，众生今古沐恩光。”“春入湖山韶且秀，雪凝楼观净无埃。”

湖山如画，佳联迭出。

一百六十多年前，邓尉山倪家巷有座香雪草堂，是苏州名翰林潘遵祁于道光二十七年（1847）秋所筑。清代俞樾作《潘简缘香雪草堂记》，并撰联两副：“霄汉早归来，最好卜居近。”“香雪云烟同供养，依然偕隐在湖山。”

到了清末民初，楹联已十分常见，李根源与他的师友们为苏州文化做出了杰出贡献。他们在郡西山中留下了许多题刻，石壁摩崖是最具代表性的，至今保存完好，具有不可估量的人文价值。陈则民为邓尉山香雪海撰联："登铜井山揽胜而来，七二奇峰都归眼底；有香雪海寻源可入，三千福地自在胸中。"

近现代楹联越发的普及，随处可见它的身影。

除此之外，古寺也是光福历史文化重要的组成部分，光福寺、圣恩寺等皆是闻名天下的大寺，高僧不绝，寺院兴旺，佛法昭明，阐扬宗风，源源相继，灯灯相续，且各有特色，是楹联较为集中的场所。例如，光福寺中，俞樾在大雄殿作隶书联："远接胥江，近邻邓尉，鹫居占山水秀灵，引来雪海香潮，万树梅花还供佛；重装宝络，再整庄严，鸠宇仿齐梁模范，讲到路绳津筏，十方檀越静听经。"圣恩寺中，翁同龢书联："点灯默坐还元阁，磨墨重题大歇关。"司徒庙中，吴云书联："清奇古怪画难状，风火雷霆劫不磨。"晚年至石壁永慧禅寺养老并归葬此处的清代著名画僧虚谷上人，为好友任伯年撰写挽联："笔无常法，别出新机，君艺称极也；天夺斯人，谁能继起，吾道其衰乎。"

结语

光福山水幽远，风土清嘉，俗尚纯朴，农事尤勤，手工精巧。虽然曾经的名刹古观、名人园墅以及亭台楼阁间的楹联大多早已不见了踪迹，只能在史料中追忆，但不管怎样，光福的楹联因顾野王引示，通过历代文人高士千年来的不断发展和普及，早就扎根于洞天福地的湖光山色间，不仅融入寻常百姓的生活中，还走进校园，在孩子们的心田悄悄萌芽。

你看那些名胜古迹、私家园林、校园村墅等恰到好处地点缀着匾额、对联，以及过年时家家户户大门上的一对对红红的春联。光福正因有了这些传统文化根基的存在而成为今天的中国历史文化名镇，我们作为传承人更应铭记，自觉将中国优秀的传统文化一代一代守护、传承并发展下去！

学术论文

顾野王《符瑞图》辑考

陈　爽

摘　要：选取顾野王著述中较少被关注的《符瑞图》进行研究，从古代典籍中辑录该书佚文47条，阐释了《符瑞图》的著述背景、体例结构、主要内容和书写形式，并对其传播途径及其在中古东亚政治文化史上的深远影响进行了多方位的探讨。

关键词：顾野王；《符瑞图》；辑佚

作为南朝文化的集大成者，顾野王学识渊博，多才多艺，著述丰厚。关于其主要著述，《陈书》卷三十《顾野王传》有如下记述：

其所撰著《玉篇》三十卷、《舆地志》三十卷、《符瑞图》十卷、《顾氏谱传》十卷、《分野枢要》一卷、《续洞冥纪》一卷、《玄象表》一卷，并行于世。又撰《通史要略》一百卷、《国史纪传》二百卷，未就而卒。有文集二十卷。[1]

由于顾野王的大部分著述都已亡佚，学界对其学术成就的了解大都集中在传世内容较为完整的《玉篇》和《舆地志》，相关的学术研究也主要集中在文字训诂和历史地理学方面。

除《玉篇》和《舆地志》外，《符瑞图》是顾野王的另外一部重要著作，唐宋以后的多种书目中均有著录，并在唐宋时期的多种典籍中被多次征引。《隋书》

卷三十四《经籍志》无著录，只记“《瑞应图》三卷，《瑞图赞》二卷。梁有孙柔之《瑞应图记》《孙氏瑞应图赞》各三卷，亡”[2]。《旧唐书》卷四十七《经籍志》[3]、《新唐书》卷五十九《艺文志》[4]均录有《符瑞图》十卷，属“陈顾野王撰”。宋《太平御览·经史图书纲目》同时录有《符瑞图》《顾野王瑞应图》[5]。《宋史》录有顾野王《符瑞图》二卷[6]。此书除官方著录外，还见于若干私家书目，如唐张彦远撰《历代名画记》卷三载：“《符瑞图》：十卷，行日月杨廷光并集孙氏、熊氏图。”[7]此书唐代以后传入日本，见于《日本国见在书目录》，入“五行家”[8]。王尧臣《崇文总目》卷四[9]、陈振孙《直斋书录解题》卷十[10]均录有此书。

关于《符瑞图》的主要内容，南宋王应麟所编《玉海》卷二〇〇引《中兴馆阁书目》，提供了一个线索：

《符瑞图》两卷，陈顾野王撰。初世传《瑞应图》一卷，云周公所制，魏晋间孙氏、熊氏合之为三篇，所载丛舛。野王去其重复，益采图纬，起二代，止于梁武帝大同中，凡四百八十三目，时有援据，以为注释。[11]3659

陈振孙《直斋书录解题》卷十考证：

《瑞应图》十卷。不著名氏。案《唐志》有孙柔之《瑞应图记》、熊理《瑞应图谱》各三卷，顾野王《符瑞图》十卷，又《祥瑞图》十卷。今此书名与孙、熊同，而卷数与顾合，意其野王书也。其间亦多援孙氏以为注。《中兴书目》有《符瑞图》二卷，定著为野王。又有《瑞应图》十卷，称不知作者，载天地瑞应诸物，以类分门。今书正尔，未知果野王否？又云或题王昌龄。至李淑《书目》，又直以为孙柔之，其为昌龄或不可知，而此书多引孙氏，则决非柔之矣。又恐李氏书别一家也。[10]304

从书籍的内容性质来看，《符瑞图》应该是汉魏以来社会上流行的多种《瑞应图》中的一种。所谓符瑞，也称作“瑞应”“祯祥”或“祥瑞”等，指当自然界显现某种异常天象或事物时，古人会认为这是上苍对人间仁政善事的褒奖，进而将其缘饰为“瑞应”。瑞应观念自从形成后，更多地体现为上苍与人间帝王之间的感应，成为帝王为争夺政权或粉饰太平而制造舆论的重要依据。符瑞象征天命，对统治者来说具有重大的政治意义，故发现符瑞，并向朝廷上报符瑞，在当时是一种很严肃的政治行为，而按验符瑞便是从发现到上报过程中一个很重要的环节，需要一个统一的、具有一定权威性的瑞物图典。于是，制作一种专门用作备查、按验符瑞的图书——《瑞应图》成为现实需求，而主持这一项工作的很可能就是政府。因此，从书的性质来说，《瑞应图》是瑞物图典，属于工具书范畴；而谶纬之书在汉时属于经学文献范畴。再从内容上看，虽然《瑞应图》与谶纬关系密切，但是它只截取与符瑞有关的内容，全书内容单一，不似谶纬内容之驳杂。[12]

汉代以来流行谶纬之学，已经有各种形式的《瑞应图》；南北朝时期，王朝更迭频繁，加之南北对峙，各争正朔所在，瑞应之学也达到了一个高峰。瑞应图谶直接进入了正史，《宋书》设《符瑞志》，《魏书》设《灵征志》，《南齐书》设《祥瑞志》，其中，《南齐书》卷十八《祥瑞志》甚至直接采用改编了的《瑞应图》[13]。

顾野王的《符瑞图》，正是南北朝后期谶纬文化流行大潮中社会上通行的众多“瑞应图”中的一种。

顾野王所撰《符瑞图》今已亡佚，迄今尚无完善的辑本。元代陶宗仪《说郛》（宛委山堂本）卷六十辑有《玉符瑞图》一卷，有龙出、白泉、仓乌见、火为朱乌、凤凰之佐、衔珠而舞、白鹄翔七条佚文，辑本粗疏，不注出处，且多有错讹，讹《符瑞图》为《玉符瑞图》（疑从野王符瑞图形近而讹），甚至属顾野王为晋人。[14]清黄奭《黄氏佚书考》中所辑《玉符瑞图》，内容与《说郛》完全相同，恐属未成之稿本。

考之唐宋典籍，对顾野王《符瑞图》多有征引，日本古代典籍中也多有《符瑞图》片段保留，今辑录如次：

1.《太平御览》卷二二《时序部七·夏中》引《符瑞图》：“麟夏鸣曰养绥。”[5]105

2.《太平御览》卷二五《时序部十·立秋》引《符瑞图》：“立秋，西方阊阖风至（原注：一名飂风）。”[5]120

3.《太平御览》卷二八《时序部十三·立冬》引《符瑞图》：“八风循，通八方之风，应时而至也。立冬，北方广莫风至（原注：一名寒风）。”[5]130

4.《太平御览》卷二八《时序部十三·冬至》引《符瑞图》：“冬至，东北方融风至（原注：一名炎风）。”[5]133

5.《太平御览》卷一八九《居处部十七·井》引《符瑞图》：“浪井者，不凿自成。王者清净，则有仙人主之。”[5]918

6.《太平御览》卷七一九《服用部二一·花胜》引《符瑞图》：“金胜者，仁宝也。不断自成，光若明月。”[5]3186

7.《太平御览》卷八七二《休征部一·日》引《符瑞图》：“日二黄人守者，外国人方自来降也。”[5]3863

8.《太平御览》卷八七二《休征部一·日》引《符瑞图》：“少皞氏邑于穷桑，日五色牙照穷桑。”[5]3863

9.《太平御览》卷八七二《休征部一·星》引《符瑞图》：“月镇星合房者，年谷丰熟。”[5]3864

10.《太平御览》卷八七二《休征部一·风》引《符瑞图》：“翔风者，瑞风也。一名景风春，为发生夏，为长盈秋，为收藏冬，为安宁。”[5]3865

11.《太平御览》卷八七二《休征部一·雨》引《符瑞图》：“周公时，天下太平，当此之时，旬而一雨，雨必以夜。”[5]3865

12.《太平御览》卷八七二《休征部一·雨》引《符瑞图》：“灵雨者，遇岁亢旱，责躬引咎，理察冤枉，退去贪残，侧身修政，则降以灵雨，非诚感瑞，则非灵也。”[5]3865

13.《太平御览》卷八七二《休征部一·雨》引《符瑞图》：“昔殷汤之世，天下大旱，以六条自责，于是大雨。”[5]3866

14.《太平御览》卷八七二《休征部一·云》引《符瑞图》：“矞庆，云也。内赤外黄，一曰矞（原注：矞音橘也）云。”[5]3866

15.《太平御览》卷八七二《休征部一·光》引《符瑞图》：“玉烛者，瑞光也，见则四时之色，洞如烛也。”[5]3867

16.《太平御览》卷八七二《休征部一·光》引《符瑞图》：“景者，光也，亦曰象也。光而可象，应行而臻，故茂德内彰，则瑞光外烛。”[5]3868

17.《太平御览》卷八七二《休征部一·光》引《符瑞图》：“昌光者，瑞光也，见于天。汉高受命。昌光出轸。”[5]3868

18.《太平御览》卷八七二《休征部一·光》引《符瑞图》：“荣光者，瑞光也，其光五彩焉，出于水上。”[5]3868

19.《太平御览》卷八七二《休征部一·光》引《符瑞图》："五光，彩者。天见五色，三光重辉，辉于地也。"[5]3868

20.《太平御览》卷八七三《休征部二·地》引《符瑞图》："地得其性，不震摇也。"[5]3869

21.《太平御览》卷八七三《休征部二·河》引《符瑞图》："河溓者，河水清也。"[5]3869

22.《太平御览》卷八九六《兽部八·马四》引《符瑞图》："王者贵人而贱马，则白马朱鬣集。"[5]3978

23.《太平御览》卷八九六《兽部八·马四》引《符瑞图》："车马有节则见。腾黄者，神马也，其色黄，一名乘黄，亦曰飞黄，或曰吉黄，或曰翠黄。一名紫黄。其状如狐，背上有两角，出白民之国，乘之寿三千岁（原注：黄帝乘之）。"[5]3978

24.《史记》卷二八《封禅书》司马贞《索隐》引《符瑞图》："旗星之极，芒艳如旗。"[16]

25. 英藏敦煌文书《兔园策府》残卷（S.1086）引《符瑞图》："曰地铃者，不振摇也。"[17]图版50-60

26. 英藏敦煌文书《兔园策府》残卷（S.1086）引《符瑞图》："甘露者，一名膏露。"[17]图版50-60

27.《册府元龟》卷二〇二《闰位部二十一·祥瑞二》引《符瑞图》："鹿寿千岁变白，耳一缺。"[18]

28.《文苑英华》卷六一〇杨谭《进孝乌颂表》引《符瑞图》："宗庙肃敬则乌至。"[19]3163

29.《文苑英华》卷六四三韩愈《奏汴州封丘县得嘉禾浚仪得嘉瓜状》引《符瑞图》："王者德至于地，则嘉禾生。"[19]3301

30.《玉海》卷八三《车服》引《顾野王符瑞图》："鱼龙负图从补中出付黄帝，黄龙从洛水出，五采，负图出舜前。"[11]1547

31.《玉海》卷一九五《祥瑞·瑞星·黄帝景星》引《顾野王符瑞图》："景星，大星也。状如半月，生于晦朔，助曰为明尔，雅四气和，为景星。"[11]3569

32.《玉海》卷一九八《祥瑞·动物·龙·黄帝龙负图舜黄龙负图尧龙叙图》引

《顾野王符瑞图》："黄帝世，鱼龙负图从河中出，付黄帝。虞舜时，黄龙从洛水出，诣舜，鳞甲成字。舜即位，与三公临观黄龙，五采负图出舜前。"[11]3624

33.《觉禅钞》卷一二九《鲤鱼事》引《顾野王符瑞图》："王者其政平，德至渊泉，则江海出明珠也。"①

34.《翻译名义集》卷二《畜生篇》引《符瑞图》："黄帝时有虬龙，黑身无鳞甲，背有名字。"[20]

35.《续日本纪》卷一一引《符瑞图》："神马者，河之精也。"[21]185

36.《续日本纪》卷一三引《符瑞图》："青马白发尾者，神马也。圣人为政资服有制，则神马出。"[21]219

37.《续日本纪》卷一三引《符瑞图》："王者事百姓，德至丘陵，则泽出神马。"[21]219

38.《续日本纪》卷二九引《符瑞图》："白鸟者，大阳之精也。"[21]496

39.《古事类苑》天部二《和汉三才图会》引《符瑞图》："流星，天使也。自上而降曰流，自下而上曰飞。星其大者，曰奔星。"②

40.《古事类苑》岁时部四《革命勘文》引《符瑞图》："老人星也，直孤星。北地有一大星，是为老人星，见则治平主寿。"③

41. 徐锴《说文解字系传》卷一引《符瑞图》："有玉瑛见。"[22]5

42. 徐锴《说文解字系传》卷一引《符瑞图》："玉瑛仁宝，不斫自成，光若白华。汉文帝时，渭阳玉瑛见。"[22]6

43. 徐锴《说文解字系传》卷一引《符瑞图》："《孝经援神契》曰：神灵滋液，百珍宝用，则玫瑰齐注曰玫瑰。玉名齐，谓契好也，契刻也。"

44.《路史·余论》卷六《沈璧》引《野王符瑞图》："《中候摘洛戒》云：若稽古周公旦，钦惟皇天顺践阼，即摄七年，鸾凤见，蓂荚生，青龙衔甲。"[23]202

45.《路史·余论》卷六《沈璧》引《野王符瑞图》："黄帝轩辕氏东巡省

①《觉禅钞》，东京仏书刊行会1914年。

②神宫司庁：《古事类苑》，东京古事类苑出版事务所1914年。

③神宫司庁：《古事类苑》，东京古事类苑出版事务所1914年。

河，过洛。又沈握视将加沈璧集历并臻，皆临诸坛，河龙负图出，赤文象文以授命。”[23]202

46.《初学记》卷二九《兽部·马第四》引《符瑞图》：“贵人而贱马，则白马朱髦集，任用贤良则见。”[24]702

47.《初学记》卷二九《兽部·马第四》引《符瑞图》：“车马有节则见。腾黄者，神马也，其色黄，一名乘黄，亦曰飞黄，或作古黄，或曰翠黄，一名紫黄。其状如狐，背上有两角，出白民之国，乘之寿可三千岁（黄帝乘之）。”[24]702

作为一部实用性很强的瑞物图典，顾野王编纂的《符瑞图》在中古文化史上产生了深远的影响，其流布传播的范围不限于江南一隅，还远播东亚与西域；其时间范围也不限于南朝，而是在隋唐乃至宋初的数百年间被反复征引。据日本史籍记载，此书在7世纪已传入日本，日本奈良初期已流传于贵族之间，并为朝廷所引用。最迟于延历四年（785），《符瑞图》与《孙氏瑞应图》成为日本官方正式引勘用图书，对日本政治文化产生了深远的影响。对于《符瑞图》的东传过程，孙猛先生的《日本国见在书目录详考》一书中有详细考证，兹不赘述。[8]1563

在敦煌文书中，有一卷长达4.5米的图文长卷P.2683号文书，被敦煌学界推定为顾野王《瑞应图》。前辈学者王重民先生在巴黎见到该图卷，定名为“瑞应图”。他在简单梳理中古图谶的发展情况之后，指出该卷作者当在梁陈之世，又从引文中不避唐讳推断为六朝写本，“作者系杂采群说，欲为汇总”，疑为顾野王《符瑞图》。[25] 姜亮夫先生认为“作者应在梁陈之世”，“不避唐讳，殆为六朝写本”。[26] 饶宗颐先生据《沙洲都督府图经》（P.2005）背面所记归义军名号后记“瑞应图借与下”六字推断，原卷为《瑞应图》，“了无可疑”。[27]陈槃先生认为：“依《中兴目》，顾野王《符瑞图》之要点：（一）改编《孙氏瑞应图》说；（二）兼改变《熊氏瑞应图》说；（三）曽采图纬；（四）时复有援引，以为注释；（五）起三代（？）；（六）止梁武大同中……以残卷校之，类似之处颇多。”疑其即为梁顾野王之《符瑞图》。笔者则从P.2683的物质形态观察入手，对传统认识中P.2683源自顾野王《符瑞图》的推断提出了若干新的佐证，认为除文本内容、体例结构、著述时间基本相合之外，南朝名士顾野王的画家身份和《符瑞图》“秘画珍图”的特定属性，为确定P.2683母本提供了线索；《符瑞图》“益采图纬”的主要特征与P.2683中“旧图不载”的记述相互对应，成为两者渊源关系一个较为直接的证据。①

那么，南朝顾野王所撰的《符瑞图》又是如何传至远在西陲的敦煌的呢？对此，贺世哲先生提出了一种假说：顾野王撰《符瑞图》十卷，止于梁大同（535—546）。十余年后，即承圣三年（554）十二月，西魏名将于谨领兵灭梁，俘梁元帝萧绎，占江陵（今湖北江陵，梁元帝都此），“收府库珍宝及宋浑天仪，梁铜晷表，大玉径四尺及诸法物；尽俘王公以下及选百姓男女数万口为奴婢，分尝三军，驱归长安”。他又据张彦远《历代名画记》卷一《叙画之兴废》所载“元帝将降，乃聚名画法书及典籍二十四万卷，遣后阁舍人高善宝焚之。帝欲投火俱焚，宫嫔牵衣得免……于谨等于煨烬之中，收其书画四千余轴，归于长安”，认为其中也许就有顾野王撰的《符瑞图》。大约565—576年，于谨之子于义出任瓜州刺史，并在莫高窟开一大窟，即今编号第428窟。其间，于义部下书手完全有可能抄录顾野王撰的《符瑞图》，并带到敦煌地区而流传。[28]

《符瑞图》的东布与西传，是中古文化传播的一个生动案例，给东邻日本带来了南朝政治文化，给敦煌边陲带来了江南艺术基因。

参考文献：

[1]姚思廉：《陈书》，中华书局1972年版，第400页。

[2]魏征、令狐德棻：《隋书》，中华书局1973年版，第1038页。

[3]刘昫：《旧唐书》，中华书局1975年版，第2034页。

[4]欧阳修：《新唐书》，中华书局1975年版，第1535页。

[5]李昉等：《太平御览》（影印本），中华书局1960年版。

[6]脱脱等：《宋史》，中华书局1960年版。

[7]张彦远撰，毕斐点校：《明嘉靖刻本历代名画记：上册》，中国美术学院出版社2018年版，第101页。

①陈爽：《“秘画珍图”：敦煌绘本长卷P.2683〈瑞应图〉再探》，《中国国家博物馆馆刊》2021年第9期。

[8]孙猛:《日本国见在书目录详考》,上海古籍出版社2015年版。

[9]王尧臣:《崇文总目》,鲍廷爵:《后知不足斋丛书》(影印本),凤凰出版社2010年版,第3879页。

[10]陈振孙:《直斋书录解题》,上海古籍出版社2015年版。

[11]王应麟:《玉海》(影印本),江苏古籍出版社1987年版。

[12]胡晓明:《图说精灵瑞物——论《瑞应图》,《社会科学战线》2014年第11期,第84—93页。

[13]萧子显:《南齐书》,中华书局1972年版,第349页。

[14]陶宗仪:《说郛三种》(影印本),上海古籍出版社1988年版,第2770页。

[15]黄奭:《黄氏佚书考》,《汉学堂知足斋丛书》(影印本),书目文献出版社1992年版,第1807页。

[16]司马迁:《史记》,中华书局1982年版,第1399页。

[17]方广锠、吴芳思:《英国国家图书馆藏敦煌遗书》第18册,广西师范大学出版社2013年版。

[18]王钦若等:《册府元龟》,中华书局1960年版,第2439页。

[19]李昉:《文苑英华》,中华书局1966年版。

[20]法云、富世平:《翻译名义集校注》,中华书局2020年版,第192页。

[21]菅野真道等:《续日本纪》,经济杂志社:《国史大系》第二卷,吉川弘文馆1963年版。

[22]徐锴:《说文解字系传》,中华书局2017年版。

[23]罗泌:《路史》,《四部备要》(影印本),中华书局1989年版。

[24]徐坚:《初学记》,中华书局2004年版。

[25]王重民:《敦煌古籍叙录》,中华书局1979年版,第167—169页。

[26]姜亮夫:《莫高窟年表》,上海古籍出版社1984年版,165—166页。

[27]饶宗颐:《敦煌本〈瑞应图〉跋》,《敦煌研究》1994年第4期,第152页。

[28]贺世哲:《莫高窟第290窟佛传画中的瑞应思想研究》,《敦煌研究》1997年第1期,第1—5页。

“秘画珍图”：敦煌绘本长卷P.2683号《瑞应图》再探

陈　爽

摘　要：P.2683号《瑞应图》是敦煌文书中一件极为罕见的绘本长卷，受到学界持久的关注。既往研究多注重文字考释和文本来源的探究，本文则从P.2683号的物质形态观察入手，对传统认识中P.2683号源自顾野王《符瑞图》的推断提出了若干新的佐证，认为：除文本内容、体例结构、著述时间基本相合之外，南朝名士顾野王的画家身份和《符瑞图》“秘画珍图”的特定属性，为确定P.2683号母本提供了线索；《符瑞图》“益采图纬”的主要特征与P.2683号中“旧图不载”的记述相互对应，成为两者渊源关系一个较为直接的证据。

关键词：P.2683号；顾野王；《瑞应图》；《符瑞图》；精抄本

P.2683号《瑞应图》是敦煌文书中一件极为罕见的图文兼备的绘本长卷，受到学界持久的关注，相关研究成果不胜枚举。但既往研究多注重文字的比对和文本来源的探究，尚难取得确定的结论。本文试图从P.2683号的物质形态观察入手，从文本内容、体例结构和写卷属性等方面，对P.2683号源自顾野王《符瑞图》的推断提出若干新的佐证。

一、文本溯源：既有成说与遗留问题

P.2683号为纸质，约高27—28厘米、长459.8厘米，但首尾俱缺，失原题。该卷系上图下文形式，彩绘墨书，现存图22幅、文188行，图画存龟、龙、发鸣三类，以及穿插其间的一幅河图，着色有红、蓝、绿、黄、白、青等，现敦煌学界据通行意见，拟名为《瑞应图》残卷。[1]

日本的小岛祐马首先抄录全文，虽前有序言，“然而无所发明”[2]。其后，松本荣一对该卷的瑞应思想、图像渊源等方面做了初步考证。[3]王重民是最早介绍该卷的中国学者，他认为作者当在梁陈之世，又从引文中不避唐讳推断为六朝写本，疑为顾野王的《符瑞图》，故拟名《瑞应图》。[4]姜亮夫认为该卷当为六朝写本。[5]陈槃根据《玉海》引《中兴书目》中记述的顾野王《符瑞图》的六个主要特征，推断为梁顾野王之《符瑞图》。同时，他也指出该卷应传抄于民间，除了多俗字错字之外，编次等也有错乱。他敏锐地看到了该卷“独其有图有说，此处犹为近古”[6]的重要特征。饶宗颐据敦煌本《沙洲都督府图经》背面（P.2005v）所记归义军名号后记“瑞应图借与下”六字推断该卷为《瑞应图》。[7]

近年来，P.2683号再一次回归学界视野。窦怀永从纬书辑佚的角度对残卷做了重新校录。[8]郑炳林、郑怡楠将该卷内容与《宋书·符瑞志》做了详尽比对，提出了《符瑞图》作者为南齐庾温的新说。[9]胡晓明认为史籍中提到不明撰者的《瑞应图》应该具有一个完整而连续的传承，到了南朝，新出《瑞应图》的作者姓氏皆可考，史书在引用新出《瑞应图》时都会有明确的区分。所以，P.2683号中几次提到的“旧图”，“即为汉魏时流传下来的《瑞应图》”[10]。游自勇对饶宗颐、陈槃、郑炳林、郑怡楠等前人的成说多有驳正，如指出P.2005号《沙州都督府图经》背面的六字实出自修补片，所抄《瑞应图》与P.2683号没有直接关系；P.2683号的六大特征也存在于其他瑞应图中，而现存《符瑞图》佚文与P.2683号差别很大，故二者没有关联；P.2683号引用了《宋书·符瑞志》和《孙氏瑞应图》，都晚于庾温的《瑞应图》，故作者不可能是庾温。游自勇对《符瑞图》《瑞应图》《天地祥瑞志》《稽瑞》等文字来源和相互关系做出了精密的考证，但倾向于将P.2683号作者问题模糊化，“不必求其主名”[11]。

值得注意的是，越来越多的美术史和艺术史学者参与到P.2683号的讨论中，拓宽了研究的视野。巫鸿在探讨汉代武梁祠画像石时，将其中“祥瑞石”上的画像设计与敦煌《瑞应图》残卷等类似画像做比较研究后，针对它们相似的构图风格提出了图录风格的概念，指出“图录风格”的作品总是由多个单元组成，包括图像和榜题。因为每个单元独立，设计者可以随心添加或删减，增大或缩小作品的规模。[12]王菡薇从绘画史的角度提出，P.2683号有可能是梁陈南朝抄手以顾野王《符瑞图》本为据而摹制的；李若晴亦将P.2683号归入南朝绘画。但两文的基本论证仍基于陈槃等前辈的旧说，未提供新的证据。[13]前揭郑炳林、郑怡南文，也从图像学的角度对比了P.2683号与河西魏晋墓葬壁画的关系。显然，美术史或艺术史视角的引入，使得对于P.2683号的研究更为立体和全面。

学界持续的关注和研究使P.2683号的面貌逐渐清晰明朗，但仍遗留有一些问题，如：1.《瑞应图》与《符瑞图》书名不合问题；2. 多种《符瑞图》《瑞应图》记述卷数不一致的问题；3.《孙氏瑞应图》与《熊氏瑞应图》的撰写时间问题；4. 对P.2683号中“旧图不载”的理解问题；5. P.2683号中的诸多错讹和排序失次问题等。

除以上细节问题之外，本文以为，相关研究可以考虑做一些方向性的调整，以更广阔的学术视野做出进一步的探索：

1. 既往研究因袭了敦煌文书研究从文本入手的传统范式，对P.2683号图文并存的特殊性重视不够。绝大部分研究对于图版的利用仍限于通行的文字校核，因而有必要对原卷物质形态进行全面的考察。

2. 既往研究在文本比对和文本溯源方面做了大量的工作，但对具体文本之外的基础史料反而利用不充分，如汉唐间《瑞应图》的撰制过程和传播途径，具体线索仍比较模糊，因而有必要对相关基础史料进行全方位的重新梳理和辨析。

3. 既往研究虽引入了绘画史、艺术史的视角，但仍比较粗疏和笼统，有必要利用图像学、书法学的鉴定手段做出更为精确的地域区分和年代定位。

二、精抄本：P.2683号物质形态考察

对于敦煌写卷物质形态的考察，是深入研究文书结构、辨析内容的重要手

段。如日本学者佐佐木聡在观察到P.2682号《白泽精怪图》原卷中的“纸张接缝”后，发现了纸背的“骑缝押”和表面的“界线”，对卷中有图部分与无图部分的接缝顺序提出了新见解。[14]这一方法对与之结构类似的P.2683号的研究具有启发和借鉴意义。不过与P.2682号简单的A、B二纸拼接情况不同，P.2683号是由10纸拼接，问题可能更为复杂。遗憾的是，既往的研究者主要聚焦于文本的内容比对，尚未有学者从物质形态的角度对P.2683号做出过系统调查。当然，这很大程度上也是因时代所限，学者一般接触到的都是黑白图版，大量细节无法注意到。本文利用IDP（国际敦煌项目网站）刊布的彩色图版，发现了一些被前人忽视的细节，为研究提供了新的线索。

P.2683号由10纸拼接而成，背面有数字杂写，背面所有接缝处亦无骑缝押。为叙述之便，将原卷中的条目、图像、接缝位置和所在纸张的对应关系列表如下：

<table>
<tr><th>序号</th><th>条目</th><th>图像</th><th>画卷拼接处</th><th>所属纸张</th></tr>
<tr><td>1</td><td>灵龟</td><td>有</td><td></td><td>纸1</td></tr>
<tr><td>2</td><td>□龟</td><td>有</td><td></td><td></td></tr>
<tr><td>3</td><td>□龟</td><td>有</td><td></td><td></td></tr>
<tr><td>4</td><td>灵龟</td><td>有</td><td></td><td></td></tr>
<tr><td>5</td><td>玉龟</td><td>有</td><td></td><td></td></tr>
<tr><td>6</td><td>玄武</td><td>有</td><td rowspan="2">第6—7条之间</td><td rowspan="2">纸2
拼接有误</td></tr>
<tr><td>7</td><td>龙</td><td>无</td></tr>
<tr><td>8</td><td>黄帝乘龙</td><td>无</td><td></td><td></td></tr>
<tr><td>9</td><td>帝颛顼乘龙</td><td>无</td><td></td><td></td></tr>
<tr><td>10</td><td>帝喾乘龙</td><td>无</td><td></td><td></td></tr>
<tr><td>11</td><td>帝禹御二龙</td><td>无</td><td></td><td></td></tr>
<tr><td>12</td><td>五龙舞河</td><td>无</td><td>第12条中</td><td>纸3</td></tr>
<tr><td>13</td><td>交龙洮于河</td><td>无</td><td></td><td></td></tr>
<tr><td>14</td><td>天龙负图</td><td>无</td><td></td><td></td></tr>
<tr><td>15</td><td>青龙</td><td>无</td><td></td><td></td></tr>
</table>

续表

序号	条目	图像	画卷拼接处	所属纸张
16	青龙进驾	无		
17	青龙衔图授周公	无		
18	赤龙在泽谷	无	第18条中	纸4
19	赤龙负图授帝尧	无		
20	龙负图	无		
21	黄龙	无		
22	黄龙负图授黄帝	无	第22条中	纸5
23	黄龙负图授舜	无		
24	玄龙衔云	无	第24—25条之间	纸6
25	蛟龙	无		
26	黄龙	有		
27	神龙	有		
28	河图	有	第28条中	纸7
29	河书	有		
30	河图	有		
31	河图	有	第31条中	纸8
32	神龙	有		
33	青龙	有		
34	黄虬	有	第34条中	纸9
35	黑龙	有		
36	白龙	有		
37	黄龙	有	第37条中	纸10
38	发鸣（明）	有		
39	幽昌	有		
40	鹔鹴	有		
41	焦明	有		
42	□□	有		

通过观察和比对，我们对P.2683号可以得到如下基本认识：

（一）文书图文编次有统一的规划

残卷中用墨色界格清晰可见，墨线以合适的比例规划了文字和图像的比例，以容纳相应的文字和图像。（见图1）从纸张接缝观察，整卷是由10幅单独的长卷逐一粘连拼接而形成的一个完整画卷。第12条“五龙舞河”、第18条“赤龙在

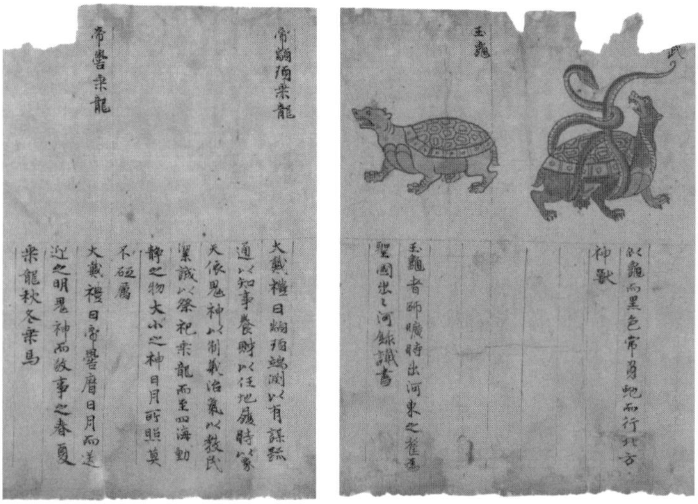

图1 墨色界格局部

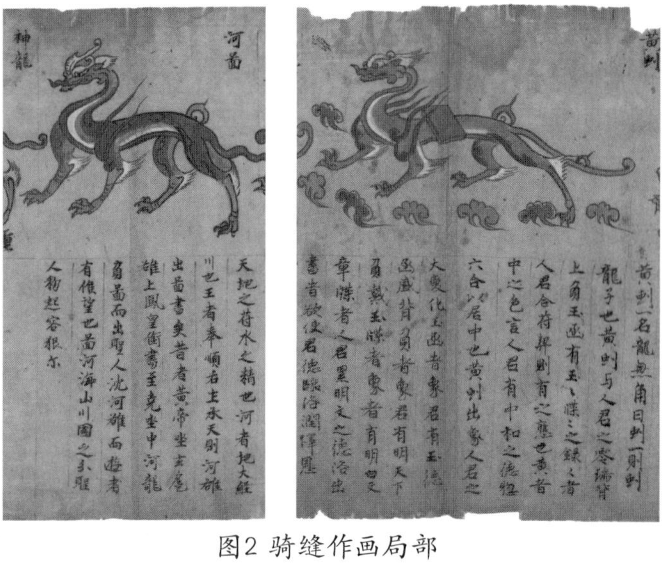

图2 骑缝作画局部

泽谷”、第22条“黄龙负图授黄帝”、第28条“河图”、第31条“河图”、第34条“黄虬”、第37条“黄龙”，图画均在文字当中，骑纸张接缝而作。（见图2）

（二）某些条目有较大的留白，以容纳图像（见图3）

一些条目的留白很大，如第11条“帝禹御二龙”，文字占2格，留白占2格；第13条“交龙洮于河”，文字占2格，留白占2格；第21条“黄龙”，文字占2格，留白占3格。参考此卷后半部分的图文，这种留白应当是为容纳图像而设置的。而此目上方却没有图像，当属未完工的半成品。

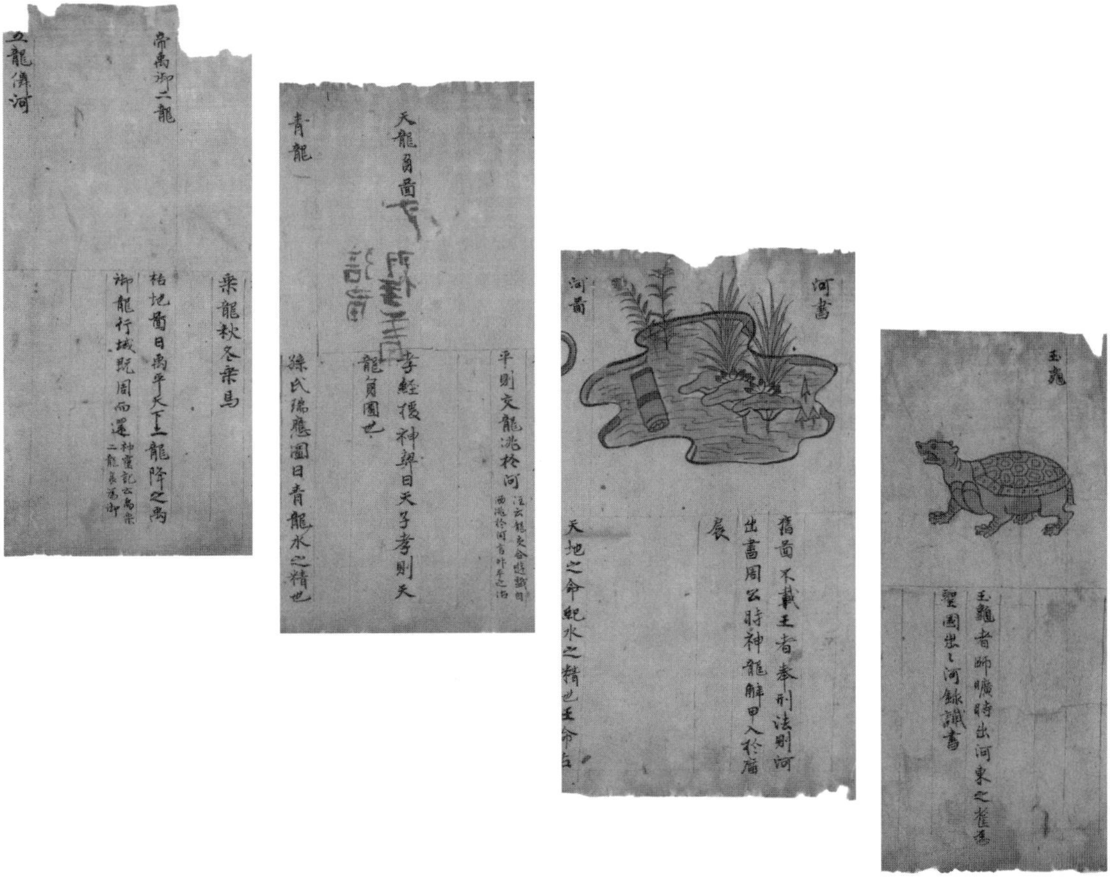

图3 留白局部

图4 P.2683全图

（三）配有图像的条目和无图像的条目分布非常集中

有图像的区段内每个条目均有图像，而无图像的区域每个条目均无图像，且在无图条目和有图条目的衔接处均有纸张拼接粘连的痕迹。（见图4）写卷第1—6条均有图，第7—25条均无图 ，第26—42条均有图，而从有图条目过渡到无图条目的第6—7条之间，系纸张拼接之处。而从无图条目过渡到有图条目的第25—26条之间，则是在第24、25条之间纸张接缝，第25条虽在拼接的首端，但很可能是考虑到图画会部分跨出规划的界格，因而并未施画。（见图5）

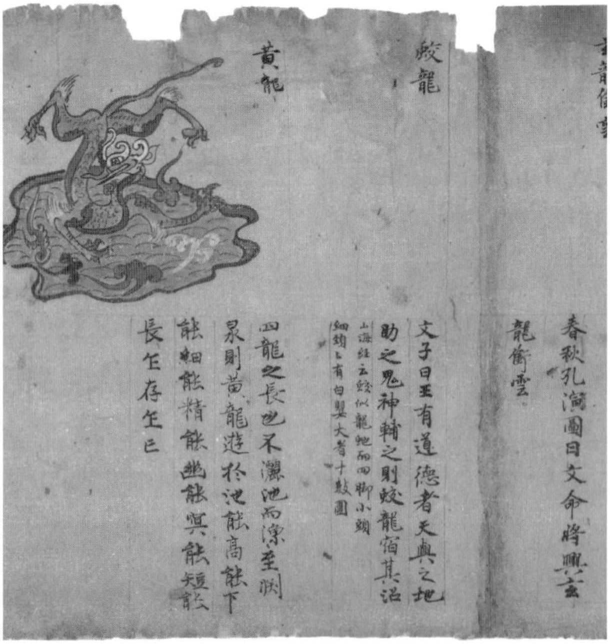

图5 第25—26条之间的纸张拼接局部

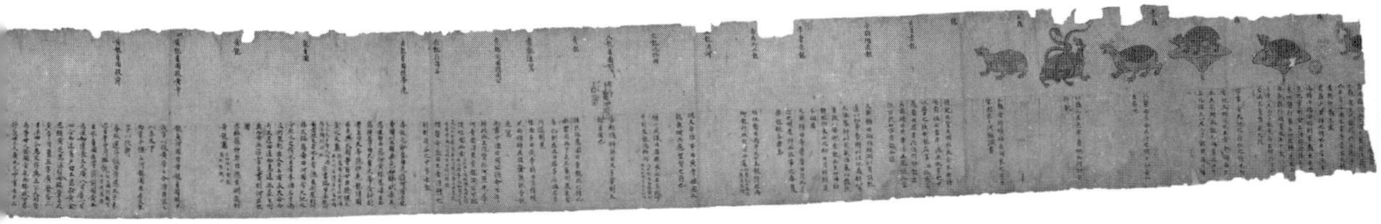

（四）原卷有过断裂和残损，现存残卷的拼接粘连有误

该卷第1—6条的主要内容为龟，均有图；而第7条以下主要内容为龙，均无图。且在第6条和第7条之间有纸张粘连拼接的痕迹。参《宋书·符瑞志》《南齐书·祥瑞志》等，罗列瑞物的顺序大体应是麒麟、凤凰、龙、灵龟、神马等，虽具体瑞物有别，但龟不应在龙之前，粘连次序显然有误。这种粘连错误似乎是发生在原卷残破断裂之后，后人把原卷后部断掉的残卷粘贴在全卷之首。由于粘贴得精致规整，若不比对内容，粘贴顺序的错误几乎难以察觉。（见图6）

图6 第6—7条间的错误拼接处

图7 排除粘连错误后的P.2683号全图

排除粘连错误之后，残卷新的排列顺序应是从现在的第7条“龙”开始，至第42条“□□”止，现第1—7条应该属于该卷残断后的遗留部分。因此，现有的录文顺序也应重新调整。（见图7）

通过对P.2683号物质形态的观察，我们可以得出如下认识：

其一，P.2683号并非随意杂写，而是一部规划严整的“精抄本”。伯希和最初著录P.2683号的基本信息如下：“精抄本。不全，极残损。书中有彩绘祥瑞动物之图，现存龟、河图、龙麟。每图皆有诠释，并注出典。”[15] 从物质形态看，伯希和“精抄本”的判断是准确的。该卷在绘制和书写之前，经过了严格的规划，应当以某画卷或典籍的原本或录副本作为蓝本，然后由书手抄写文字部分、画工摹绘原画，分工完成。作为敦煌文献中仅存的两件图录式抄本，将P.2683号和P.2682号《白泽精怪图》比较，前者图文布局有序、画技精湛，后者图文规划杂乱、画工稚拙，其精善程度高下立判。（见图8）

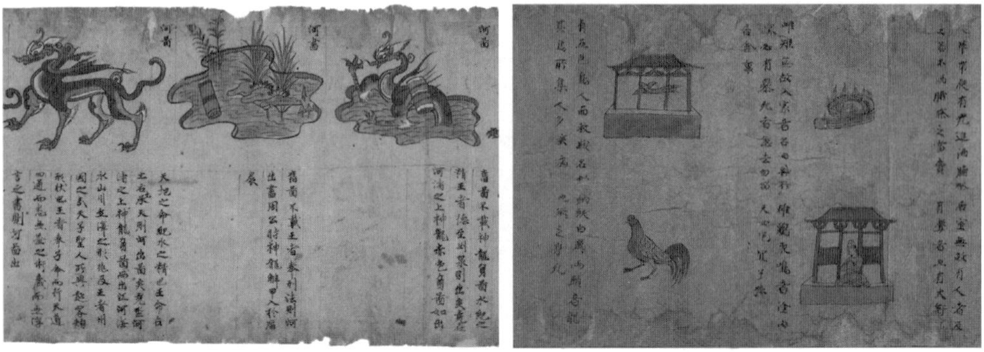

图8 P.2683号《瑞应图》和P.2682号《白泽精怪图》比较

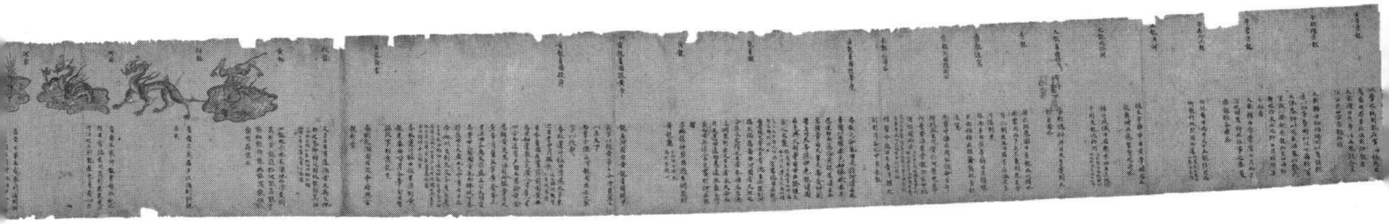

其二，P.2683号是尚未完成的精抄本，且被错误拼接。按照抄录摹写的工作流程，应当是书手根据原画先打好界格，抄写文字后粘连长卷，再由画工摹写图画。但出于某种原因，书手已经完成了前半部分的抄写，并进行了拼接粘连，但画工未及施画，此卷即被搁置，造成了文书前半部分所有条目均有目无图。而后此卷发生残断，剩余的部分又被错误地粘贴在最前端，增加了辨识文本的复杂性。前揭陈槃文已注意到P.2683号"编次亦不伦"，是"由辗转传写，久而失实。亦或好事者流时复随意拼凑。原书面貌，因遂之大遭破坏"[16]。通过对P.2683号物质形态的观察，这一问题可以基本得到解释：所谓"编次不伦"，并非原卷内容芜杂错乱，而是错误拼接所致。画卷摹写半途而废，不无遗憾，但现有残卷的物质形态也为我们考察原卷书写摹画的具体流程进而判定文本性质提供了宝贵的线索。

三、益采图纬：P.2683 号源自顾野王《符瑞图》补证

通过对P.2683号物质形态的观察，我们可以确认残卷的"精抄本"性质，问题也由此产生：既然认定此卷为抄本，那么其摹写的蓝本或此卷的原卷是什么？这使我们不得不回到此前学者所关注的文本来源问题。根据前人既有研究成果，笔者判断，P.2683号所据的原卷应具有如下特征：

1. 应是当时较为知名、内容有一定权威性的瑞应图典。

2. 从残卷内容不避唐讳分析，这部典籍应创作于先唐的六朝时代。

3. 从残卷中"旧图不载"语分析，这部典籍应当不是汉魏以来流传的古《瑞应图》，而是梁陈之际新出的一种《瑞应图》。

4. 这部典籍的主要特征是图文并茂，作者应有很高的绘画专业素养。

综合以上诸因素考量，南朝已知的几种新出《瑞应图》中，能够同时满足以上条件者，仅有梁陈之际顾野王所撰的《符瑞图》。本节拟对P.2683号源自顾野王《符瑞图》的旧说详加申论，提出一些新的佐证。

（一）《符瑞图》的主要特征与P.2683号基本相符

如前所述，关于P.2683号与《符瑞图》，陈槃做了详尽的论证：

依《中兴目》，顾野王《符瑞图》之要点：（一）改编《孙氏瑞应图》说；（二）兼改编《熊氏瑞应图》说；（三）增采图纬；（四）时复有援引，以为注释；（五）起三代（？）；（六）止梁武大同中。……以残卷校之，类似之处颇多……疑即为梁顾野王之《符瑞图》。[17]

陈文中所据《中兴目》，即南宋王应麟所编《玉海》卷二百引《中兴馆阁书目》：

《符瑞图》两卷，陈顾野王撰。初世传《瑞应图》一卷，云周公所制，魏晋间孙氏、熊氏合之为三篇，所载丛舛。野王去其重复，益采图纬，起三代，止于梁武帝大同中，凡四百八十三目，时有援据，以为注释。[18]

《中兴馆阁书目》由北宋秘书监陈骙编撰于淳熙五年（1178）。原书凡70卷，叙录1卷，著录图书40486卷，在宋代曾与《崇文总目》并行，后散佚。这段史料是关于《符瑞图》基本面貌较为原始、也是最为详尽的记述。文中对全书483目的内容记述详尽到位，似亲见其书。而文中《符瑞图》合熊氏、孙氏之图说，也与此书在唐代最原始的记述相互印证。唐张彦远《历代名画记》卷三："《符瑞图》十卷，行日月杨廷光，并集孙氏、熊氏图。"[19]因而具有较高的可靠性。这条史料应该是我们探讨《符瑞图》形式和内容最基础的史料和最基本的史实依据。

作为南朝文化的集大成者，顾野王学识渊博，多才多艺，著述丰厚。其主要著述，《陈书》卷三十《顾野王传》有如下记述：

其所撰著《玉篇》三十卷、《舆地志》三十卷、《符瑞图》十卷、《顾氏谱传》十卷、《分野枢要》一卷、《续洞冥纪》一卷、《玄象表》一卷，并行于世。又撰《通史要略》一百卷、《国史纪传》二百卷，未就而卒。有文集二十卷。[20]

由于顾野外大部分著述已亡佚，学界对其学术成就的了解大都集中在传世内容较为完整的《玉篇》和《舆地志》，相关的学术研究也主要集中在文字训诂和历史地理学方面。实际上除《玉篇》和《舆地志》外，《符瑞图》是顾野王另外一部重要著作，唐宋以后的多种书目中均有著录，并在唐宋时期的多种典籍中被多次征引。《隋书》卷三十四《经籍志》无著录，只记有“《瑞应图》三卷，《瑞图赞》二卷。梁有孙柔之《瑞应图记》《孙氏瑞应图赞》各三卷，亡”[21]。《旧唐书》卷四十七《经籍志》[22]、《新唐书》卷五十九《艺文志》[23]均录有《符瑞图》十卷，属“陈顾野王撰”。宋《太平御览·经史图书纲目》同时录有《符瑞图》《顾野王瑞应图》[24]。《宋史》录有“顾野王《符瑞图》二卷”[25]。

此书除官方著录外，还见于若干私家书目。除唐张彦远的《历代名画记》外，还见于《日本国见在书目录》，入“五行家”[26]。王尧臣《崇文总目》、陈振孙《直斋书录解题》[27]均录有此书。

关于汉唐间瑞应思想的发展演变，以及多种《瑞应图》的制作和传播，胡晓明在《图说精灵瑞物——论〈瑞应图〉》中有详细的梳理[28]。概言之：汉代以来流行谶纬之学，已经有各种形式的《瑞应图》；南北朝时期，王朝更迭频繁，各争正朔所在，瑞应之学也达到了一个高峰。瑞应图谶直接进入正史，《宋书》设《符瑞志》，《魏书》设《灵征志》，《南齐书》设《祥瑞志》，《南齐书》卷十八《祥瑞志》甚至直接采用《瑞应图》改编[29]。顾野王的《符瑞图》，正是在南北朝后期谶纬文化流行大潮中社会上通行的众多“瑞应图”较为著名的一种。

顾野王所撰《符瑞图》今已亡佚，迄今尚无完善的辑本。元代陶宗仪《说郛》（宛委山堂本）卷六十辑有《玉符瑞图》一卷，有龙出、白泉、仓乌见、火为朱鸟、凤凰之佐、衔珠而舞、白鹄翔7条佚文，辑本粗疏，不注出处，且多有错讹，讹《符瑞图》为《玉符瑞图》（疑“玉”乃顾野外王之“王”字形近而讹），甚至属顾野王为晋人。[30]清黄奭《黄氏佚书考》中所辑《玉符瑞图》，内容与《说郛》完全相同，恐属未成之稿本。今据唐宋类书及日本古代典籍对顾野王《符瑞图》的征引，可得佚文47条，文繁不录。

（二）瑞应类图籍撰制工艺的特殊性与文本的不稳定性

《符瑞图》的主要特征与P.2683号基本相符，并不意味着两者的文本存在完全一致的对应关系。事实上，P.2683号源自顾野王《符瑞图》之说所受到的最大的质疑和最直接的挑战即在于该卷文字与存世《符瑞图》佚文的内容不完全契合。游自勇根据《玉海》卷一百九十八引《符瑞图》与P.2683号第22、23条比对，认为文字差异很大，据此断定“P.2683《瑞应图》不可能是顾野王《符瑞图》”[31]。笔者认为，这一反证的提出，对判断对于一般传世典籍的文本归属可能是颠覆性的，而对于性质较为特殊的瑞应图类典籍文本，尚不能全盘撼动既有推论。

在此，有一条值得特别注意的史料是张彦远《历代名画记》卷三《述古之秘画珍图》，将《符瑞图》列入97种“秘画珍图”当中：

古之秘画珍图固多，散逸人间，不得见之，今粗举领袖，则有《龙鱼河图》《六甲隐形图》《五帝钩命决图》《孝经秘图》《孝经左契图》……《祥瑞图》十卷，起天有黄道，失撰者；《符瑞图》十卷，行日月杨廷光，并集孙氏、熊氏图……右略举其大纲，凡九十有七，尚未尽载。[32]

这说明在时人的概念中，《符瑞图》的主要属性是“图”，而不是“书”，属“秘画珍图”，而非一般性的典籍文本。

在P.2683号来源的讨论中，很多学者都重点探讨了汉代以来即在社会上广泛流传的《瑞应图》或瑞应性质的图籍，并将其起源归结为汉初天人感应学说的盛行。如《汉书》卷二十二《礼乐志》记汉武帝时歌曰：“斋房产草，九茎连叶。宫童效异，披图按谍。”[33]《后汉书》卷四十下《班固传》：“启灵篇兮披瑞图，获白雉兮效素乌。”[34]《论衡》卷十六《讲瑞》：“考以图象，验之古今，则凤麟可得审也。”[35]但笔者认为，这种图籍形式可能有更早的历史渊源。

1973年出土于长沙马王堆三号汉墓的帛书《天文气象杂占》，由绘有云、气、恒星、彗星等各种天象的约250幅图像组成，朱墨彩绘、图文并茂，从某种意义上讲，《天文气象杂占》既是帛书又是帛画。它是一种集日、月、彗、云、气等图于一体的占验吉凶的书，原是一个整幅，包括完整或破缺的共约300条。（见图9）《天文气象杂占》中的每一幅图下面都纵向排列着说明文字，插图与文字的编排井然有序。帛书末尾部分是专文论述。这幅帛书图文并茂，从上到下可分为6列，每列从右到左又分成若干行，每行都是用墨、朱砂或二者并用画成的云气、星图，图下写有一两行文字，其内容或是标出名称，或是解释图像。[36]（见图10）

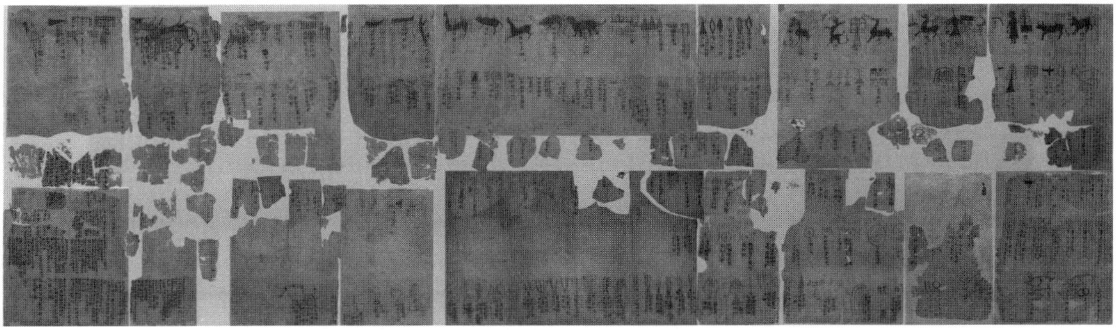

图9 马王堆汉墓帛书《天文气象杂占》

图10 马王堆汉墓帛书《天文气象杂占》局部

根据学界的研究，《天文气象杂占》当出自战国时楚人之手，成书年代的上限在晋亡（前366年）和越亡（前345年）两个年代之间或稍后。[37]抄写年代在汉高祖十一年至汉文帝三年（前196—前177年）之间。这类兼有“帛画”和“帛书”双重性质的杂占图籍有两个重要特征：

其一，对于书写材质有特殊的要求，使用缯帛作为书写和绘画材质，制作成本高昂。这可能与木简和竹简的书写空间狭小，更适合文字的书写，却不适合图画的呈现有关。从考古发现来看，竹、木质的载体上可以画图。木牍、版方有图的例子自不必说，也有在编联过的简册上画图的，例如睡虎地秦简所见的《艮山图》《人字图》等，但绘画内容和形式受到很大限制。只有将简册上零散的文字和图像内容按照一定的次序编排到缯帛之上，才能形成一幅内容完整、结构严谨的权威性图典。

其二，文字来源复杂，书写文本不稳定，多有异文。根据董珊的研究，帛书《天文气象杂占》中有“此书不才（载在）其图下者，各已从其等矣”的记述，其中“等”当训为“简”，即帛书所据的文字部分来源于不同简册和图录。《天文气象杂占》乃是编者综合了简本的底本和诸本的图、文异同，既做了比较有条理的编次，也做了较为细致的校雠，最后才抄录到缯帛上。[38]

汉魏以来流传的《瑞应图》，在性质上与帛书《天文气象杂占》相类似，在制作和传播方面应有类似的特征。由于制作所耗费的物力和人力成本高昂，早期的《瑞应图》传播并不广泛，当属皇家贵族的秘籍。简册与缯帛不同材质的使用，使得图像和文字时分时合。在辗转流传的过程中，会不可避免地产生损毁和佚失，又不断地被修正和增补，从而造成了文本的不稳定性。

关于瑞应类图籍的特征，巫鸿阐释为“图像的设计都相当有规则，一整幅构图由若干单元组成，每一单元包含一个图像和一段相应榜题。每个形象都相当规范化而且自成一体，缺乏任何背景和环境表现。我们可以把这种形式称作为‘图录式’的设计，其在古今中外的动植物图典中屡见不鲜”。这种图录式设计，巫鸿又将其称作“图录风格”，并进一步解释道：“‘图录风格’的作品总是由多个单元组成，也总是包括图像和解说的榜题。每个单元各自独立，因此设计者可以随心所欲地根据需要删减或添加某些单元，增大或缩小作品的规模。”[39]可以加以申论的是：出于瑞应类图典的这种灵活性和随意性，摹绘者和抄写者不仅可以随意增删条目，而且可以根据现实需要随意增加、删减甚至改写文本内容，并不影响全书的总体内容和结构。瑞应类图籍制作的特殊性，造成了解说文本的不确定和不稳定的特征。正因为如此，只通过个别文本的机械比对确定文本的归属，证据并不充分。

南朝后期，社会出现了对瑞应著述的强烈需求，而纸张普及也降低了瑞应类典籍的制作成本，瑞应著述大量出现。但很多撰述者不具备绘画能力，造成多种瑞应著述有书无图。南齐苏偘撰《圣皇瑞应记》、永明中庾温撰《瑞应图》，都没有图文并茂的直接记载。《符瑞图》所据的《孙氏瑞应图》和《熊氏瑞应图》，也都是有书无图，因而在《隋书经籍志》中录为“梁有孙柔之《瑞应图记》、孙氏《瑞应图赞》”[40]等。顾野王最主要的贡献，是把图文完美地结合起来，形成中古时期一部极具特色的瑞物图典。这种“图录风格”式文本在南朝广泛流行，世传宋人摹绘的与顾野王同时代的著名画作《梁元帝职贡图》，也采用了这种图录式的著述。（见图11）

图11 《梁元帝职贡图》

（三）瑞应类图典非善画者不能作，《符瑞图》恐为顾野王亲笔画作

学界在讨论P.2683号与《符瑞图》的关系时，大多聚焦于文本比对，而没有注意到顾野王作为南朝著名画家的特殊身份，因而也对《符瑞图》“秘画珍图”的性质认识不足。《陈书》卷三十《顾野王传》：

长而遍观经史，精记默识，天文地理、蓍龟占候、虫篆奇字，无所不通……野王又好丹青，善图写，王于东府起斋，乃令野王画古贤，命王褒书赞，时人称为二绝。

从史传可见，顾野王对于绘画不仅仅是士大夫一般的爱好和特长，而是具有专业素养，其技法和艺术造诣都达到了南朝绘画的最高水平，被后世认为是陈代第一也是唯一一人。唐张彦远撰《历代名画记》以为“宋朝谢希逸、陈朝顾野王之流，当时能画，评品不载，详之近古，遗脱至多”。在他的著述中，列举了自轩辕至唐会昌“历代能画人名”凡三百七十人。而陈代只列有顾野王一人。[41]（见图12）以常理推测，作为南朝一流绘画高手的顾野王撰作的《符瑞图》，无论是从作者在士人中的声誉，还是从操作的便利性考虑，《符瑞图》中的画作都不太可能假手于旁人，而只可能是作者本人亲笔绘制的。甚至可以推断，以“笃学至性”“博极群典”而知名的“江东孔子”顾野王，之所以要撰制一部主要内容合并自孙氏、熊氏《瑞应图》的《符瑞图》，其主要目的并不是著书立说，阐发新意，而是“益采图纬”，即以绘画彰显其才，以画作享誉士林。换言之，若承认P.2386号的原作为顾野王《符瑞图》，就要考虑残卷中的画作是从顾野王亲笔原作摹绘而来的可能。

此外，从P.2683号这一长达4.5米多的长卷的实物形制分析，《符瑞图》原件也应当是这样的画轴，很可能原本并无分卷标识，因而造成诸多书目对其分卷的标准不一，有所谓“二卷”“十卷”说。

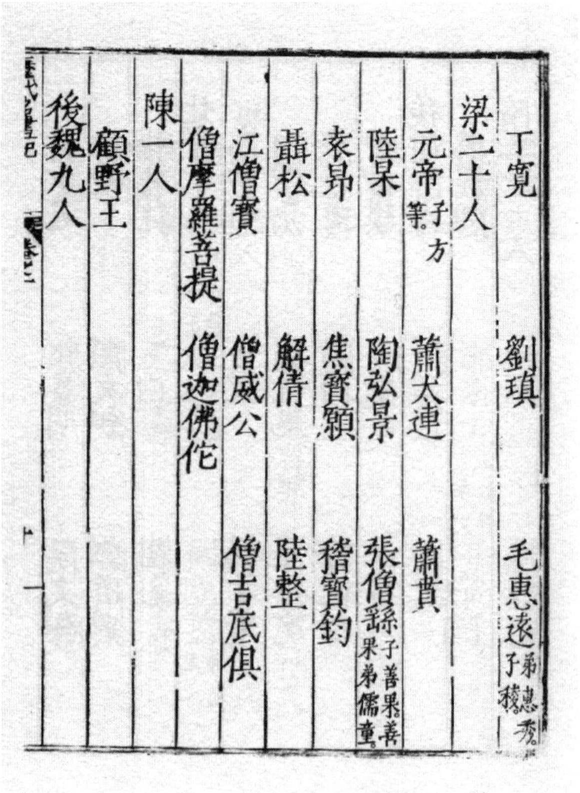
丁寛 劉瑱 毛惠遠 弟惠秀 子稜
梁二十人
元帝 子方等 蕭大連 蕭賁
陸杲 陶弘景 張僧繇 子善果 善果弟儒童
袁昂 焦寶願 嵇寶鈞
聶松 解倩 陸整
江僧寶 僧威公 僧吉底俱
僧摩羅菩提 僧迦佛佗
陳一人
顧野王
後魏九人

图12 《历代名画记》

（四）P.2683号的“旧图不载”与《符瑞图》“益采图纬”的特征相符

在P.2683号中，三次提到了“旧图不载”，引起学者的困惑，聚讼纷纭。如游自勇提出：“一般认为，P.2683号《瑞应图》是新编本，因为多处出现了‘旧图不载’的文字。从这个思路出发，或许有人会指出，P.2683号上引两处《瑞应图》就是‘旧图’，但第7条所引的《瑞应图》文字在第27条中明确属于‘旧图不载’，这就排除所引《瑞应图》就是‘旧图’的可能性了。这样，问题就又回到了原点：为什么P.2683《瑞应图》会引用《瑞应图》呢？”[42]

在P.2683号中，一个值得注意的现象是并非所有事目都有图像对应，而三处标有“旧图不载”的事目上方都有相应的配图。（见图13）

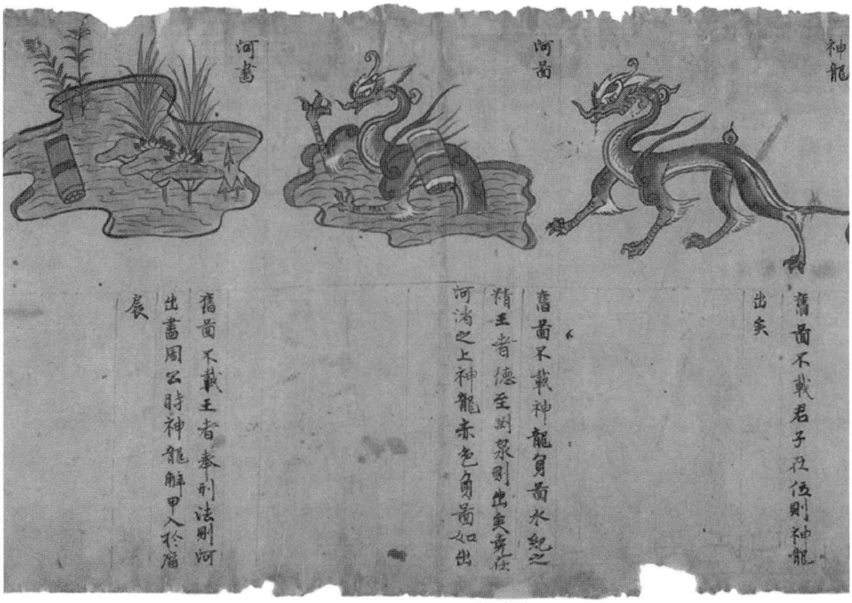

图13 三处“旧图不载”

27 神龙（图）旧图不载。君子在位则神龙出矣。

28 河图（图）旧图不载。神龙负图，水纪之精，王者德至渊泉则出矣。尧在河渚之上，神龙赤色，负图如（而）出。

29 河书（图）旧图不载。王者奉刑法则河出书。周公时神龙解甲，入于庙宸。

按照笔者的理解，敦煌《瑞应图》残卷中提到的“旧图”即为汉魏时流传下来的《瑞应图》。也是因为“旧图”一直在流传，所以后来张彦远的《历代名画记》中才会有《古瑞应图》的记载。所谓“旧图不载”，指的不是文字内容，而是指旧《瑞应图》中的相对应的图像已阙如或佚失，而由作者所绘的新图像补上，这与《玉海》引《中兴书目》中所特别强调的《符瑞图》“益采图纬”的特征相吻合，这也是《符瑞图》有别于其他瑞应图的重要特征。

参照前揭马王堆帛书《天文气象杂占》，亦有很多条有文无图的实例，并有“此书不才（载在）其图下者，各已从其等（简）矣”的记述，在这种图录式图籍中，图像阙如、有文无图的现象是普遍存在的，这应当就是所谓“旧图不载”。（见图14）

图14 《天文气象杂占》中有文无图局部

关于前揭《玉海》引《中兴书目》中的“益采图纬”之语，学界虽有所讨论，但只认为是一般性地增订内容而未探究。从史料行文看，《符瑞图》只是将孙氏、熊氏二家著述合二为一，并增加了书证，顾野王自身在文字补益方面的贡献不多，而“益采图纬”才是顾野王编纂的主要工作。

关于“益采图纬”的含义，可以参照的另一条史料记述即《法书要录》卷二所载梁庾元威《论书表》：

宗炳又造画《瑞应图》，千古卓绝，王元长颇加增定，乃有虞舜獬豸、周穆狻猊、汉武神凤、卫君舞鹤，五城、九井、螺杯、鱼砚、金滕、玉英、玄圭朱草等，凡二百一十物。余经取其善草嘉禾、灵禽瑞兽、楼台器服可为玩对者，盈缩其形状，参详其动植，制一部焉。此乃青出于蓝，而实世中未有。[43]

宗炳，字少文，南阳人，史言其“妙善琴书”，《宋书·隐逸传》有传。王元长即南朝名臣王融。由此判断，顾野王所为应当与宗炳类似，通过绘画补益原有《瑞应图》。只不过宗炳画作已佚，而顾野王画作则一直流传至唐代。

（五）关于顾野王《符瑞图》的成书时间与西传敦煌途径的推测

南朝顾野王所撰的《符瑞图》是否存在传播至西陲敦煌的可能性，是P.2683号源自顾野王《符瑞图》说需要解决的另一个重要问题。在敦煌遗书中，魏晋南北朝时期有明确纪年的卷子在七八十件以上，南朝写本发现的极少，而所见的南朝抄本均楷则严整，书写平正，但目前尚无南朝典籍西传的直接证据。[44]对此，贺世哲先生提出了一种假说：顾野王撰《符瑞图》十卷，止于梁大同（535—546）。十余年后，即承圣三年（554）十二月，西魏名将于谨领兵灭梁，俘梁元帝萧绎，占江陵，“收府库珍宝及宋浑天仪、梁铜晷表、大玉径四尺及诸法物，尽俘王公以下及选百姓男女数万口为奴婢，分赏三军，驱归长安”。又据张彦远《历代名画记》卷一《叙画之兴废》记载：“元帝将降，乃聚名画法书及典籍二十四万卷，遣后阁舍人高善宝焚之。帝欲投火俱焚，宫嫔牵衣得免……于谨等于煨烬之中，收其书画四千余轴，归于长安。”其中也许就有顾野王撰的《符瑞图》。大约公元565—576年，于谨之子于义出任瓜州刺史，并在莫高窟开一大窟，即今编号第428窟。其间，于义部下书手完全有可能抄录顾野王撰的《符瑞图》，并将其带到敦煌地区而流传。[45]

贺世哲先生的推测具有想象力，也有坚实的史料佐证。在此基础上，尚可提供若干旁证如下：

其一，如前所述，《符瑞图》系“秘画珍图”，属于“名画法书”类的典籍，完全有可能在梁末进入了皇家图书的收藏范围。《陈书·顾野王传》载：

梁大同四年，除太学博士。迁中领军临贺王府记室参军。宣成（城）王为扬州刺史，野王及琅邪王褒并为宾客，王甚爱其才。[46]

顾野王自梁大同四年（538）入仕之始，即为显宦，与梁宗室产生了密切联系，其所撰《符瑞图》完全有可能被梁皇家秘阁收藏。公元554年江陵倾覆后，梁元帝所烧毁的全部图籍包括“名画法书及典籍二十四万卷”[47]，而于谨入城后，在残卷中所拣出的残卷，主要部分是书画，数量是以“轴”为单位来计算的，即“书画四千余轴”，《符瑞图》很可能就包括在其中。

其二，《符瑞图》不为《隋书·经籍志》所著录，却在唐代广为流布，为张彦远《法书要录》所收录，并在唐宋类书中有多条佚文传世，反证了此书可能被于义直接携至敦煌，以致到唐初编纂《隋书》的时候，此书的情况尚不为中央政府所掌握，及至盛唐中央恢复对敦煌的控制之后，才逐渐回传至内地。

其三，汉唐之间“祥瑞下移”的历史背景下，《符瑞图》作为一种实用之书，在敦煌具有广泛的传播需求。余欣指出：东汉之前，只有帝王才有资格享有祥瑞的殊荣，新莽、东汉之后图谶勃兴，祥瑞似乎有了下移的迹象。一些地方长官，如果政绩优异，深孚民望，也能招致祥瑞。与一般地方向中央奏报祥瑞的差异在于，这些祥瑞不仅被看作帝王的祥瑞，也归属为当地州县守令自身德政之瑞应。[48]在这种背景下，《符瑞图》在敦煌得到了广泛的传播。

如以上推断不误，则敦煌P.2683号当是源自南朝顾野王《符瑞图》的“精抄本”。当然，欲进一步证明这一推测，还需要做更为细致的文本分析，并从画风、书法等角度做出更深入的观察和研究，冀以探寻敦煌艺术中的南朝文化基因。

附记：

本文于2019年12月提交苏州市职业大学主办纪念顾野王诞辰1500 周年学术研讨会，发表于《中国国家博物馆馆刊》2021年第9期。

参考文献：

[1]王重民：《敦煌遗书总目索引》，中华书局1983年版，第270页；敦煌研究

院编：《敦煌遗书总目索引新编》，中华书局2000年版，第250页。

[2]［日］小岛佑马：《巴黎国立图书馆藏敦煌遗书所见录（六）》，1933年。

[3]［日］松本荣一：《敦煌本瑞应图卷》，《美术研究》1956年第184号，第113—130页。

[4]王重民：《敦煌古籍叙录》，中华书局1979年版，第167—169页。

[5]姜亮夫：《莫高窟年表》，上海古籍出版社1985年版，第165—166页。

[6]陈槃：《敦煌钞本〈瑞应图〉残卷》，初刊《中研院历史语言研究所集刊》第17本1948年版，59—64页，增订后收入据氏著《古谶纬研讨及其书录解题》，上海古籍出版社2010年版，第609—628页。

[7]饶宗颐：《敦煌本〈瑞应图〉跋》，《敦煌研究》1994年第4期，第152页。

[8]窦怀永：《敦煌本〈瑞应图〉谶纬佚文辑校》，《浙江与敦煌学——常书鸿先生诞辰一百周年纪念文集》，浙江古籍出版社2004年版，第396—406页。

[9]郑炳林、郑怡楠：《敦煌写本P. 2683〈瑞应图〉研究》，樊锦诗、荣新江、林世田主编《敦煌文献·考古·艺术综合研究:纪念向达先生诞辰110周年国际学术研讨会论文集》，中华书局2011年版，第493—514页。

[10]胡晓明：《图说精灵瑞物——论〈瑞应图〉》，《社会科学战线》2014年第11期，第84—93页。

[11]游自勇：《敦煌写本P.2683〈瑞应图〉新探》，《敦煌吐鲁番研究》2016年第16卷，第297—313页。

[12]巫鸿：《武梁祠——中国古代画像艺术的思想性》，三联出版社2006年版，第98页。

[13]王菡薇：《从刘宋元嘉二年石刻画像与敦煌本〈瑞应图〉看南朝绘画》，《文艺研究》2014年第3期，第132—139页；李若晴：《瑞应图书与绘画考略》，《中国国家博物馆馆刊》2016年第9期，第84—99页。

[14]［日］佐佐木聪：《法藏白泽精怪图（P.2682）考》，《敦煌研究》2012年第3期，第73—81页。

[15]伯希和编，陆翔译：《巴黎图书馆敦煌写本书目》，《国立北平图书馆馆刊》1933年第7卷第6号。

[16]陈槃：《敦煌钞本〈瑞应图〉残卷》，初刊《中研院历史语言研究所集刊》第17本，1948年，第75页。按陈槃先生所论“编排不伦”，还举证“然又‘黄龙’一条，前后三见，详略不同，本是一事，诸如此类错误，均由辗转传抄，久而失实，或好事者随意拼凑而成”。此为文本内部问题，另当别论。

[17]见前揭陈槃文。

[18]《玉海》卷二百《祥瑞·陈符瑞图》，江苏古籍出版社，上海书店据清光绪九年浙江书局刊本影印，1990年第二版，第3659页。

[19]张彦远：《历代名画记》卷三《叙古之秘画珍图》，《明嘉靖刻本历代名画记》，中国美术学院出版社2018年版，第101页。

[20]姚思廉：《陈书》，中华书局1972年版，第400页。

[21]魏徵、令狐德棻：《隋书》，中华书局1973年版，第1038页。

[22]刘昫：《旧唐书》，中华书局1975年版，第2034页。

[23]欧阳修：《新唐书》，中华书局1975年版，第1535页。

[24]李昉等：《太平御览》，中华书局1960年版，第7页。

[25]脱脱等：《宋史》卷二百零五《艺文志》，中华书局1985年版，第5208页。

[26]孙猛：《日本国见在书目详考》，上海古籍出版社2015年版，第1563页。

[27]陈振孙《直斋书录解题》卷十：“《瑞应图》十卷。不著名氏。案《唐志》有孙柔之《瑞应图记》、熊理《瑞应图谱》各三卷，顾野王《符瑞图》十卷，又《祥瑞图》十卷。今此书名与孙、熊同，而卷数与顾合，意其野王书也。其间亦多援孙氏以为注。《中兴书目》有《符瑞图》二卷，定著为野王。又有《瑞应图》十卷，称不知作者，载天地瑞应诸物，以类分门。今书正尔，未知果野王否？又云或题王昌龄。至李淑《书目》，又直以为孙柔之，其为昌龄或不可知，而此书多引孙氏，则决非柔之矣。又恐李氏书别一家也。”

[28]胡晓明：《图说精灵瑞物——论〈瑞应图〉》，《社会科学战线》2014年第11期，第84—93页。

[29]《南齐书》卷十八《灵征志》：“齐氏受命，事殷前典。黄门郎苏偘撰《圣皇瑞应记》，永明中，庾温撰《瑞应图》，其余众品，史注所载。今详录去取，以为志云。”中华书局1972年版，第349页。

[30]陶宗仪编：《说郛三种》，上海古籍出版社1988年版，第2770页。

[31]游自勇：《敦煌写本P.2683〈瑞应图〉新探》，《敦煌吐鲁番研究》2016年第16卷，第307页。

[32]张彦远：《历代名画记》卷三《叙古之秘画珍图》，《明嘉靖刻本历代名画记》，中国美术学院出版社2018年版，第101页。

[33]班固：《汉书》卷二十二《礼乐志》，中华书局1962年版，第1065页。。

[34]范晔：《后汉书》卷四十下《班固传》，中华书局1965年版，第1373页

[35]王充：《论衡》卷一六《讲瑞》，中华书局1996年版，第721页。

[36]王树金：《马王堆汉墓帛书〈天文气象杂占〉研究三十年》，《湖南省博物馆馆刊》第4辑，2007年。

[37]席泽宗：《马王堆汉墓帛书中的彗星图》，《文物》1978年第2期，第5—9页。

[38]董珊：《谈马王堆帛书〈天文气象杂占〉的形成》，《简帛文献考释论丛》，上海古籍出版社2014年版，第219页。

[39]巫鸿：《武梁祠——中国古代画像艺术的思想性》，三联出版社2006年版，第98页。

[40]魏徵、令狐德棻：《隋书》卷三十四《经籍志》，中华书局1973年版，第1038页。

[41]张彦远：《历代名画记》卷一《叙历代能画人名》，《明嘉靖刻本历代名画记》，中国美术学院出版社2018年版，第23页。

[42]游自勇：《敦煌写本P.2683〈瑞应图〉新探》，《敦煌吐鲁番研究》2016年第16卷，第300页。

[43]张彦远：《法书要录》，上海书画出版社1988年版，第44页。

[44]赵生良：《敦煌南北朝写本的书法艺术》，《敦煌研究》，1991年第4期，第45—49页。具有南朝纪年的写经，有梁天监十八年（519）写于瓦官寺的《出家人受菩萨戒法卷第一》（P.2196）、梁普通四年（523）的《律序卷第上》、普通四年的《华严经卷第廿九》、陈天嘉六年（565）的《仁王般若经序》（P.3471）等。

[45]贺世哲：《莫高窟第290窟佛传画中的瑞应思想研究》，《敦煌研究》

1997年第1期，第1—5页。

[46]姚思廉：《陈书》卷三十《顾野王传》，中华书局1972年版，第399页。

[47]另据《太平御览》卷六百十九《学部十三·图书下·焚书》引《三国典略》："周师陷江陵，梁王知事不济，入东阁竹殿，命舍人高善宝焚古今图书十四万卷，欲自投火与之俱灭，宫人引衣，遂及火灭尽，并以宝剑斫柱令折，叹曰：'文武之道，今夜穷矣。'"

[48]余欣：《符瑞与地方政权的合法性构建：归义军时期敦煌瑞应考》，《中古时代的礼仪、宗教与制度》，上海古籍出版社2012年版，第503—549页。

“江东孔子”顾野王

蒋志明

上海最早的顾姓，居今金山亭林，是江东顾氏三族——顾雍、顾微和顾悌之一，它可追溯至东汉颍川太守顾奉，他的第四代传人顾雍曾任娄县县令和东吴丞相。顾雍后代，民国外交家顾维钧每次绘画，落款写“亭林顾氏”，说明顾氏大家都认顾氏之根在亭林。当代历史学家吴仁安所著的《明清时期上海地区的著姓望族》，亦认为顾雍故里在吴郡海盐县亭林里。宋代宋辉《次唐彦猷顾亭林韵》曰：

昔时高士宅，今日梵王居。
楼影衔山远，钟声隔岸疏。
风流嗟往事，精爽闷遗墟。
回首乌衣巷，凋零兵火余。

从前亭林里的“高士宅”，现在成了顾野王的居所，而这些居所，犹如秦淮河边的乌衣巷，由于战乱不断，至宋初宋辉写诗时已衰败不振了。一座高士宅，一个典故，说明了当时顾野王之居确是顾雍故里。

顾氏家族来自越王勾践后代，因此，顾氏定居于江东，远远早于陆氏、张氏和朱氏等其他江东士族。早在东汉章帝时期，江东顾氏就出现了顾奉等堪称“经明行修”的士人。《后汉书》卷一百零九《儒林列传》载豫章南昌程曾招徒授学，

“会稽顾奉等数百人常居门下”。顾奉后为会稽太守张霸所用，官至颍川太守。在程曾所有学生中，《后汉书》独独列出顾奉，可见顾奉之儒学在当时已小有名气，他是顾氏通经致仕的代表人物。

根据六朝历史特征，大族都有家山、土地、庄园以及在县、郡、州的家产。顾氏家族也不例外，他们在建康、吴郡均有资产，在乡下也有土地和房屋。顾氏家谱记载，顾微拥有的土地在今天平湖九龙山一带，故该地被称为顾邑山；顾悌一支在今海宁；顾雍一支居住在亭林里。

梁天监十八年（519）八月初十，在吴郡古松陵的顾墟，即今天的吴江芦墟，诞生了一位对中国文字学、地理学影响深远的伟大人物——顾野王。顾野王小名阿南，先名体伦，字希冯，因从小仰慕汉朝野王郡长冯服孝，更名顾野王。顾野王是梁朝信威公顾烜的长子，母亲邱氏，祖父顾子乔曾为武陵王参军，因此自号“武陵”，今天的吴江芦墟武陵溪，就以顾野王祖父的名号命名，顾氏族谱也称“武陵族谱”。今天的芦墟武陵溪上，有一座古桥名“嘉泰桥”，桥内有铭文，记载“顾野王子卜居于此”，证明了顾野王家族曾在此生活。

顾野王从小生活在“顾氏家山”光福山上，光福在南朝时被称为“虎溪”，光福山被称为“包山”，顾野王从小在山上读书临池苦练书法，以至池水都被墨汁染黑了。山上以前有个“顾园”，顾野王共弟兄三人，二弟顾安国，三弟顾充国都在光福长大。顾野王母亲姓邱，父亲在梁朝临贺王、吴郡太守萧正德王府担任记室参军兼本郡五官掾，顾野王从小天资聪明，过目不忘，加上祖父、父亲学识渊博并精心培养，因此四书五经、天文地理、书法丹青样样出色。父亲还带着顾野王在军中历练，风餐露宿，千里行军。顾野王早吟诗文，夜读五经，不懂之时就求教父亲，七岁就可以通读五经，知道其大概意思，九岁能写出《日赋》这样的好文章，梁武帝亲信朱异见后非常惊奇，称他为神童。顾野王十岁跟随父亲到建安（今福建建瓯），就根据所见所闻写了《建安地记》二篇，长大后通读诗书，经史、天文、地理、占卜无所不通，尤其精于文字训诂，还擅长绘画。宣城王为扬州刺史，顾野王和书法家王褒并为宾客。王褒字子渊，梁元帝时任吏部尚书、左仆射。宣城王营造东府，命顾野王绘古贤图像于壁上，命王褒书写像赞，二人珠联璧合，相得益彰，被当时人称为“二绝”。梁大同四年（538），二十一岁的顾野王被朝廷授为太学博士。太学为官方在京师设立的全国最高教育机构，朝廷设博士，就是请饱学之士开课授徒，为国家培养人才。同时，顾野王还当上了临贺王萧正德王府的记室参军，掌管军务的文书起草及记录表彰工作。

顾野王生活的南北朝时期，文字使用十分混乱，古老的典籍有着不同的版本，“字书卷轴，舛错尤多”。面对这样的现实，顾野王作为太学博士，决心仿效许慎，也修编一部规范的字书。许慎生活在汉字由篆书演变成隶书的东汉时期，文体繁杂，文字使用十分混乱。建初八年（83），许慎进京任太尉南阁祭酒（即博士之长）广泛接触到博士、议郎、儒生，发现他们随心所欲地解说字义和经义，许慎看不下去，根据《史籀篇》《仓颉篇》《爰历篇》《博学篇》等字书和文字资料，总结前人“六书”理论，考析文字形体，探求本义，收字9353个，概括出540个偏旁作为部首，历经二十二年时间，终于修成对中国文字学作出巨大贡献的《说文解字》。然而，顾野王与许慎的时代背景完全不同，除了南北朝分裂，又因佛教的传入，产生出许多新的文字字义，加之汉字由隶书向楷书演变，文字使用比东汉时期更加混乱，所以顾野王决心“总会众篇”，“以成一家之制”。《说文解字》以小篆汉字为收字对象，而顾野王的字书以正楷汉字为收字对象，共收录16917字，每字先注音，用反切法标注该字的国语发音，也就是普通话的读音，然后引经据典解释字义，如字义不明确，再加上自己的按语，即“野王案”。为了静心修书，顾野王选择回到出生之地——吴郡古松陵，在吴淞江边的听江轩中编撰字书。梁大同九年（543），时年二十五岁的顾野王编成了中国历史上第一部楷体字书《玉篇》，三十卷《玉篇》奠定了楷体汉字的规范结构、字义和读音。一千四百多年来，《玉篇》成为历朝历代的规范字体，可以说《玉篇》具有划时代的意义，与《说文解字》一样具有很高的文化价值。可惜顾野王原本《玉篇》在当时就遭人修订、删改，自唐以来，又多次遭到增补。流传至今的《大广益会玉篇》已经失去了顾野王原本《玉篇》的本来面目，虽然增字较多，但释义粗疏，顾野王的按语也被删去。清代末期文字学家黎庶昌、罗振玉先后在日本发现了原本《玉篇》的残卷，认为顾野王原本《玉篇》“释义完备，例证丰富，词义丰富，词义不明时，还有野王按语”，真是一部千古奇书！今天，顾野王修《玉篇》的顾墟仍有“顾公庙”，每年春秋都有祭祀顾野王活动。吴地之人把顾野王封为“喝潮大王”，将其当作百姓的守护神。传说顾野王早年在吴淞江上治理潮患，手持铁杵，面对汹涌而来的大潮大声呵斥，就此喝退了潮水，从此吴江一带风平浪静，再也没有潮患发生。今天，吴江神歌传人沈全弟一曲《喝潮王赞神歌》，唱出了顾野王在古松陵的历史功绩。

顾野王生活在梁代，梁武帝笃信佛教，著佛书数百卷，创三教同源，三次舍身佛寺，身披法衣，讲解经文，远离朝廷。由于梁武帝的带动，南朝举全国之力建寺两千八百余所，寺庙庄田遍及全国。天监年间，吴郡太守袁昂等也在吴地兴建寺庙，仅吴郡就有上百所寺庙，至今保留下来的有寒山寺、禹王庙、保圣寺、楞伽寺（宝积寺）、大觉寺、灵岩山寺、包山寺、茅蓬寺（穹窿禅寺）、宁邦寺和光福寺，而光福寺就是今天光福的铜观音寺。铜观音寺位于光福山，相传顾野王年轻时，想回光福老家建造豪宅，在光福山世居地设想营造七进大宅园，前有溪水石板桥，后有花园依山丘，中有书房大厅并绣楼。大宅楼可以让其修身养性、著书立说，光福山山不高但风景秀美，小溪弯弯，清水流淌，美不胜收，冬暖夏凉风水好，是一处洞天福地。顾野王兴致勃勃，地基刚刚平整，来了一位银髯飘飘的高僧，这位高僧从武夷山来江南云游，与顾野王早年相识，顾野王留高僧在光福山下谈经论诗，其乐融融。

高僧说顾宅花园有山有水太美妙，是弘扬佛法的好地方。高僧一语道破天机，顾野王席间沉默良久心茫然，后毅然决定舍宅为寺以普度众生，高僧听后哈哈大笑。顾野王全权交托高僧建造光福寺，他舍宅建寺的义举震动了四乡八方的父老乡亲，大家有钱出钱有力出力，光福从此留下了千年古刹和悠悠钟声。七层宝塔竖立在山腰中，古朴石桥被大家称为“翻转桥”，桥上刻有双龙戏珠的图案和“万”字纹，弹击时有金石之声，又被称“琵琶桥”。山门正殿前一棵香樟葱葱郁郁、香气扑鼻，过正殿再上观音殿，一路上山，山顶宝塔直插云霄，塔内收藏宝经千卷及舍利，还有四十九尊佛像。姑苏西南湖光山色尽收眼底，“洞天福地”名不虚传。

梁武帝大清二年（548），北朝叛将侯景走投无路来投梁武帝。侯景是个反复无常的人，梁武帝不顾大臣们的反对，接纳侯景，封其为大将军。不久，梁武帝派侯景和自己的侄子萧渊明率军北上，结果被东魏打得全军覆没，萧渊明被捉，侯景逃到寿阳城。东魏有意施离间计，叫梁武帝用侯景来调换萧渊明，梁武帝同意，侯景知道后，公开叛梁。侯景叛军袭取谯州，直逼长江北岸。守长江的是萧正德，梁武帝早年无子，曾将侄子萧正德过继为皇储，后来生了萧统，又将萧正德太子之位废掉，萧正德一直耿耿于怀，侯景借机利用矛盾，假意许诺萧正德只要推翻梁武帝，萧正德便可为皇帝。因此，二人内外勾结，萧正德立即接侯景过江，侯景攻入建康，围攻梁武帝坚守的台城。在这紧要关头，顾野王父亲刚刚去世，正经历丧父之痛，但他在守孝之时挺身而出，在家乡横塘身披盔甲，振臂疾呼，招募义军几百人，与当时的吴郡太守袁君正合兵一处，赴建康勤王，经过一月行军，到达建康。顾野王身高六尺，又值失去父亲，身体瘦弱得几乎披不起沉重的盔甲。吴郡太守袁君正在两军阵前命顾野王写一篇讨贼檄文时，顾野王面对叛军，出口成章，慷慨陈词，痛斥叛军违背君臣之义，大逆不道，一字一句落地有声、高亢激昂，引得叛军一时骚动，仓皇退却。顾公如天神一般威风八面，大大鼓舞了勤王将士的士气。可惜，诸王亲虽有“勤王”之兵二十多万，但各怀鬼胎，巴不得梁武帝早死，故按兵不动、“淹留不进”，叛军经过一百三十天的围攻，终于攻破台城，八十六岁的梁武帝被捉，关在同泰寺内，不久饿死，葬于丹阳荆林刘家庄。侯景的叛乱，给江南人民带来了极大的痛苦，他初围台城时，城内有军民十万之众，破城之日，只剩两千多人，城里尸横遍野、无法行路。侯景叛军入城后聚尸焚烧，臭闻数十里，整个建康变成一片废墟。顾野王的岳父光禄卿贺琛从建康逃到会稽，结果被侯景抓回，强迫为官。顾野王率义军先败走会稽，后逃到东阳，与义军刘归义合兵一处，坚守不出。叛军围城数月，料城中粮尽，可一举攻破，其实城中早已断粮，危急之际，顾野王灵机一动，命会口技的士兵在半夜学鸡叫，叛军在城外一听，觉得城内还有鸡啼，必有粮食，短期内不会断粮，而自己的军粮不多了，就放弃了东阳。顾野王一计退千军，深得东阳军民爱戴，老百姓把顾野王当作守护神，纷纷用黄杨木雕刻成顾野王的形象，供在家中，久而久之，东阳城成为著名的“木雕之乡”。叛军攻取梁都建康之后，分兵攻掠广陵、吴郡、会稽等郡，一路烧杀抢掠。吴郡太守袁君正出城投降，其妻女等家眷被叛军掠走，袁君正忧愤而死。吴中女子被侯景的大将于子悦、张大黑劫掠不知其数，百姓为此恨之入骨。此后，侯景叛军在进攻江陵时受挫，梁将陈霸先、王僧辩率军乘胜顺江东下，在建康打败了侯景叛军。承圣元年（552），侯景的败兵逃入吴郡，迫于梁军和吴郡百姓的追杀，侯景又仓皇逃出吴郡，在今天的松江乘船逃命，中途被他的部下斩杀在船中，扰害江南民众三年多的侯景之乱，至此告终。

侯景之乱后，顾野王来到建康向太尉王僧辩报到。本来，顾野王经吏部尚书王褒推荐，要赴江陵任职，但他考虑再三，感到梁朝元气大伤，未来难料，就推说吴郡老宅已毁于一旦，需要安家，暂缓前行。太尉王僧辩向皇上举荐顾野王，下旨任命顾野王担任海盐县监。从管辖范围来看，海盐是一个辖域相当大的千年古县。秦置县，因“海滨广斥，盐田相望”而得名。建县以来，海盐曾“四徙县治”。秦朝末年，因为地质变迁，县治陷没成湖，即今天的柘湖，县治迁至武原乡（今平湖市东门外）。东汉顺帝时，县治又陷没成湖，即今天的当湖，县治南迁至顾微故里——齐景乡顾邑山山旁。汉献帝时，析海盐西南境置海昌县（今海宁市），南朝梁天监六年（507），析县东北境置前京县。梁中大通六年（534），再析县东北境置胥浦县。

顾野王奉命到岗，但他并不是这里的行政长官——县令，而只是一个主管监察的官员——“监”，工作虽重要，公务却清闲，这为他日后专心研究学问提供了条件。

顾野王安排好工作以后，来到先祖顾雍故里、自己的故乡——亭林。此地东临大海，南有秦望山，北有亭林湖，山清水秀，绿树成荫，人杰地灵，老宅尽管破旧，但昔时旧貌依稀可见。靠东边的那一座俗名大寺山的小山丘，高有十丈，横亘数十亩，其状如书卷，山丘上有一片梧桐树林，枝繁叶茂，错落有致，幽静深邃。山丘西边那个小时候玩的池塘，怎么看都是适合顾野王居住读书的好地方。

他马上想起谢灵运的诗，《读书斋》：

春事时已歇，池塘旷幽寻。
残红被径隧，初绿杂浅深。
偃仰倦芳褥，频步忧新阴。
谋春不及竟，夏物遽见侵。

顾野王想到这里，满心欢喜，疾步走进林中，双目四顾，驻足呼吸，不觉心摇神荡，流连忘返，顿时喜欢上了这个地方。顾野王觉得自己回到故乡感觉就是好！他决定改造老宅，把山丘边上的书房取名为读书斋，把夫人贺氏接到亭林，夫人也满心喜欢。

顾野王在读书斋后面亲手种下了一棵剔牙松，这棵松树长大后，松身鲜翠嫩黄，斑驳若大鱼鳞，结出的果实个头虽小，但甘香可食，后来这棵大树就成为此地著名的“亭林八景”之一。由于顾野王人品高洁，文才盖世，无所不通，方圆数百里的文人雅士闻讯都纷纷前来造访，众多文人雅士相聚在林中山丘上的读书斋，谈诗论经，相互切磋，饮茶，作画，整座山丘成为当时知名学子聚集之地，顾野王俨然成了吴郡海盐文人的精神领袖。

传说有一天，恰逢江总、王元规等几位曾一起在宣成王府任宾客的朋友来顾野王的家造访，大家知道顾野王与王褒的“二绝”何等风光，现在，王褒已入北周。在诸位朋友的邀请下，顾野王兴致勃勃地在梧桐树下弹了一曲，大家齐声称好。然后，顾野王提起画笔先画了一片树叶在风中微微摇曳的郁郁葱葱的梧桐林，接着在林间又画上几只神采飞扬、美丽异常的金凤凰。几位朋友围着顾野王看他伏案提笔，看着他画的这幅栩栩如生的凤凰图，纷纷称赞。忽然，从亭子上空传来一阵百鸟的欢叫声，大家跑出门外，发现不知什么时候梧桐林上空竟真的飞来一只五彩凤凰，正站在顾野王亲手栽种的那棵剔牙松树冠上向读书斋方向俯视，引得远近的许许多多大鸟、小鸟来凑热闹，围绕着五彩凤凰盘旋、欢叫，活脱脱一幅百鸟朝凤图。或许是顾野王读书斋里浓郁扑鼻的书香文气吸引了五彩凤凰，或许是顾野王绘制的凤凰图太逼真了，五彩凤凰这才赶来呼朋引伴。

在众人的注视下，这只真凤凰扇动起翅膀，随着五彩羽毛的扇动，离开剔牙松，径直向房屋飞来，在房屋的上空不停地绕着圈子飞翔。这时，人们看到屋内案几上，顾野王读书斋画的那几张图画，画中的凤凰眼珠似乎在转动，轻轻摇摆尾巴，仿佛要振翅高飞，飞出图画。顾野王等人被眼前的一幕惊呆了，眼睛一眨不眨地注视着凤凰图。突然，读书斋外的神凤凰一声高叫，图画中的那几只金凤凰仿佛听到了召唤，异口同声地应和了一声，竟真的振动起双翅，飞出了画外，飞出了读书斋，与梧桐林上空的神凤凰合为一群，齐声鸣唱。它们围着亭子、梧桐树载歌载舞，上下翻飞，活像一群仙女降临凡尘。

这神奇的一幕，看得顾野王等人目瞪口呆、如痴如醉，待他们回过神来时，只见几只美丽的凤凰带着百鸟已经飞向远方。那几只凤凰飞出了梧桐树林后，似乎对亭子依依不舍，仍在不停地回望。很快，这件神奇之事在方圆百里内传开，招来更多寻幽探奇之人踏访这片神奇的山丘。从此，顾野王的名声更加响亮，小山上的亭子被人们称为“凤凰亭”。

在亭林里生活的四年，是顾野王一生中最悠闲的时光，这里民风淳朴，风景如画，令顾野王心摇神荡，文思泉涌。但悠闲的时光往往匆匆易过。太平元年（556）秋季的一天，从朝廷传来诏令，调任顾野王为金威将军陈蒨幕府的记室参军。陈蒨是时任司空的陈霸先的侄儿。对亭林悠闲而充实的生活恋恋不舍的顾野王正在迟疑拖延，很快，从京城方向又驰来几匹快马，传令顾野王转任金威将军陈蒨幕府谘议参军。顾野王不敢再怠慢，将海盐官府的公务简单做了交代，然后收拾行李，前去赴任。

陈蒨出身布衣，深知百姓疾苦，熟读经史，曾被侯景挟为人质，后协助陈霸先平定割据势力，屡立战功。顾野王在陈蒨麾下掌管军务、出谋划策，深得陈蒨信赖，陈蒨在江南兴修水利，恢复农耕，顾野王也亲身参与治理潮患，疏通水道。永定三年（559），陈霸先病死，其侄陈蒨奉遗诏即位为陈文帝。陈文帝削平长江中游的割据者王琳，击退北齐、北周的军队。天嘉二年（561），陈文帝收复被北周占据的巴、湘两州，顾野王被敕补撰史学士，修编史书，不久，又加官招远将军，足见顾野王是个文武皆备的人物。

陈文帝效法陈霸先，舍身归佛，于天康元年（566）病死，太子陈伯宗即位，陈伯宗懦弱无能，不久，大权即落入陈顼之手。光大元年（567），陈伯宗立子陈至泽为皇太子，次年，陈伯宗被陈顼所废，贬为临海郡王，陈顼自立为帝。陈顼多智谋，善骑射，梁元帝时被征入朝，后西魏军破江陵，他被俘至长安。天嘉三年（562），还建康，官至尚书令。陈伯宗即位后任司徒，都督中外诸军事，执掌朝政，光大二年废陈伯宗自立后，立子陈叔宝为皇太子。尽管朝代更替，顾野王在陈朝依然担任重要官职，从撰史学士、招远将军到国子博士、太子率更令、大著作、东宫通事舍人、黄门侍郎、光禄卿，知五礼事。陈后主陈叔宝当太子时，顾野王深得其敬重，主管撰写梁史。当时在太子的东宫，常有五位大学者作陪，即吴郡顾野王和陆琼，济阳江总、北地傅縡、吴兴姚察。天嘉年间，顾野王作为朝廷官员，奉使入闽。曾泛舟九曲，览胜诸峰，看到武夷山的美景和悬棺，发出了这样的溢美之词：“武夷山，千岩竞秀，万壑争流，地仙之宅，美哉山河，真人世希覯也。”到了武夷山，顾野王设坛讲学，首创武夷讲学之风。顾野王三弟早卒，顾野王抚侄至爱，视若己出，将其培养成才。

陈宣帝太建十三年（581），顾野王逝世，时年六十三岁，墓在吴县楞伽山，即上方山。其冢上有乔松，状如华盖，大石横卧冢上，长二丈左右，前高后低，可列数十人，其余石如印信，如石几，又如列屏，屏下有金鸡，每逢阴雨天则呼之即出，游人追则隐于石中。墓上古松树取之可以疗疾，乡里人相互转告：“宁可赤脚奔，莫上野王坟。”顾野王死后四十余年，其弟子虞世南为其书碑，其碑后被醉汉扑倒，今无考。清人顾曾寿重立，近几年又被毁，摄影师俞小康曾拍得碑照。乾隆下江南时，特来顾公墓吊唁顾野王，手书“顾公神道”并立牌坊。因顾公墓上大石如天上掉下的陨石，故又叫“落星坟”。每年清明，顾野王后人都会聚集于此，凭吊先祖，并参观光福铜观音寺、吴江顾公庙、上方山及虎丘山断梁殿。断梁殿至今保留着顾野王的手书匾额“大吴胜壤”。顾野王生前在虎丘山吟诗作赋，留下了一篇脍炙人口的《虎丘山序》。“大吴胜壤”出自名句“抑巨丽之名山，信大吴之胜壤”。

顾野王是如此的博学多才，当时的读书人都以能得到他的指点教诲为荣耀。顾野王教子有方，他的五个儿子都品格高尚，文武双全，长大后被任用为地方官，有的成为讨平叛乱的战将，有的是清剿贼匪的功臣，有的是以身报国的忠烈，各因功封侯。顾野王的三弟顾充国死得早，留有一子顾幽尚未成年，顾野王对这个侄儿视如己出，关爱备至。在他的精心培养下，顾幽学问日进，二十岁那年，东南饱学子弟六百零八人云集京都集贤殿会试，顾幽一举夺得陈至德元年（583）癸卯科榜首。

辞官后的顾野王经常往来于松陵、亭林、光福三地。松陵的顾墟是他父亲最后工作的地方，亭林是他最难忘的先祖顾雍故居地，而光福山上有他曾祖父顾昌衍的祖宅。

六朝时期，陆氏以江南文化士族著称，经史之学与诗文风流兼美。

南朝陆氏的经学氛围更加浓厚，陆庆是顾野王的同僚和好朋友，他认为顾野王是当朝最适合教他儿子陆士季的老师，便把儿子托付给顾野王。就这样，仰慕顾野王的陆士季，拜在顾野王门下学习《左氏春秋》《太史公书》和《汉书》，后来成为隋唐时期一位知名的史学家，著有文集十卷流传于世。

顾野王对陆士季的精细培养，不仅成就了陆士季，而且对陆士季这一支陆氏发展产生深远影响。

陆士季家族都是经史传家的典型。陆士季“学《左氏传》，兼通《史记》《汉书》”，在唐为太学博士、弘文馆学士；其子陆谋道“以善班固汉书敕授舒王侍读”；陆谋道子陆元感“少传其学，老而无倦此”；陆元感子陆南金“颇涉经史”，另一子陆赵璧“强学而儒门照瞻”。

唐代后期，陆士季家族在保有经学优势的基础上，能文擅诗者大大增加，家族的文学氛围更加浓厚，文学才能在延续家族政治地位上也起到了重要的作用。陆士季家族在唐代后期仍不乏博通经史的人物。如陆士季六世孙陆贽“颇勤儒学”，陆贽是文学史上很有影响力的人物，无须赘述。陆贽任宰相时，清廉为民，刚正不阿。又如陆士季二十二世孙陆秀夫，宋朝左丞相，抗元名臣，与文天祥、张世杰并称为“宋末三杰”。崖山海战兵败，陆秀夫考虑到难以逃脱，于是将自己的妻子、儿女赶下海去，背着卫王赵昺赴海而死。这样的精神与当年野王面对侯景叛军为国揭竿而起的精神，是多么相像啊！

顾野王的好友虞荔，也是一个博览群籍、善写文章的人，在陈朝官做到太子中庶子。梁朝时任司文郎、通直散骑侍郎，兼中书舍人。梁元帝征为中书侍郎，封贞阳侯。陈文帝嗣位，除太子中庶子，寻领大著作。天嘉二年（561）卒，赠侍中，谥号为德。有二子虞世基、虞世南。虞荔去世前，顾野王正在陈朝任黄门侍郎及国子博士，与虞荔是同僚及好友。顾虞两家的交情，要追溯到晋朝。西晋时，陆机、陆云、顾荣、虞循、张瀚等一起到洛阳谋发展，陆机、陆云被谋杀后，顾荣就带虞循回江东故地。东晋时，顾家是江东家族首望，顾荣去世以后，虞家成为首望，所以，顾虞两家一直是世交。

那时虞荔的第二个弟弟虞寄居住在闽中，依附陈宝应，虞荔每次谈到他就流泪。陈文帝下发诏令给陈宝应索要虞寄，陈宝应最终不肯遣送，虞荔因此而伤感，想想自己生病，远亲不如近邻，知道顾野王精通义理，且作为国子博士，尤其擅长教育，便把两个儿子的教育托付给顾野王。

虞荔去世时，虞世南只有三岁，所以虞世基、虞世南两兄弟的启蒙教育得到了顾野王的照顾。陈太建二年（570），顾野王又回到建康任国子博士，虞世基、虞世南成为国子生，正式成为顾野王的学生。

虞世基、虞世南弟兄俩遇上这么好的恩师，一连几个月不梳头、不洗脸，如饥似渴地钻研学问。顾野王也很看重这两个弟子。有一年夏天，在青溪边上的梧桐林里，顾野王听到蝉鸣，就讲了他的好朋友王籍在山林中的绝句：“蝉噪林愈静，鸟鸣山更幽。”就叫虞世基、虞世南兄弟题咏。虞世南脱口而出：

垂緌饮清露，流响出疏桐。

居高声自远，非是借秋风。

意思是说：蝉垂下像帽带一样的触角吮吸着清澈甘甜的露水，声音从稀疏的梧桐枝叶间源源不断地传出。鸣蝉的叫声为什么能够传得这样辽远？是因为它立身高处，而不是凭借秋风。这首诗表面上是写蝉，实际上是写品格高尚的人，并不需要那些外在的凭借，像地位、权势、吹捧等，他本身就能够声名远扬。这是用了托物言志的写法，表达含蓄，寓意深刻。顾野王一听就拍手叫起好来，高兴地说：“此子沉静寡欲，当享大名于天下。”果然，虞世南后来在唐朝官至秘书监，封永兴县子，成为初唐著名的书法家、文学家、诗人、政治家，是凌烟阁二十四功臣之一，唐太宗称他德行、忠直、博学、文辞、书翰为五绝。其兄虞世基也写得一手好字，尤善草隶，仕陈任太子中舍人、尚书左丞等职，陈朝灭亡后入隋，被隋炀帝任为内史侍郎，专典机密，参掌朝政，后进位为金紫光禄大夫。兄弟二人名重一时，当时的人们把他二人比作西晋时的“二陆”，即著名文学家陆机、陆云兄弟。

顾野王生卒年考辨

马一平

摘　要：顾野王的生卒年历来依据《陈书·顾野王传》的记载，文章根据顾氏家谱《顾氏大统宗谱》中唐代顾野王墓碑文与元代《石函谱传》及清代实物顾野王墓碑文的记载，考证辨析，对顾野王的生卒年提出了不同观点。

关键词：顾野王；生卒年；新资料；考辨

顾野王是南朝梁陈时期著名的文字训诂学家、历史学家、地理学家、文学家、诗人、书画家、音乐家，是吴地的杰出人物。他的生平事迹主要依据《陈书·卷三十·列传第二十四·顾野王传》，传中说其于"（陈太建）十三年（581）卒，时年六十三"[①]，推算下来则生于梁天监十八年（519）。这样的生卒年似乎已成定论，几乎所有的人物词典都如此收录。然而，笔者却在文献与实物资料中看到了不同的记载，试辨析于下。

① 姚思廉：《陈书·卷三十·列传第二十四·顾野王传》，见《二十五史》卷六，线装书局2011年版，第661页。

一、从家谱中的唐代墓碑文和清代实物墓碑文看顾野王卒年

始修于明万历四十年（1612）、最后续修于民国二十二年（1933）的惇叙堂（无锡）木活字本《顾氏大统宗谱》卷二所载《希冯公墓碑》中，开首就说顾野王没于“陈太建十二年（580）正月”[①]。此顾野王墓碑是唐武德六年（623），著名书法家虞世南（为顾野王门生）应顾野王儿子之请而撰写的，故为唐代墓碑。今将碑文全文（有残缺）抄录于下：

惟陈大（“大”应为“太”——笔者注）建十有二年正月，太子率更令、光禄卿、黄门侍郎顾君野王字希冯之没也。越九月冬己丑，葬于吴县横山东（缺），墓木拱矣，尚无碑以识之。其孤南寻请文于世南，世南世受业君门，不敢辞。（缺十六字）其略曰：古者不崇坟，不封墓，今或易之，揆之礼则甚远矣。今诸孤不违古训，不起坟，不树不封，且就于右作祠若楹。镕铏登以修厥祀，铸鼎彝以载厥功。灵爽式（缺），馨香匆替，谓尽善也。并置一石以表其垄，乃慰子孙罔极之怀。更作铭曰：于戏顾公，天实生德。学富缥缃，气压淇蜮。（缺）窀穸攸宁，楞伽之北。

武德癸未员外散骑郎、宏文馆学士、太子中庶子、永兴县子虞世南撰，苏州都督（缺）武阳公李世嘉书丹。

此碑文后还有一段补注：“此碣绍兴初风仆断裂，尚巍然可见。至端平中被醉人推倒，星碎而失。明初卢公然（“然”应为“熊”——笔者注）将原塌（“塌”为“搨”之误——笔者注）重镌一碑，更立原所。嘉靖三十四年被水部沈某窃去，沉于浒墅西，不可考矣。”[②]从此可知，这块唐代顾野王墓碑至南宋绍兴元年（1131）因被巨风吹倒而断裂，至端平年间（1234—1236）被一位醉汉推倒而散失。明初，吴县教谕卢熊依据原碑拓本重新镌刻墓碑，立于原处。然后，至嘉靖三十四年（1555）被水部沈某窃去，沉于浒墅西。至明万历四十年（1612），顾宪成、顾道明纂修家谱时墓碑已无，好在当时有碑拓文字被收入了家谱，保存了下

① 虞世南：《希冯公墓碑》，见顾宝珏、顾宝琛纂修《顾氏大统宗谱》卷二，民国二十二年（1933）惇叙堂木活字本，第43页。

② 顾宪成、顾道明：《希冯公墓碑补注》，见顾宝珏、顾宝琛纂修《顾氏大统宗谱》卷二，民国二十二年（1933）惇叙堂木活字本，第44页。

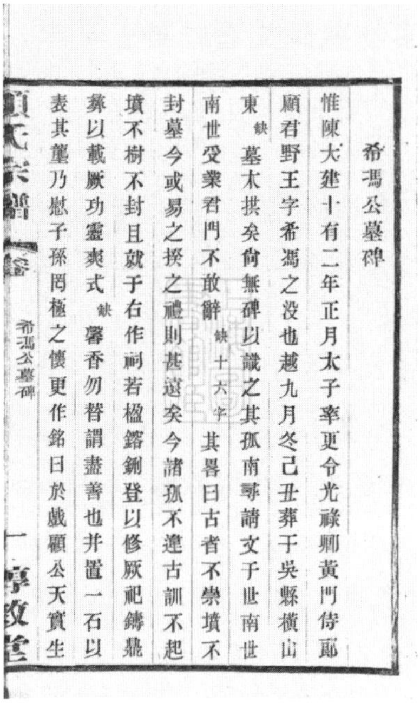

希馮公墓碑
惟陳大建十有二年正月太子率更令光祿卿黃門侍郎
顧君野王字希馮之沒也越九月冬己丑葬于吳縣橫山
東 缺 墓木拱矣尚無碑以識之其孤南尋請文于世南世
南世受業君門不敢辭 缺十六字 其畧曰古者不崇墳不
封墓今或易之揆之禮則甚遠矣今諸孤不違古訓不起
墳不樹不封且就于右作祠若楹鐺鋼登以修厥祀鑄鼎
彝以載厥功靈爽式 缺 馨香勿替謂盡善也并置一石以
表其壟乃慰子孫罔極之懷更作銘曰於戲顧公天寶生

顧氏宗譜 卷二 希馮公墓碑 一 亭敦堂

《顾氏大统宗谱》卷二中《希冯公墓碑》第一页正面

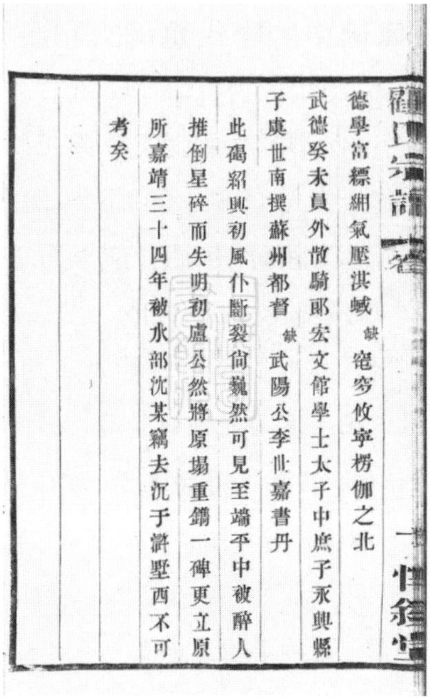

德學富縹緗氣壓淇蜮 缺 窀穸攸寧楞伽之北
武德癸未員外散騎郎宏文館學士太子中庶子永興縣
子虞世南撰蘇州都督 缺 武陽公李世嘉書丹
此碣紹興初風仆斷裂尚巍然可見至端平中被醉人
推倒星碎而失明初盧公熊將原搨重鐫一碑更立原
所嘉靖三十四年被水部沈某竊去沉于滸墅西不可
考矣

《顾氏大统宗谱》卷二中《希冯公墓碑》第一页反面

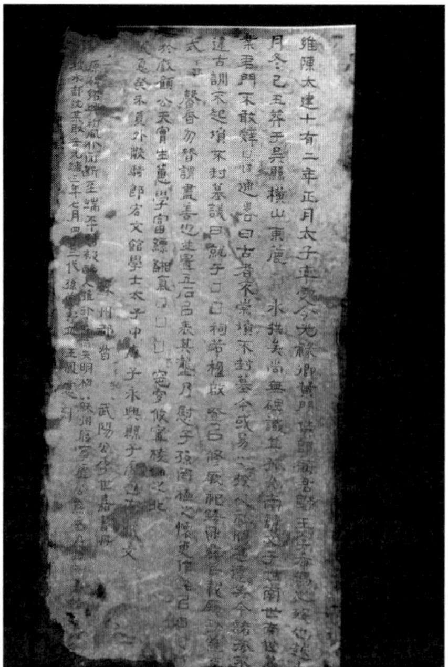

清光绪三年（1877）七月顾野王墓碑文影写件

来，虽有残缺，但还能一窥唐碑大致原貌。

2012年初，苏州的顾氏后人顾建新先生发现了其友人俞小康（摄影爱好者）于2005年在吴中区原越溪镇的下舟村拍摄到的顾野王墓碑照片。顾建新即请来碑刻专家一起将碑文照片上的文字进行了艰难的复原记录（因原碑风化磨损严重）。经识读碑文，知道这是清光绪三年（1877）七月顾野王四十三代孙顾曾寿所立。[①]

笔者取碑文影写件与《顾氏大统宗谱》卷二所载《希冯公墓碑》全文一一对照，发现除个别字有异外，内容基本相同。这说明苏州、无锡所传的顾氏家谱中的顾野王墓碑碑文是上代传下来的，基本是唐碑的原貌。

二、从家谱中的元代《石函谱传》看顾野王生卒年

惇叙堂（无锡）木活字本《顾氏大统宗谱》卷二还载有《石函谱传》，详细地记述了顾野王的生平事迹，比《陈书》中的《顾野王传》更详尽。而且，顾野王的生卒年也与《陈书》有异，其说顾野王生于梁天监十七年八月初十日（518年8月31日），卒于陈太建十二年（580）正月，年六十三岁。[②]虽说《陈书》作于唐代，而《石函谱传》作于元代，但《石函谱传》是顾野王裔孙顾兴根据元贞元年（1295）农历二月初，吴县光福镇聚坞村顾家古墓因暴风疾雨而被连根拔起的大松树下发现的石函中所藏先世《顾氏家谱》而写成的[③]，资料并非元代的，必是古谱中保存下来的，有确切的年月日，并且与唐代墓碑文记载一致，可信程度较高。

今将《石函谱传》有关内容节录于下：

始祖讳野王，字希冯，先名体伦，信威公烜长子，小字阿南。梁天监十七年戊戌八月初十日生，母邱氏。世居横山，生于顾墟，幼居光福山。系出夏少康后，历

---

① 李婷：《顾野王墓碑1400年传奇重现》，《姑苏晚报》2012年4月13日A04版。

② 顾兴：《石函谱传》，见顾宝珏、顾宝琛纂修《顾氏大统宗谱》卷二，民国二十二年（1933）惇叙堂木活字本，第35页。

③ 顾兴：《石函谱传序》，见顾宝珏、顾宝琛纂修《顾氏大统宗谱》卷一，民国二十二年（1933）惇叙堂木活字本，第69页。

俶……烜，凡七十世矣。希冯公幼敏好学，九岁制《日赋》，朱异极赏之。中大通元年己酉，年十二，至建安，撰《地记》二篇。及长，经史六艺，无所不通。又善丹青，人物、蔬果、草虫，时皆称绝。大同四年戊午，年二十一，除太学博士。太清三年己巳，年三十二，召募乡兵，讨侯景乱援都，见者壮之。陈天嘉元年庚辰，年四十三，敕补撰史学士。大（“大”应为“太”——笔者注）建六年甲午，年五十七，为太子率更令，领大著作。九年丁酉，年六十，为黄门侍郎、光禄卿。十二年庚子正月卒，年六十三，诏赠秘书监。至德二年，追赠右卫将军。宋熙宁间，封镇远侯。公素性至孝，居丧过毁。笃于伦叙，弟充国早卒，抚侄甚爱……配贺氏，光禄琛女，合葬吴山东溪桥下周村。多奇石，有古松，可疗恶疾。唐虞世南撰墓碑，宋末失之。子

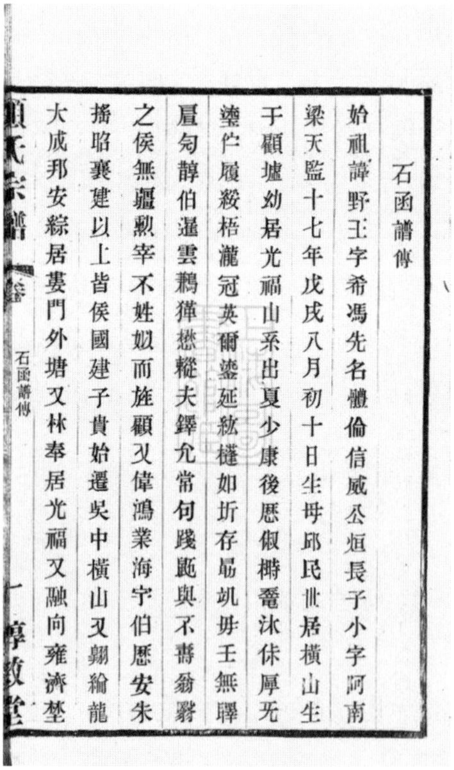

石函譜傳
始祖諱野王字希馮先名體倫信威公烜長子小字阿南
梁天監十七年戊戌八月初十日生母邱氏世居横山生
于顧墟幼居光福山系出夏少康後歷俶㭽鼋沐佅厚死
塗伫履裰梧瀧冠英爾鋈延紘樵如折存扃玐毋壬無嶧
扈匋諄伯暹雲鶇獐㦧縱夫鐸允常句踐瓯與不壽翁翳
之侯無疆㦘宰不姓姒而旌顧又偉鴻業海宁伯歷安朱
播昭襄建以上皆侯國建子貴始遷吳中横山又翺綸龍
大成邦安綜居婁門外塘又林奉居光福又融向雍濟埜

顧氏宗譜 卷 石函譜傳 惇敘堂

《顾氏大统宗谱》卷二中《石函谱传》第一页正面

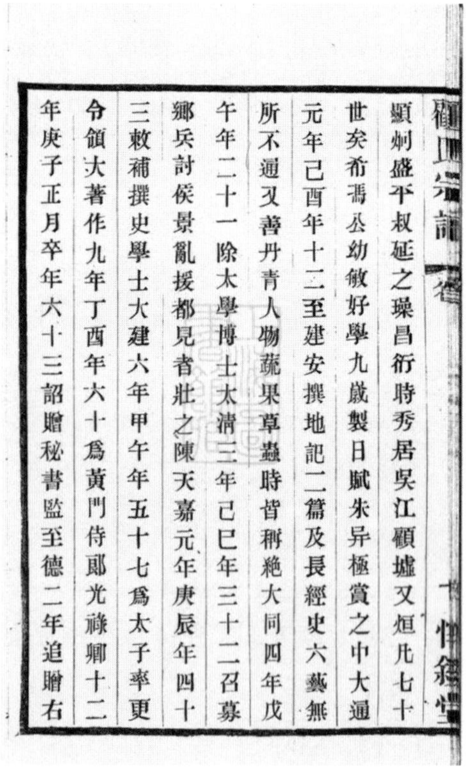

顯㓮盛平叔延之璪昌衍時秀居吳江顧墟又烜凡七十
世矣希馮公幼敏好學九歲製日賦朱异極賞之中大通
元年己酉年十二至建安撰地記二篇及長經史六藝無
所不通又善丹青人物蔬果草蟲時皆稱絶大同四年戊
午年二十一除太學博士太清三年己巳年三十二召募
鄉兵討侯景亂援都見者壯之陳天嘉元年庚辰年四十
三敕補撰史學士大建六年甲午年五十七爲太子率更
令領大著作九年丁酉年六十爲黄門侍郎光祿卿十二
年庚子正月卒年六十三詔贈秘書監至德二年追贈右

《顾氏大统宗谱》卷二中《石函谱传》第一页反面

五……公著作有：《玉篇》《舆地志》《符瑞图》《分野枢要》《续洞冥纪》《玄象表》，又文集行世。其《通史要略》《国史记传》，未就而薨。

裔孙兴谨撰。

三、结语

综上所述，《陈书》作为国史，卷帙浩繁，涉及面广，入史人物众多，个别难免考证欠详，发生差错。唐李延寿继承其父李大师之志，以《宋书》《南齐书》《梁书》《陈书》为蓝本，又参考“杂史”千余卷，撰写成《南史》，不仅增加了一些新材料，而且矫正了原书中的许多曲笔。其《顾野王传》中就没有去世的年份，乃别有深义。[①]而家谱专记一家一族之事，相对而言，差错就少些，当然家谱也有优劣之分。

根据相关顾氏家谱中唐代顾野王墓碑文与元代《石函谱传》及清代实物顾野王墓碑文的记载，笔者认为顾野王生于梁天监十七年八月初十日(518年8月31日)，卒于陈太建十二年(580)正月，享年六十三岁，是比较符合史实的。

---

① 李延寿：《南书·卷六十九·列传第五十九·顾野王传》，见《二十五史》卷八，线装书局2011年版，第917页。

《玉篇》

——中国辞书史上的一座丰碑

王继如

《玉篇》是生活在南朝梁陈时期的吴人顾野王奉旨而作的一部按部首排列汉字的字典，当时在位的是梁武帝萧衍，而主持其事的是其子萧纲（后来的梁简文帝）。据书前题示，书成于梁武帝大同九年，即公元543年，此时顾野王才25岁（虚龄）。

《玉篇》是继《说文解字》（以下简称《说文》）之后的一部重要字典。和《说文》相比，它有四方面的变化：一、《说文》是用篆书做字头的，《玉篇》是用楷书做字头的，字体的改变切合时代的要求；二、《玉篇》将汉字分属542部，比《说文》多了2部，有13个部首有变化，收字有16917字（据唐代封演《闻见记》），比《说文》多收了7564字，这些字是汉魏南北朝时新出的，有相当多的俗字，《玉篇》收这些字既反映了汉字的发展变化，又为当时的阅读提供了更合适的工具；三、从今天能看到的早期《玉篇》残卷来看，《玉篇》每字之下，不仅先列字音（用反切的办法），而且引用书证来说明字义，有必要时还加上顾野王自己的按语；四、《说文》注重用字形来分析字的本义，而《玉篇》在说明字义时，不仅注意到本义，而且已经注意到引申义和假借义了，只是没有明确的分项而已，这已经和现代的字典很接近了。

40多万字的《玉篇》，可谓鸿篇巨制。到了131年后的唐高宗上元元年甲戌，即公元674年，南方富春的一个没有出仕的读书人孙强，对该书做的增字减注的工作完成了。此增字本增收了数千字，但注解大有删削。到了宋真宗大中祥符六年，即公元1013年，陈彭年、吴锐、邱雍等重修的《玉篇》出现了。这个本子，已见不到原本《玉篇》的书证和按语了。今天流传的宋代重修本也有两种，一种是张士俊泽存堂刻本和曹寅扬州诗局刻本，一种是《四部丛刊》影印建德周氏藏元本，两种有一些差异。原本《玉篇》并没有流传下来，孙强增字减注的上元本也没有流传下来。

到了清朝末年，黎庶昌、罗振玉在日本发现了早期《玉篇》残卷，他们各自辑佚成书，这才让我们看到了原本《玉篇》的面貌。上面所说的《玉篇》对《说文》的发展，主要根据的也是这些残卷。1985年，中华书局将黎庶昌和罗振玉两人的辑佚书以及新得到的心部五个字汇编成《原本玉篇残卷》一书。上海古籍出版社出的《续修四库全书》228册所收《玉篇（残卷）》，图像更为清晰。现在残存的早期抄卷保留了原本《玉篇》62个部的2052个字，字数约为原书的八分之一。

我们且以图片中的“讋”字为例，来看看顾野王是怎么解说的：

【讋】章叶反。《说文》：“失气也。一曰言不止也。傅毅以为读若慑。”野王案：《汉书》“匈奴讋焉”是也。《声类》：“讋，詟也。亦与慑字同，在心部。”慑音徒颊反。

“章叶反”是古代给汉字注音的反切法，就是将“章”和“叶”两字迅速拼读在一起成一个新的读音，拼读的结果，就是取上字的声母，取下字的韵母和声调。注音之后，《玉篇》引了《说文》。今日的《说文》传本，“一曰言不止也”还缺了“言”字，研究《说文》者正是依《玉篇》做了补正的。顾野王在其下出了书证“匈奴讋焉”，这书证出自《汉书·武帝纪》。今日的《汉语大字典》仍然将这个书证作为“讋”的丧胆、失气义的第一个书证。顾野王所引《声类》，此书今已不传，可供辑佚之用。

从这个例子，我们可以看到《玉篇》在中国汉语研究史、中国辞书编纂史上

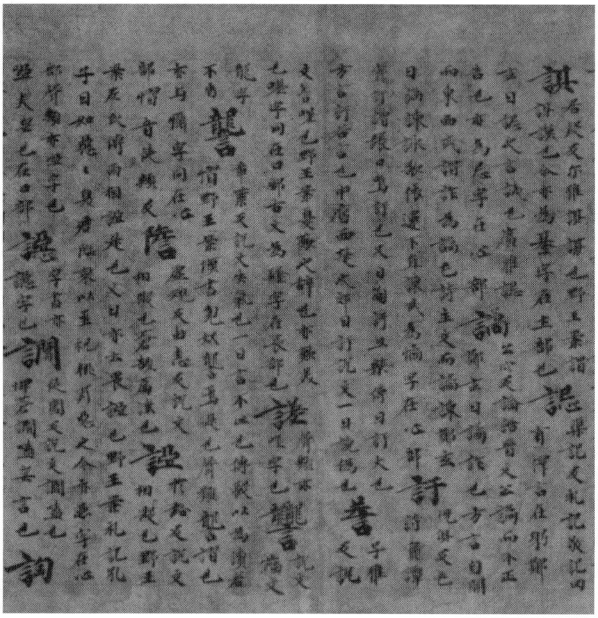

日藏卷轴本原本《玉篇》局部

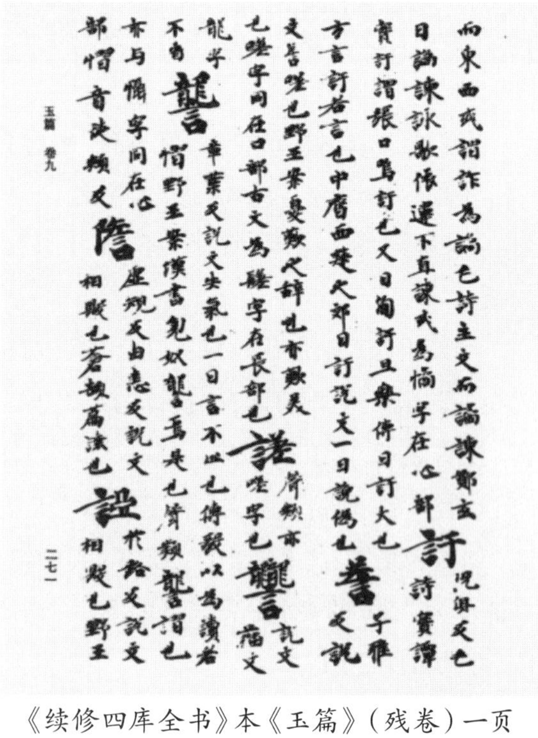

《续修四库全书》本《玉篇》(残卷)一页

确实具有里程碑式的意义。完全可以这样说，《玉篇》是中国辞书史上的一座丰碑。

可惜的是，早期《玉篇》抄卷仅仅是《玉篇》中的八分之一，今日传世的宋本《玉篇》，都已经将早期《玉篇》中极生动有味的书证删去，也将顾野王的按语删去了。就如上面的例子，今日《玉篇》传本仅仅剩下了“【詟】章叶切。言不止也”。书证是字义活生生的体现，删去了书证，就是删去了字义的生命；删去了顾野王的按语，就泯灭了顾野王对字义的思考，消灭了许多宝贵的资料。

1989年，上海古籍出版社出版了胡吉宣先生的《玉篇校释》，据手稿影印，皇皇六巨册，胡吉宣先生收集了大量的资料，以最大限度恢复《玉篇》的本来面目。

上面我们说了《玉篇》的成就，这成就出自25岁的青年人之手，则不免令人怀疑。25岁的顾野王有这样的学术功底吗?

顾野王，《陈书》卷三十有传。《南史》卷六十九也有传，不过显然是承袭《陈书》的，可以不论。《陈书》记载：

野王幼好学。七岁，读五经，略知大旨。九岁能属文，尝制《日赋》，领军朱异见而奇之。年十二，随父之建安，撰《建安地记》二篇。长而遍观经史，精记默识，天文地理、蓍龟占候、虫篆奇字，无所不通。梁大同四年，除太学博士。迁中领军临贺王府记室参军。宣城王为扬州刺史，野王及琅邪王褒并为宾客，王甚爱其才。野王又善丹青，王于东府起斋，乃令野王画古贤，命王褒书赞，时人称为二绝。

7岁就读五经，9岁就能写出《日赋》这样难度甚高的文章，12岁就已经能写《建安地记》这样的地理著作，20岁就做了太学博士了。真可谓早慧，而且多才多艺，“天文地理、蓍龟占候、虫篆奇字，无所不通”，又善于丹青。这个“虫篆奇字，无所不通”，还有史家说的“博极群典”，就是他写成《玉篇》的知识基础。

自然，成就一部字典，必须有所依傍，我们就以上面的例子来看，就可以发现他基本依傍的是《说文》，同时采用《字林》《声类》等著作。而且，此书也经过其他专家的修改。《梁书·卷三十五·萧子显传》说：“先是时，太学博士顾野王奉令撰《玉篇》，太宗（萧纲）嫌其书详略未当，以恺（萧恺）博学，于文字尤善，使更与学士删改。”萧恺，萧子显之子，也是当时有名的才子，侯景之乱发生时，卒于侍中任上。侯景之乱，发生在梁武帝太清二年，即公元548年。萧恺卒于是年，时年44岁。也就是他是生于公元505年，比顾野王年长14岁。他帮助顾野王修订《玉篇》时，是39岁，正处在做学术的大好年华。萧恺的生平也证明了《玉篇》成书必定在侯景之乱前数年，书前提示说是梁大同九年（543）成书，这是没有错的。只是在顾野王的身份前加上个官衔“黄门侍郎”就不对了，顾野王官至黄门侍郎是在入陈以后，是他晚年的事了。

顾野王之所以取名“野王”，是因为敬慕西汉冯奉世之子冯野王的为人。

顾野王体弱矮小，《陈书》本传称其“体素清羸，裁长六尺”，但这样体弱矮小的人，却有一股浩然之气，面对侯景之乱，敢于奋起抗击，并善于依凭其他的抗击力量，终于行进在胜利的队伍中。所以，我们也不能用一介书生来形容顾野王。

顾野王卒于陈宣帝太建十三年，即公元581年，享年63岁。问世的著作，除《玉篇》三十卷外，尚有《舆地志》等六种共五十三卷，草创未就的还有史学著作《通史要略》和《国史纪传》两种。但这些著作都没有流传下来。唐人姚思廉撰写的《梁书》和《陈书》，据《旧唐书·卷七十三·姚思廉传》所说，是“删益顾野王所修旧史”而成的。

《龙龛手镜》引《玉篇》校正[①]

冯先思

《龙龛手镜》是辽代僧人行均为阅读佛经而编纂的异体字典。因为本书采撷了唐五代写本《大藏经》中的众多俗字，又加以注音、释义、辨析，为阅读《大藏经》提供了不少方便，也为解读敦煌写本文献中的俗字提供了强有力的参照，因此备受近代汉字研究者的青睐。然此书自问世以来，有辽刻本、宋刻本、清刻本、清钞本、朝鲜刊本等众多版本，文本内容不尽一致，注音、释义间有舛误，为使用者制造了不少障碍。陈飞龙、郑贤章、张涌泉[②]等皆已指出《龙龛手镜》的不少疏失。

本人梳理《玉篇》历代文本演变之时，发现《龙龛手镜》所引《玉篇》既非顾野王原本，又与宋人修纂本有一定的差异，当为晚唐五代所流行的时本。[③]其引文也间有讹误，约分为三类。今略举数例，以就教于方家，希望能为深化《龙

---

① 本文为国家社科基金重大项目（15ZDB104）“基于资料库的古籍计算机辅助版本校勘和编撰系统研究”的阶段性成果。

② 陈飞龙：《龙龛手镜研究》，文史哲出版社1974年版，第51—395页。郑贤章：《龙龛手镜研究》，湖南师范大学出版社2004年版，第49—77页。张涌泉：《敦煌俗字研究导论》，新文丰出版公司1996年版，第199—217页。

③ 冯先思：《〈可洪音义〉所见五代〈玉篇〉传本考》，《古籍研究》2016年第1期。

龛手镜》一书的校勘有所助益。

一、割裂引文释义

胡吉宣在《唐写原本〈玉篇〉之研究》一文对比唐写本《玉篇》与宋本《玉篇》时，认为宋本有四失，其一为“往往轻率妄删，鲁莽灭裂，全不顾文意字义，贸然截取原文注末二字以当训释”①。他举例说：“车部轼、较二字下，原本引《考工记》郑注文，宋本截取注文中兵、车二字注于轼、较二正字下，则并以为兵车之名矣。言部诋字原引《汉书》‘除诽谤诋欺法也’，宋本即删存‘法也’二字以当训义。以此类推，则宋本于撤字下云‘警’也，必为原引《左氏传》‘军卫不撤警也’之妄删；怂下云‘恶也’，必为原引《楚辞》‘怂善而抑恶也’之妄删；非下云‘下也，隐也，责也’亦必为原引《谷梁传》‘非、隐也，刘兆曰：非、责也’之删剩。非字无隐义，‘非隐也’句，‘下’字则为‘不’之形误。服虔《汉书》注‘非、不也’。《墨子》中‘非’字皆作‘不’。”②《龙龛手镜》也出现类似情形。比如：

1. 鎃(卷一020-6)

篆隶万象名义	玉篇	龙龛手镜	类篇
鎃：普获反。析，柘(斫)。	鎃：普的、普赐二切。裁名也。	鎃：《玉篇》音劈，器也。	鎃：匹麦切。梁益谓裁木为器曰鎃。又匹历切。

谨案：胡吉宣以为“裁名者，《方言》(二)：‘鎃，裁也。梁益之间裁木为器曰鎃。鎃又斫也，晋赵之间谓之鎃。’郭注，析破之名也。《广雅》云：‘鎃，裁也。’《切韵》云‘裁木为器’，注本《方言》。《汉书·艺文志》‘则苟钩鎃析乱而已’，《集注》‘鎃，破也。音劈’。本书刀部‘劈，裂也’，《广雅》‘振、劈，裂也’。振劈与鎃破同。字亦作派，片部派或作劈。《慧琳》(五九、十四)‘劈，古文鎃派二形’。《字林》：‘匹狄反。破也。’鎃从𠂢得声义。𠂢，水分流也。器破则分离也。”③《慧琳音义》卷五十九《四分律》第十四卷：“跟劈：古文鎃、派二形。《字

① 胡吉宣：《唐写原本〈玉篇〉之研究》，《文献》1982年第02期。

② 胡吉宣：《唐写原本〈玉篇〉之研究》，《文献》1982年第02期。

③ 胡吉宣：《玉篇校释》，上海古籍出版社1989年版，第3341页。下文凡引此书皆此版本，仅标页码。

林》匹狄反，破也。关中行此音。《说文音隐》披厄反，江南通行二音。”[①]《新撰字镜》卷六金部：“鉔：普获、普□反。裁也；凿也；斫也。”[②]《篆隶万象名义》《新撰字镜》皆训为动词，《龙龛手镜》引《玉篇》为器也，盖截取《方言》“裁木为器”之文，而失其本意。

2. 傿字（卷一035-7）

说文解字	篆隶万象名义	龙龛手镜	新撰字镜	玉篇
奰：大皃。从大、㗊声。或曰拳勇字。一曰：读若傿。 傿：引为贾也。从人、焉声。于建切。	傿：于建反。引为贾也。	傿：于建反。引也。又为价。《玉篇》又于靳反，依也。	傿：于靳反。依人。	傿：于建切。引为价也。

谨案：傿字《说文解字》《篆隶万象名义》《玉篇》训释皆为“引为贾（价）也”。王一、王三释为“引物为价。又于献反”。《龙龛手镜》训为“引也。又为价”，显然是割裂“引为价也”而成。《新撰字镜》卷一亻部引《切韵》（64页）训为“依人”，《类篇》：“傿：隐巘切。地名，在郑。又于靳切。依止。又于建切。引为贾也。”《龙龛手镜》所引《玉篇》与今本音释俱异，而与《新撰字镜》所引《切韵》《类篇》同。

3. 仯（卷一036-4）

龙龛手镜	玉篇	广韵	新撰字镜
仯：初教反，抄仯，小子也。《玉篇》：亡小、符貌二反。	仯：弥小切。仯小皃。又初教切。	初教反。仯仯，小子也。	仯：扶孝反。去。小子也。

谨案：胡吉宣（536页）以为：“或即《尚书·顾命》‘眇眇予末小子’，《释文》

① 徐时仪：《一切经音义三种校本合刊》，上海古籍出版社2012年版，第1557页。下文凡引《一切经音义》皆此版本，仅标页码。

② 日释昌住：《新撰字镜》（《佛藏辑要》第三十三册），巴蜀书社1993年版，第358页。下文凡引此书皆此版本，仅标页码。其他常见字书、韵书引用较多，不具列引书页码。

‘眇，弥小反’。孔传云‘言微微我浅末小子’。眇盖因‘人’而变为仯。”赵少咸[1]以为：“《龙龛手镜》所引衍一抄字，小子当为小皃。《广韵》亦衍一仯。”盖《玉篇》本引《尚书·顾命》“眇”作“仯”，后人又割裂为“仯仯小子”，此句不辞，《玉篇》编者遂改为小皃。

4. 僤字（卷一039-2）

原本玉篇	篆隶万象名义	龙龛手镜	新撰字镜	玉篇
趕：卑谧反。《字书》或趩字也。 趩，止行也，在走部。《声类》或为跸字，在足部。或为僤字，在人部。	僤：卑谧反。或趩。止行也。	僤：音必。行皃。《玉篇》又止也。	僤，毕一反。亦趩、趕，二形同。行。	僤：卑吉切。止行也。本作趩、跸。

谨案：“僤”字《原本玉篇》《篆隶万象名义》《玉篇》皆训为“止行也”，《龙龛手镜》引《玉篇》训释分为“止也、行皃”，显然是错误的。《新撰字镜》“僤”亦承其谬，盖《龙龛手镜》《新撰字镜》所据《玉篇》已误。《篆隶万象名义》“趕”字训为“行也”，亦同此误。

5. 懙字（卷一057-8）

篆隶万象名义	玉篇	龙龛手镜	新撰字镜
		懙：音与。《玉篇》：安也。	懙、趣：羊诸反。平安行也。
趣：与居反。趍也、敬也。	趣：余吕切。《说文》曰：趣步趣趣也。又以诸切。谨敬皃。忥：古文。	趣：音余。恭敬也。	趣：与居反。趍也。谨敬皃。
趣：预诸反。安行也，趣字也。	趣：弋渚切。安行也。	趣：音余。安行皃。	懙、趣：羊诸反。平安行也。

谨案：《说文》正篆作“趣”，释为“趣步趣趣也”。故《篆隶万象名义》、宋本《玉篇》不收“懙”字。《汉书·叙传下》“长倩懙懙，觌霍不举”，颜师古注引

① 赵少咸等：《广韵疏证》，巴蜀书社2010年版，第2893页。下文凡引此书皆此版本，仅标页码。

苏林曰："懙懙，行步安舒也。"①《汉书》"懙"字实与《说文》"𢙋"同，"安行"与"行步安舒"义通。"懙"字义训与行动有关，故其字或从走作"趣"，故《篆隶万象名义》又沟通"趣、𢙋"二字，《新撰字镜》并列趣懙二字。《龙龛手镜》所引《玉篇》释为"安也"，未若《玉篇》《篆隶万象名义》释为"安行皃"为确。

6. 逋字（卷一065-6）

说文解字	篆隶万象名义	玉篇	龙龛手镜	新撰字镜
逋：泣下也。《易》曰，泣涕逋如。	逋：力钱反，泣下也。	逋：力延切。泣血也。	逋：音连。《玉篇》云：泣血也。	逋：力钱反。连字。泣下也。

谨案：《慧琳音义》卷九十三《续高僧传》第十二卷（2096页）："连洏：下耳之反。《韵略》云，连洏者，泣泪流皃。《易》曰'泣血涟洏'是也。形声字。"段玉裁注云："《雨无正》《传》曰，无声曰泣血。《檀弓注》曰，泣无声如血出。而九家、虞翻注《易》乃云，血流出目。"《文选》李陵《答苏武书》"天地为陵震怒，战士为陵饮血"，李善注云"血即泪也"。《玉篇》《龙龛手镜》训为"泣血"，盖截取《易》经引文而成，实与《篆隶万象名义》《新撰字镜》训释同。

7. 斨字（卷一118-4）

说文解字	篆隶万象名义	龙龛手镜	玉篇
斨：方銎斧也。从斤、爿声。《诗》曰：又缺我斨。	斨：且羊反。方銎。	斨：《玉篇》音枪，斧也。又銎也。	斨：且羊切。方銎斧也。

谨案：《说文解字》《玉篇》皆训为"方銎斧"，《篆隶万象名义》训为"方銎"，盖本《诗·豳风·七月》"取彼斧斨"毛传云"方銎也"，孔颖达疏引《破斧》毛传云"椭銎曰斧，方銎曰斨"②。《龙龛手镜》所引《玉篇》则割裂此训，训为"斧也"其意尚可，又训为"銎"恐有未达。

8. 𤱽字（卷一153-4）

龙龛手镜	玉篇	集韵	正字通
𤱽、𤳉：碑箄二音。地名。《玉篇》又田也。	𤱽：音碑。𤱽田也。	𤱽，田也。	俗壅水溉田曰𤱽田。

谨案：胡吉宣《玉篇校释》"𤱽"字条（0298页）云："《集韵》支韵'𤱽，田

① 王先谦：《汉书补注》第十二册，上海古籍出版社2012年版，第6299页。

② 龚抗云等整理：《毛诗正义》卷八，北京大学出版社2000年版，第581—583页。

也’。疑本书‘暞田’当为句。”《龙龛手镜》所引《玉篇》亦割裂训释。

9. 媪（卷二282-1）

说文解字	篆隶万象名义	玉篇	龙龛手镜	新撰字镜
媪：女老偁也。从女𥁕聲。读若奥。	媪：乌道反。女老称也，母别名也。	媪：乌老切。女老称。又乌骨切。媪妠，小肥也。	媪：乌老反。女老称也。又乌没反。《玉篇》：媪妠，小肥也。	媪：乌告反。乌道反。善□□老女称也。后妃□名。

谨案：《广韵》“妠”释义云“婠妠，小儿肥皃”。敦煌《唐韵》残卷：“妠：婠妠，小儿肥。女刮反。婠字，乌八反。”“妠：婠妠，小儿。女刮反。婠字，乌八反。”乌骨、乌没二切同音，为中古属山摄没韵合口一等，婠音乌八反为臻摄黠韵开口二等，二音近似。邵荣芬认为唐五代敦煌方音中山、删、元、仙诸韵合并[①]，故婠（乌八反）与媪（乌骨切）二字读音实同，婠妠、媪妠当为联绵词之不同书写形式。《玉篇》等所释“小肥”当系摘取“小儿肥皃”而成。

二、一形多用而误

《龙龛手镜》在部首设置、字头序列及字形辨析等方面有许多有别于其他字书的独特之处。张涌泉曾指出阅读使用《龙龛手镜》一书的十八个体例[②]，其中有一形多用例。这种用字方式是写本文献中经常出现的例子，战国竹书中已开其例。《龙龛手镜》据写本经书编纂而成，值此之由，行均解释字形较其他字书为多，疏释这种解释《龙龛手镜》一书中一形多用的现象，指出某字形究竟用为哪些字，将是理解《龙龛手镜》一书的重要组成部分。

1. 堀：苦没反。堀堁。《玉篇》直勿反，穽也。又求勿反，《诗》云“蜉蝣堀[阅]”，突也。（卷二252-1）

谨案：“突也”一训本《说文解字》。《说文解字》：“堀：突也。《诗》曰：蜉蝣堀阅。从土、屈省声。”《玉篇》：“堀：求物切。突也。”《龙龛手镜》所引求

① 邵荣芬：《邵荣芬音韵学论集》，首都师范大学出版社1997年版，第316—318页。

② 张涌泉《敦煌俗字研究导论》第十章有《龙龛手镜》读法示例十六条，《旧学新知》中有《〈龙龛手镜〉读法四题》内重两例，计十八例。

物、求勿两切音同。“堀堁”一训本《文选》。《文选》宋玉《风赋》“堀堁扬尘”，李善注：“堀堁，风动尘也。”“张铣注云，堀堁，昏暗貌。”[①]《类篇》：“堀：渠勿切。搰也，又苦骨切，突也，引《诗》，蜉蝣堀阅。一曰，堀堁，尘起。”《龙龛手镜》音苦没反，与《类篇》苦骨切音同。

《龙龛手镜》引《玉篇》训为阱，音直勿反，不见于今本。堀字当用为窟。慧琳《一切经音义》卷第三十《大方广宝箧经》中卷（1039页）：“巢窟：下口骨反。杜注《左传》云，窟，地室也。顾野王云‘冬则居营窟’是也。《声类》云：窟，兔所伏也。《说文》：从穴屈声。或作䂽，又作堀，音同上。”慧琳《一切经音义》卷第六十六《集异门足论》（1681页）：“龛堀：下髡骨反，又作窟。或作崛也。《毛诗》云蜉蝣之堀，窟，穴也。顾野王云：堀，掘地为室也。《说文》云：堀，窟突也。从土屈声也。”《篆隶万象名义》：“窟：口骨反。室也，堀字。”《玉篇》：“窟：口骨切。窟室也；穴也。”“䂽：口骨切。亦作窟。地室也。”可见“窟”字用为地室之义又有“堀䂽”两异体，阱即地室之类。《龙龛手镜》引《玉篇》训为阱，与《一切经音义》训为地室诸条当为同义。“直勿反”当为“其勿反”之讹，形近而误。

2. 扒：《玉篇》丑证反。川也。《香严》音孔。（卷二336-8）

谨案：《玉篇》：“扒：丑证切。川也。”扒音丑证切，为彻母证韵开口三等，当为“氶”字异体。氶为章母拯韵开口三等。又张涌泉认为“氶”又用为“承”字俗写。[②]承为常母蒸韵开口三等。邵荣芬认为唐五代西北方音中知章两组在三等韵里不分[③]，故此二切音近。又案，此处“川”或为“州”之误，《古文四声韵》中所收“州”字字形“氶”与“扒”相近，如《古文四声韵》卷二“州”字下有“氶”形即其证[④]。可见扒形可用为“氶”“承”“州”三字。

3. 澀：色涩二音。不滑。《玉篇》又音甾。（卷二237-7）

---

① 明州本六臣注：《文选》卷十三，人民文学出版社2008年版，第201页。

② 张涌泉：《敦煌俗字研究导论》，新文丰出版公司1996年版，第13页。

③ 邵荣芬：《邵荣芬音韵学论集》，首都师范大学出版社1997年版，第334页。

④ 夏竦：《古文四声韵》，中华书局1983年版，第92页。

谨案：郑贤章以为："《龙龛手镜》'濇'音'甾'，疑乃'淄'字。"[1]因为《龙龛手镜》所引"濇"字俗体与"淄"俗体形近。宋本《玉篇》："濇：所力切。不滑也。"《篆隶万象名义》："濇：所力反。不滑也。"玄应《一切经音义》卷三《放光般若经》第十五卷（65页）："梗澀：澀又作濇，同。所立反，谓不滑也。字从四止，四止即不通字意也。"慧琳《一切经音义》卷第七十二《杂阿毗昙心论》第一卷（1779页）："澀滑：又作濇，同。所立反。谓不滑也。字从四止，四止即不通字意也。论文作澁澀二形，非体也。"郑以为"濇""淄"二字俗体相近，确然无误，正因为如此，故"濇"字又用为"淄"，故音"甾"，郑说以不误为误。

三、形近而误

1. 𤘘：同𤙖，《玉篇》：于今反，在咒中。（卷一012-1）

谨案：《龙龛手镜》牛部第十二（卷一115-1）亦引："𤙖、𤘘：《玉篇》：于吟反，在神咒中也。又胡绀反。又随文有多释也。"𤘘，不见于今本《玉篇》。𤙖即𤙖。宋本《玉篇》："𤙖、𤘘：二同呼今切。出神咒。""吼：呼诟切。牛鸣也。吽，上同。又于今切。"《大唐刊谬补阙切韵》："𤙖：见内典。呼音反。𤘘，同上。吽，同上。"[2]慧琳《一切经音义》卷四十《千手千眼观世音菩萨姥陀罗尼身经》（1195页）："𤙖泮：上梵字，无反。如牛吼声，或作吽，同。"《篆隶万象名义》："吽：呼垢反。鸣也，嗥也，响字。"杨宝忠《疑难字考释与研究》认为："'神咒'指用汉字所记梵语，此类汉字但具表音作用，无实义。顾炎武《音论》引赵宧光曰：'释典译法，真言中此房无字可当梵言，即用二字聚作一体，谓之切身，乃古人自反之字。'切身字或称响梵音。'𤙖'当亦属切身字，疑本作'𤙖'，牟含切也。'𤙖''𤘘'为'𤙖'之残误，'于吟（呼今）反'为'牟含反'残误也。"[3]《可洪音义》（A547c10）："𤙖𤙖：上牟含反。下牛鸣音。"杨说正与可洪音同。𤘘、𤙖、𤘘、吽四字同为译音用字，其对应的梵语转写为hom，于中古属喻母三等，呼属晓

① 郑贤章：《龙龛手镜研究》，湖南师范大学出版社2004年版，第228页。

② 张涌泉主编：《敦煌经部文献合集》，中华书局1999年版，3357页。

③ 杨宝忠：《疑难字考释与研究》，中华书局2005年版，第447页。

母，从《玉篇》《唐韵》《慧琳音义》来看，其声母当为晓母。盖于、乎形近而讹。

2. 徨：时掌、俱往二反。徨，遑遽皃也。《玉篇》又渠往反，枉也。（卷一030-6）

谨案：《篆隶万象名义》："徨：渠往反。远行也，往也。"宋本《玉篇》："徨：渠往切。《楚辞》曰：魂徨徨而南征兮。徨徨，遑遽皃。"《新撰字镜》卷一亻部："徨：渠往反。远行也。往也。"据《篆隶万象名义》《新撰字镜》宋本《玉篇》，"枉也"当为"往也"之误。

3. 僸：牛锦反。《玉篇》：动头皃。又居荫反，乐名。（卷一030-7）

谨案：《篆隶万象名义》："僸：牛锦反。仰头也。"宋本《玉篇》："僸：牛锦切。《文字音义》云：仰头皃。"《新撰字镜》卷一亻部（80页）："僸：牛锦反。仰头也。"《汉书·司马相如传下》："僸祲寻而高纵兮，纷鸿溶而上厉。"颜师古注引张揖曰："僸，印也。"[①]《一切经音义》卷第八十三《大唐三藏玄奘法师本傳》卷第二（1967页）："僸佅：上音禁，下音末。《韵诠》云：僸，仰头皃也。《考声》：夷乐名也。"《龙龛手镜》所引《玉篇》"动头皃"疑为"仰头皃"之误。

4. 褋：旧藏作憏（憏–螺）。《玉篇》直辄反，褋，蛰也。（卷一113-9）

谨案：张涌泉认为：憏，当为憏之误。[②]《四部丛刊续编》本《龙龛手镜》（卷一第三十九页）作螺，朝鲜本（卷二第四十五页）作堞。《龙龛手镜》卷二土部："堞：出《玉篇》。墌：直叶、直立、丑立反。下入也。"张涌泉以为"褋"当为"墌"字异体俗字。[③]《龙龛手镜》所引《玉篇》"褋，蛰"则当作"褋，垫"。宋本《玉篇》："墌：直辄切。垫也。"玄应《一切经音义》卷四《菩萨见宝三昧经》第一卷（80页）："原隰：《尔雅》下湿曰隰。隰，湿垫也"。"隰，湿垫也"盖本《释名·释地》，"下湿曰隰，隰，蛰也。蛰，湿意也"，王启原以为"蛰"当作

---

① 王先谦：《汉书补注》第八册，上海古籍出版社2012年版，第4190页。

② 张涌泉：《汉语俗字丛考》，中华书局2000年版，第706—707页。

③ 张涌泉：《论四声篇海》，《旧学新知》，浙江大学出版社1999年版，第120—121页。

"埶"。[①]埶通霸，《说文解字》："霸：寒也。从雨、执声。或曰：早霜。读若《春秋传》埶厄。""埶厄"，《说文解字》中"埶"字条引作"埶隘"，隘厄上古音同为影母锡部字，音同可通借。徐灏《通介堂经说》卷九《尚书》"昏埶"条[②]云："洪水滔天，浩浩怀山襄陵，下民昏埶。"《传》曰，言天下民昏瞀埶溺，皆困水灾。郑注，昏，没也。埶，陷也。灏案，昏读为泯，故郑训为没。《方言》："埕、埶，下也。"凡柱而下曰埕，屋而下曰埶，字又作寴。《说文解字》："寴，屋倾下也。"凡倾陷谓之埶。引申之亦谓下湿为埶，故曰昏埶。左氏成六年传"郇瑕氏土薄水浅，其恶易覯，易覯则民愁，民愁则埶隘，于是乎有沈溺重膇之疾"，其义亦同。马宗霍《说文引春秋传考》（938页）云：成六年《左传》"民愁则埶隘"，杜注，埶隘，羸困也。襄九年《左传》"夫妇辛苦埶隘"，襄二十五年《左传》曰"久将埶隘"，杜注云"埶隘，虑水雨"。[③]杜注，埶隘犹委顿。案三"埶隘"前两者皆假借之义，故杜亦随文释之。后者乃为本义。马说甚是，可见埶有下湿之义，故《龙龛手镜》所引《玉篇》"蛰"当作"埶"。

5. 匜：《玉篇》音彼。又徒吊反。田器也。又平声。（卷一192-7）

谨案：《篆隶万象名义》："匜：徒吊反。田器。"《说文》音"徒聊切"，宋本《玉篇》："匜：徒吊切。田器也。"《类篇》："匜：徒聊切。田器也，从匚，攸声。又徒吊切。""音彼"当为"音攸"之误。

6. 槛：古。檝：正。音衫。檝，松木。下又子廉反。《玉篇》伐也。（卷四374-8）

谨案：《原本玉篇》："礛：子林反。《字书》'亦攕（櫼）字也。'攕（櫼），楔也，在木部。又音且（绌）、且绀二反。东方朔《十洲记》'猛兽又作两目，如天礛磹之光也'。"《篆隶万象名义》："槛：所咸反。杉也。"又："櫼：子林反。楔，礛字。"又："礛：子林反。楔。"《玉篇》："槛：所咸切。木名。杉，同上。"又："檝：子廉切。楔也。或殲字。"又："礛：子林切。又先念切。礛磹，雷光也。"

---

① 祝敏彻、孙玉文整理：《释名疏证补》卷一"释山"，中华书局2012年版，第26页。桂馥《说文解字义证》卷四十四土部"埶"字条亦以为作埶是。

② 见《续修四库全书》经部0177册，上海古籍出版社2011年版，第88页。

③ 马宗霍：《说文解字引经考》，中华书局2013年版，第938页。

《新撰字镜》卷七木部（377页）：“櫼：所咸反。楔也。”又（384页）：“椒：所咸反。须木也。”又卷五石部（299页）：“礛：先念反。雷光。”《一切经音义》卷第四十六《大智度论》第四十一卷（1313页）：“木㮝：又作楔，同，先结反。《说文》：楔，櫼也。櫼，子林反。今江南言櫼，中国言屈。楔，通语也。屈，侧洽反。”《文选》卷十一何晏《景福殿赋》：“櫼栌各落以相承。”李善注云：“櫼即枊也。”又“飞枊鸟踊”，李善注云：“飞枊之形类鸟之飞，又有双辕任承檐，以荷众材。今人名屋四阿拱曰櫼枊也。”[①]《营造法式》卷四“飞昂其名有五，一曰櫼，二曰飞昂，三曰英昂，四曰斜角，五曰下昂。”[②]櫼有三义，一与杉同。一读为子林反，训为枊。一训为楔，戴侗以为即砧之异体。《龙龛手镜》所引《玉篇》训为“伐也”，“伐”疑为“枊”之误。

7. 胧：莫江反。《玉篇》云状也。（卷四408-5）

谨案：状，朝鲜本作身大也。《玉篇》：“胧：莫江切。身大也。”又：“朦：莫孔切。大也；丰也。胧，同上。”《篆隶万象名义》：“朦：莫孔反。丰也，茂也。”《新修玉篇》卷七肉部：“胧：莫孔切。《博雅》肿也。身大也。”裴务齐正字本《刊谬补缺切韵》上声肿韵：“胧：莫奉反。丰大。”[③]宋濂跋本王仁昫《刊谬补缺切韵》上声肿韵：“胧：莫奉反。丰大。”[④]《龙龛手镜》音切为平声，《新修玉篇》与王仁昫《切韵》均为上声，盖唐本旧音为上声。《方言》卷一：“奘，大也。凡物之大貌曰丰。厖，深之大也。秦晋之间凡人之大谓之奘，或谓之壮。”[⑤]奘，郭璞音在朗反。宋濂跋本王仁昫《刊谬补缺切韵》上声荡韵音同[⑥]，裴务齐正字本王仁昫《刊谬补缺切韵》上声荡韵作奘[⑦]，人之大为奘，则身之大亦谓之奘。

---

① 明州本六臣注《文选》卷十三，人民文学出版社2008年版，第184页。

② 梁思成：《营造法式注释》卷一“总释”，中国建筑工业出版社1983年版，第13页。

③ 周祖谟：《唐五代韵书集存》，中华书局1983年版，第568页。

④ 周祖谟：《唐五代韵书集存》，中华书局1983年版，第471页。

⑤ 华学诚：《扬雄方言校释汇证》，中华书局2006年版，第36页。

⑥ 周祖谟：《唐五代韵书集存》，中华书局1983年版，第484页。

⑦ 周祖谟：《唐五代韵书集存》，中华书局1983年版，第570页。

《龙龛手镜》所引《玉篇》云“状也”或即壮（奘）之误。

8. 軀：忆俱反。鞬軀。《玉篇》又胡茅、尺朱二反。（卷四447-7）

谨案：《篆隶万象名义》：“軀：于娱反。胡矛。”《玉篇》：“軀：于候切。胡矛。”《新撰字镜》卷五革部（265页）：“軀：一夫反。平。鞬也。”又卷五革部（265页）：“鞬：举言反。平。□弓器也。弓舍。以藏矢。韀，上字。”《类篇》：“軀：邕俱切。《字林》鞬也，胡人谓之軀。又于候切。”又：“鞬：居言切。《说文》：所以戢弓矢。或从蹇。”忆俱、一夫、邕俱三切皆为影母虞韵字。《龙龛手镜》所引《玉篇》又音不见于今本，首音及训释与《新撰字镜》《类篇》同。又宋濂跋本王仁昫《刊谬补缺切韵》卷一上平声虞韵：“軀：忆俱反。胡矛。”颇疑《龙龛手镜》所引《玉篇》“胡茅反”当为训释而非注音。

校勘《龙龛手镜》的难度很大，其中涉及近代俗字、词汇学、音韵学等多方面的知识储备，既要有语言学的观念，还应该具备文献学的意识，合理利用他校、理校等校勘手段。

顾野王《玉篇》中的阙字避讳

苏　芃

避讳，是我国固有的历史文化现象，至迟于西周时期已经出现，秦汉以降，日渐严格。避讳方式多样，最常见的是同训改字，即用意义相关的字来替代，如汉文帝名“恒”，古书中便将月神“恒娥”改成“常娥”，或写作“嫦娥”。又如缺笔避讳，将涉及名讳的字缺写笔画，这种方式主要出现在隋唐以后，一直延续到清代，如为避康熙皇帝玄烨之讳，遇到“玄”字以及相关构件的字，如“弦”“眩”“舷”等，都省写末笔的点画。除此以外，还有变换读音、减省偏旁、空字不书等方式。

一、古代字书避讳举例

古代字书是以字为单位解释汉字形音义的字典，是读书人学习与阅读的必备工具书。字书的避讳，东汉许慎撰作的《说文解字》中已出现。该书中“祜”“庄”“秀”“炟”“肇”五个字因为触及东汉皇帝的名讳，都不作任何解释，只注明“上讳”。从次序编排看，收在每个部首字下，如“秀”在禾部，因关涉汉光武帝刘秀的名讳，就将其列置禾部“禾”字后面，领起禾部其他字。[1]

---

① 本文所用《说文解字》皆引自中华书局2002年缩印陈昌治刻本。

（见图1）清代学者王筠在《说文释例》中将此类现象归纳为“凡上讳皆在首，以尊君也，故不复解其义”①，即所谓“上讳居首”。此外，后世的字书还多存缺笔避讳之例，如唐代字书“世”“民”等字缺笔，宋代字书“匡”“胤”等字缺笔。

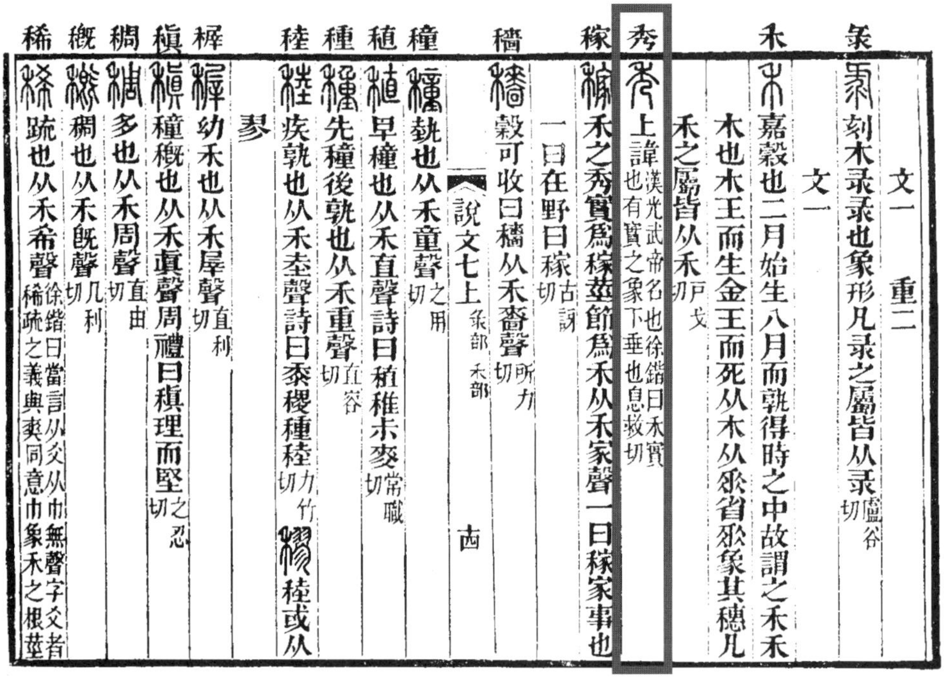
彔 刻木彔彔也象形凡彔之屬皆从彔 盧谷切
文一 重二
文一
禾 嘉穀也二月始生八月而孰得時之中故謂之禾禾木也木王而生金王而死从木从𠂹省𠂹象其穗凡禾之屬皆从禾 戶戈切
秀 上諱 漢光武帝名也徐鍇曰禾實也有實之象下垂也 息救切
稼 禾之秀實爲稼莖節爲禾从禾家聲一曰稼家事也一曰在野曰稼 古訝切
穡 穀可收曰穡从禾嗇聲 所力切
〈說文七上 彔部 禾部〉
穜 埶也从禾童聲 之用切
稙 早穜也从禾直聲詩曰稙稚尗麥 常職切
種 先穜後孰也从禾重聲 直容切
稑 疾孰也从禾坴聲詩曰黍稷種稑 力竹切
穋 稑或从翏
稺 幼禾也从禾犀聲 直利切
稹 穜概也从禾眞聲周禮曰稹理而堅 之忍切
稠 多也从禾周聲 直由切
概 稠也从禾既聲 几利切
稀 疏也从禾希聲 徐鍇曰當言从爻从巾無聲字爻者稀疏之義與爽同意巾象禾之根莖

图1 《说文》“秀”字前后文字（陈昌治刻本）

然而，字书中还有一类非常特殊的避讳方式——阙字避讳，即编纂字书时，因某些汉字涉及尊长名讳，字头便不收录该字，释义中出现该字之处，也用其他文字替代处理，以至于整部字书中完全规避某字，这个现象目前最早见于梁代字书《玉篇》。

二、《玉篇》阙字避讳现象之发现

南朝顾野王所撰的《玉篇》是我国语言文字学史上第一部楷书字典，是继《说文解字》后又一部重要的字书。作为字典，由于要不断满足实用性的需

① ［清］王筠：《说文释例》，中华书局1987年版，第203页。

求，历代屡遭删削修订。唐高宗上元之末，孙强对《玉篇》进行了增字减注工作，即增加字头、删节释义。至北宋真宗大中祥符年间，陈彭年、吴锐、邱雍等又奉诏重修，定名《大广益会玉篇》，其中书证引文删减殆尽。清末民初，黎庶昌、杨守敬、罗振玉先后在日本发现并覆刻或辑印了一系列《玉篇》古写本残卷，从编纂体例看，这些残卷和后世的《经籍籑诂》《故训汇纂》较为相似，汇集大量故训资料展开释义，并且保留了大量顾野王按语。因此，学界普遍认为这些残卷承袭的底本是孙强增字减注前的《玉篇》原本，将其称为“原本《玉篇》”。

原本《玉篇》现存7个残卷[①]，散藏于日本多家公私机构，其中“卷第廿七”糸部共收字392个，这部分写卷完整无缺。然而经过检核发现，糸部下的“统”“纲”二字皆未收录。由于《玉篇》糸部收字和《说文》有一定的承袭关系，《说文》糸部共收字248个，重文31个，其中大部分见诸原本《玉篇》糸部，甚至连排列次序也极其接近，因此可用原本《玉篇》糸部和《说文》糸部进行对比研究。

《说文》糸部“统”字连同前后5个字按字头次序排列为：綜、綹、緯、緷、繢、統、紀、繈、纇、紿、納。（见图2）而原本《玉篇》糸部的对应部分是：綜、綹[②]、繢、緯、緷、紀、繈、纇、紿、納，相比《说文》唯独当中少了一个“统”字。（见图3）

《说文》糸部“纲”字连同前后5个字按字头次序排列为：縱、紃、緟、纕、纗、綱、緉、綅、縷、线、絘。（见图4）而原本《玉篇》糸部的对应部分是：縱（縱）、紃、緟、纕、纗、緉、綅、絘、縷、線，相比《说文》唯独当中少了一个“纲”字。（见图5）

中唐时期，日本僧人空海曾来我国长安求取佛法，回国后根据《玉篇》编纂出日本第一部汉字字典《篆隶万象名义》，该书流传至今，其中的糸部里也未收

---

① 本文所用原本《玉篇》皆引自《续修四库全书》228册影印本，上海古籍出版社2002年版。

② 此处当是“綹”字，残卷字形有误。

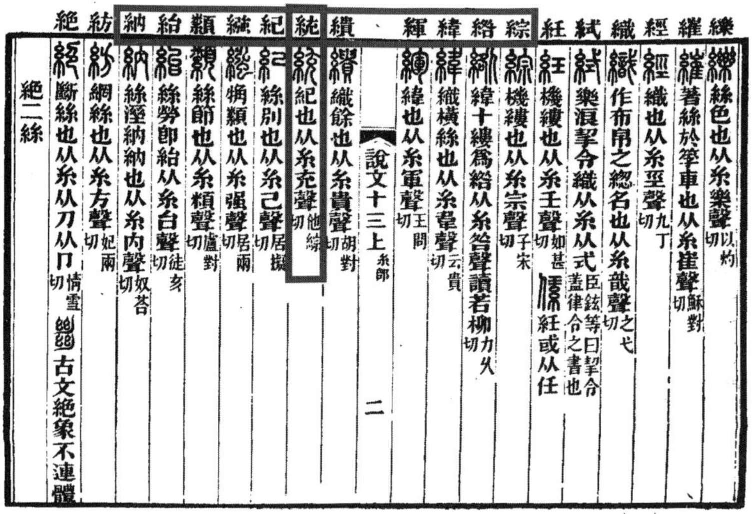

图2 《说文》“统”字前后文字（陈昌治刻本）

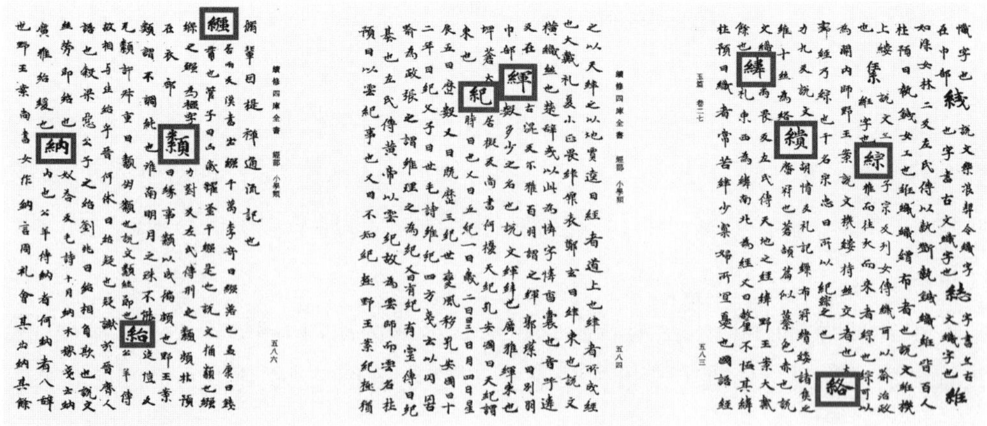

图3 《玉篇》残卷对应文字

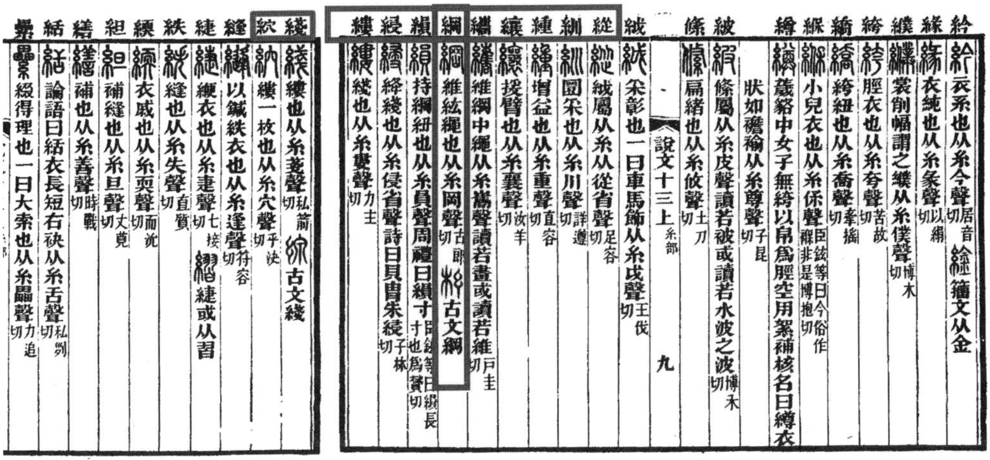

图4 《说文》“纲”字前后文字（陈昌治刻本）

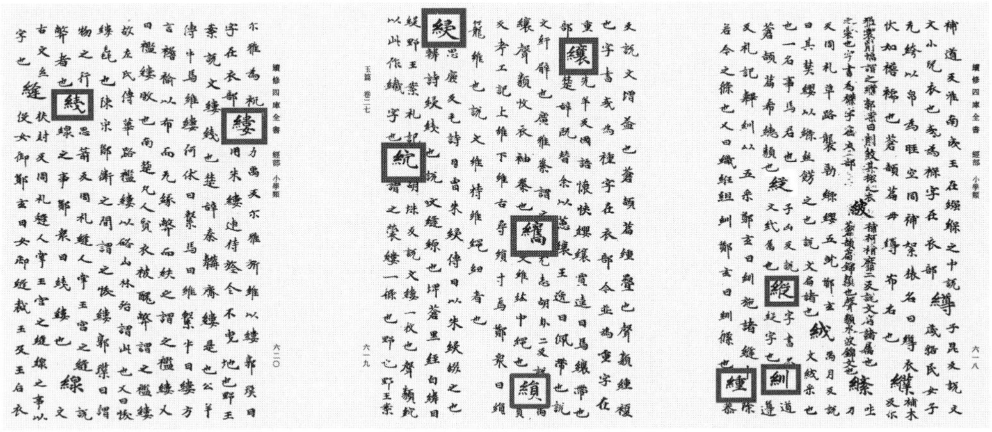

图5 《玉篇》残卷对应文字

“统”“纲”二字。另外，北宋时期编成的《大广益会玉篇》，这两个字在与《说文》对应的位置上也未出现，而是增补在了糸部后面的新增字里，这些现象可从侧面反映出《玉篇》残卷不收“统”“纲”并非一时抄写疏漏。

“统”“纲”都是常见字，在官方编纂的字典中为何会不收？这显然是《玉篇》编者有意为之，究其原因，应该是避梁代萧统、萧纲名讳。根据《大广益会玉篇序》可知，《玉篇》成书于梁大同九年（543），成书之初上呈太子萧纲，而萧统在萧纲之前被立为太子，未能即位就去世了，因此“统”“纲”皆是避太子名讳。①

原本《玉篇》虽已残缺不全，但日本空海参照《玉篇》编纂的《篆隶万象名义》完整存世，查检《篆隶万象名义》，页部“顺”字、水部“衍”字亦未收，当是避萧顺之（梁武帝萧衍之父）、萧衍名讳，承袭《玉篇》而来。

同时，在原本《玉篇》其他释义之处，遇到“顺”“纲”“刚”等常用字，全作同训改字的替换处理，如将“顺”字改作“从”，将“纲”字改作“维”“紘”“绳”，将“刚”字改作“坚”（“刚”是嫌名避讳，即避“纲”的同音字）。

以上诸种迹象表明：在整部字书中，要避免涉及梁代帝王、太子名讳的文字出现，这便是字书编纂中的“阙字避讳”。相比《说文》的“上讳居首”与唐宋字书的缺笔避讳，这种处理方式显得更为严格，意味着凡涉君主名讳的汉字将在字书中彻底消失，相当于把它们从汉字字库中删除了。

三、余论

字书中的阙字避讳，后世较为少见，但也偶有出现。如南宋陆游《老学庵笔记》记载：“王荆公父名益，故其所著《字说》无‘益’字。”②《字说》是北宋王安石编纂的一部说解汉字义理的字书，盛行于当时，现已亡佚。据陆游所述，可知其中亦存在阙字避讳的现象。另据冯先思先生研究，中国国家图书馆藏的金代字书《改并五音类聚四声篇》元刊本卷十心部不收“恭”字，当是避金显宗完

① 详参拙文《原本〈玉篇〉避讳字“统”“纲”发微》，《辞书研究》2011年第1期。

② ［宋］陆游：《老学庵笔记》，中华书局1979年版，第74页。

颜允恭之讳而致，后人翻刻不察，亦未补入。[①]

自古以来，字书大都带有浓厚的官方色彩，是读书人研习经典的重要依据，也是文字使用的规范准则。字书的阙字避讳，本质是从文字识读与使用的角度，宣扬与强化尊卑秩序，是我国古代社会特有的文化现象，可为避讳研究提供一类新的例证。《玉篇》中如此严格的阙字避讳，也是南朝时期重视礼制的显著表现，值得重视。

附记：

关于《玉篇》残卷避太子讳，结合《大广益会玉篇》所保留的顾野王《上呈玉篇启》来看，对当时统治者称颂有加，《玉篇》编纂的年代虽有争议，但绝不会是萧纲在位的三年里，且糸部全存，又不避“绎”“栋”等字，可知也不会在萧纲之后。因此，《大广益会玉篇》记载《玉篇》成书于梁大同九年(543)，《梁书·萧子显传》记载《玉篇》奉萧纲之命编纂都是可信的，此时萧纲正是太子，而萧统是已故太子。

关于字书阙字避讳问题，目前所能见到最早的文献就是《玉篇》残卷，但这个制度可能更早就存在了。《三国志·吴书·孙权传》记载了因避太子名讳改地名的举措：“(赤乌)五年(242)春正月，立子和为太子，大赦，改禾兴为嘉兴。”[②]《三国志·吴书·孙休传》裴松之注引《吴录》所载孙休诏书，记述为了便于避讳，给皇子取名时造了一组毫无关联的新字，并且拟定读音，“此都不与世所用者同，故钞旧文会合作之。夫书八体损益，因事而生。造此名字，既不相配，又字但一，庶易弃避，其普告天下，使咸闻知”[③]。在古人的观念里，文字是神圣的，是圣人造的，所以裴松之认为这是“造无况之字，制不典之音”[④]，大有淆乱文字之嫌。然而参照避太子名讳以及字书阙字等制度，这一举措看似滑稽，其实意味深

---

① 详参冯氏未刊稿《金代避讳补考》。

② [晋]陈寿撰，[南朝宋]裴松之注：《三国志》，中华书局1982年版，第1145页。

③ 同上，第1161页。

④ 同上，第1161页。

远。从避“孙和”讳改地名来看，吴国这方面制度谨严，那么皇子一旦成为太子，其名讳用字就成了禁脔，如果是常用字，会给文字使用带来诸多烦扰，孙休索性另造怪字给皇子取名，以解决将来因避太子讳可能带来的纷乱，这是防患于未然。顾野王是两百多年后的吴地人，之所以在编纂的字书中遇太子名讳阙字不收，或许也是有所继承，并非首创。

以上谨作两点补充申说。

诗读顾野王

徐　静

享有“吴中第一名胜”美誉的虎丘风景区，其二山门正中悬挂着“大吴胜壤”的匾额，此乃南北朝时期楷书大师顾野王的墨宝。这四个大字笔力雄健，气势磅礴，令人惊艳，不仅盛赞虎丘是吴中的名胜之地，更是夸赞苏州名城底蕴深厚，地灵人杰，人文荟萃。而在人才辈出的吴地文化历史中，顾野王本身就是一位百科全书式的文化巨人，有着“江东孔子儒”之美称，宋代名臣王安石盛赞顾野王是“自古圣贤人”“不朽在名德”。

被誉为“大吴胜壤”的江南大地，留有不少顾野王的遗迹，诸如吴江顾公庙、亭林读书堆、越溪顾公墓等等。千百年来，一代又一代的名人雅士、文人墨客不断慕名寻访顾野王遗踪，追思先贤的丰功伟绩，吟诗作词，留下许多名作佳篇。

一、水边祠宇碧云连

吴江松陵三里桥附近有座顾野王祠（顾公庙），因顾野王曾官黄门侍郎，故亦称顾黄门祠。清代诗人孙奎章在拜谒后所作的《顾黄门祠》中描写道：“水边祠宇碧云连，曾此栖迟撰玉篇。”民国文人费善庆在《顾野王庙》中开门见山地点出：“庙是黄门旧里居，听江轩里玉篇书。”

吴江方志记载，吴淞江三里桥东边的顾公庙所在的顾墟原为顾野王之旧宅。相传宅内有一轩，名为“听江轩”，顾野王就在此轩编撰了千古奇书《玉篇》。后人为纪念顾野王的功德，立庙于此。

顾野王（519—581），字希冯，吴郡吴县（今苏州）人。出身于吴地名门顾氏家族。南朝梁陈间著名学者，官至光禄卿。其著作繁富，在历史、地理、文学、书法、绘画诸方面均有很高的造诣，尤以语言文字学成就最为突出。所著《玉篇》三十卷，是继东汉许慎的《说文解字》之后的又一部重要字典，也是我国现存最早的楷书字典。顾野王不仅博学多才，而且品德高尚。梁末侯景之乱爆发后，他讨伐叛军，赢得世人称誉。历代诗人墨客舟行吴淞江，都要停舟上岸，拜谒顾公庙，作诗吟咏。选录几首欣赏如下。

博洽倾当世，江东孔子儒。
荒墟访遗庙，老稚辄名呼。（宋·刘嘉谟《顾公祠》）

烟锁荒祠碧草痕，岁时犹自祀黄门。
六朝冠冕皆如梦，千古文章迥独尊。
鸦噪夕阳深殿晚，马嘶残树野塘昏。
何人更唱迎仙曲，萧飒英风满故村。（清·吴时森《顾黄门祠》）

水边祠宇碧云连，曾此栖迟撰玉篇。
草树蒙茸浓更淡，无人可绘六朝烟。（清·孙奎章《顾黄门祠》）

庙是黄门旧里居，听江轩里玉篇书。
六朝事业随流水，尚有荒原号顾墟。（民国·费善庆《顾野王庙》）

“博洽倾当世，江东孔子儒”，南宋诗人刘嘉谟的这两句赞词，高度评价了顾野王的学术成就与地位，赞美顾野王学识渊博，无人可及，是一位在吴地文化史上做出杰出贡献的代表人物，可谓江东孔子，一代鸿儒。

史料记载，顾野王原名顾体伦，因敬慕西汉大鸿胪冯野王的杰出才能和高洁品德，因此更名野王，取字希冯，希望自己能像先贤冯野王一样品行能力高超杰出。

《陈书》本传记载："野王幼好学。七岁，读《五经》，略知大旨。九岁能属文，尝制《日赋》，领军朱异见而奇之。年十二，随父之建安，撰《建安地记》二篇。长而遍观经史，精记默识，天文地理、蓍龟占候、虫篆奇字，无所不通。梁大同四年，除太学博士。迁中领军临贺王府记室参军。宣城王为扬州刺史，野王及琅琊王褒并为宾客，王甚爱其才。野王又好丹青，善图写，王于东府起斋，乃令野王画古贤，命王褒书赞，时人称为二绝。"[①]顾野王自幼聪敏，喜欢读书，七岁能通读五经，知道其大概意思。九岁能作文，写出文采飞扬的《日赋》，梁武帝的宠臣朱异见后非常惊奇，称其为神童。十二岁时跟随父亲到建安（今福建建瓯），根据所见所闻撰写《建安地记》二篇。长大后通览经文史籍，精记默识，天文地理、占卜占候、虫书大篆、文字训诂，无不精通。顾野王还擅长绘画。宣城王为扬州刺史时，顾野王和王褒并为宾客，宣城王十分赏识才华横溢的顾野王。营造东府斋室时，宣城王命顾野王绘古贤图像于壁上，命王褒书写像赞，顾王二人珠联璧合，相得益彰，被时人称为"二绝"。

清代诗人吴时森《顾黄门祠》云"六朝冠冕皆如梦，千古文章迥独尊"，称赞顾野王一生著作丰富，独树一帜。确实，作为一代鸿儒，顾野王博极群典，其学术研究涉及文字学、文学、方志、史学等诸多领域。《南史》载曰："野王少以笃学至性知名，在物无过辞失色。观其容貌，似不能言，其厉精力行，皆人所莫及。所撰《玉篇》三十卷、《舆地志》三十卷、《符瑞图》十卷、《顾氏谱传》十卷、《分野枢要》一卷、《续洞冥记》一卷、《玄象表》一卷，并行于时。又撰《通史要略》一百卷、《国史纪传》二百卷，未就而卒。有文集二十卷。"[②]

顾野王博学多才，尤其是语言文字学方面贡献突出。其"千古文章迥独尊"首先体现在编纂成"一家之制"的《玉篇》。《玉篇》上承《说文解字》之绪，下启后代字典体例之先，在我国辞书史上具有里程碑意义。

史书记载，梁大同四年（538），顾野王被朝廷授为太学博士。太学为官方在京师设立的全国最高学府。朝廷设太学博士，就是请饱学之士任学官，为国家培

① 《二十四史·陈书》，中华书局2000年版，第277—278页。

② 《二十四史·南史》，中华书局2000年版，第1129页。

养人才。在太学博士任上，顾野王还受命编一部字书。

顾野王生活的南北朝时期，事物日繁，言语日增。又因佛教的传入，产生出许多新的文字，加之汉字由隶书向楷书演变，造成文字使用十分混乱，给人们阅读、交流带来诸多困难。面对这样的现实，作为太学博士，顾野王决心仿效东汉许慎，修编一部规范的字书，为读者释疑解惑。他查阅大量典籍，搜集考证汉魏齐梁以来古今文字体形、训诂的异同，网罗训释，编纂《玉篇》。

据传，为了静心编书，顾野王来到顾家旧居吴江松陵顾墟，在吴淞江边“听江轩”里编纂字书。梁大同九年（543），时年二十五岁的顾野王带领编纂团队完成了皇皇巨著——《玉篇》。

《玉篇》书名耐人寻味。中华民族自古就有崇玉、爱玉心理。古人喜爱玉的质密坚硬、晶莹剔透，认为玉是至灵至圣之物，象征着崇高、美好和珍贵。据说，顾野王父亲曾指着家中所藏玉器对顾野王说，字如玉一样珍贵。因此，《玉篇》之“玉”具有“美好、珍贵”等丰富内涵。

《玉篇》的撰编目的在于“规范”——规范字形、规范字义，纠正用字混乱现象，所以字形上采用楷书为正体。《玉篇》是我国目前所见最早的一部以楷书汉字为收字对象的字典，奠定了楷体汉字的规范结构、字义和读音，千百年来成为历朝历代规范字体。可以说《玉篇》是继东汉许慎的《说文解字》后又一部重要的字典，与《说文解字》一样具有划时代的文化价值。

《玉篇》是我国第一部按部首分门别类的汉字字典，开启后代字典的先河。原本《玉篇》共三十卷，收集汉字16917个。《玉篇》对字的解释不限于本义，把一个字的多种意义一一罗列，列举见于古籍的例证和前人的注解，对于字源和释义见解精到，真实反映了六朝时期汉字的使用情况，是我国辞书史、文字学史、训诂学史上的一部重要著作。

因此，这部字典取名《玉篇》，可谓名实相符。意即满篇皆玉，喻字为玉，字字珠玉。从中可见这部字典极其珍贵，同时亦显示出编纂者的满满自信。

如前所述，顾野王曾在“听江轩里玉篇书”，也因此，吴江松陵顾公庙更显示出不同寻常的意义。

当然，以上几首诗也提到了诗人拜谒顾公庙时所见到的荒凉景象。宋人刘嘉谟《顾公祠》写“荒墟访遗庙”，清人吴时森《顾黄门祠》曰“烟锁荒祠碧草痕”，民国诗人费善庆《顾野王庙》言“六朝事业随流水，尚有荒原号顾墟”云云。

清乾隆《吴江县志》记载：“顾公庙，祀陈黄门侍郎顾野王，在北门外三里桥东。初建无考，制甚卑陋。宋建中靖国元年，知县石处道改建，自为记。明宣德二年，知县贾忠重建。成化八年，知县王迪修。崇祯七年，知县章日炌重修。国朝顺治十八年，重绘神像。康熙七年，增建两庑门楼。”①

顾公庙始建于何时已无考。最早的记载是北宋建中靖国元年（1101），吴江知县石处道因事来到顾墟，发现顾公祠甚为简陋。石处道是广东德庆人，为官清廉，喜爱写诗填词作赋，著有《松江集》。石知县进祠拜谒后，见顾公之像“绘形于板，衣冠不正，尤可骇焉”，于是“撤除腐弊，改作基构，立其像设，榜以位号，春秋祀之”。石知县改建后，亲自撰写《顾公庙碑记》作为纪念。明代宣德二年（1427）、成化八年（1472）、崇祯七年（1634）又重修。到了清代顺治十八年（1661），又重绘了顾公神像。康熙七年（1668），增建了两庑门楼。之后几百年间，因祠庙坍塌也有几次重修。20世纪60年代，顾公庙被拆除。2006年，顾公庙重建，现已成为吴江运河沿岸一道独特的文化风景线。

二、亭林犹岿读书台

顾野王不仅是一位成就辉煌的儒学大师，而且品格清直，为人处世上佳话不断。北宋名臣王安石曾写诗《次韵唐彦猷华亭十咏·顾亭林》赞曰：

寥寥湖上亭，不见野王居。
平林岂旧物，岁晚空扶疏。
自古圣贤人，邑国皆丘墟。
不朽在名德，千秋想其余。

作为地名，顾亭林位于今上海金山区亭林古镇，因顾野王曾在此居住，筑有亭，植有林而得名。王安石的这首诗，表明这位宋代著名的政治家、文学家曾参访过亭林古镇，感怀于前贤圣人顾野王的不朽名德，吟诗赞颂。

① 俞前、陈志强、张舫澜：《顾野王》，文汇出版社2014年版，第52页。

《陈书》记载："侯景平，太尉王僧辩深嘉之，使监海盐县。"侯景之乱平定之后，太尉王僧辩十分赞赏顾野王，向皇帝举荐顾野王担任海盐县监。于是，顾野王有机会来到当时属于吴郡海盐县的亭林里居住。据传，亭林里当时只居住着十二户大家族，称"十二家埭"。这里山清水秀，绿树成荫，环境幽静。顾野王来此视察集市时发现，集市东面有一座小山丘，高数丈，其状如书卷，还有一片枝繁叶茂的梧桐树林，正是居住、读书的适宜之地。于是，顾野王在此结茅筑屋而居，将山丘边上的书房取名读书台，并手栽一棵铁牙松于茅屋后。顾野王文才盖世，人品高洁，因此吸引了许多文人雅士前来造访。顾野王常要出门处理公务，为了方便来客等候休息，便在茅屋边搭建了一个凉亭。这里有亭子有树林，时间一久，"十二家埭"便改称"亭林"。

亭林古镇旧有"亭林八景"，读书堆属第一名胜，是顾野王在此读书著述留下的遗迹。元末明初诗人王逢写有《谒梁黄门侍郎顾公讳野王祠》，诗云：

世仰希冯一伟才，亭林犹岿读书台。
呼鹰日落荆州叹，游鹿春深茂苑哀。
舆地河山曾版入，招提风气再天开。
钟声澹月香云里，旌骑疑从野色来。

此诗首联"世仰希冯一伟才，亭林犹岿读书台"二句开门见山，点明顾野王是世人敬仰的伟人学者，亭林古镇有其遗留的读书台。"岿"字形容高大屹立的样子，这里并非描写顾野王读书台有多么高大，而是形容其坚固独存而屹立不倒。读书台即读书堆。顾野王在亭林生活四年（552—556），留下读书堆等著名景观。今编《上海园林志》记载，读书堆遗址是上海最古老的宅邸园林。顾野王辞世后，里人以顾野王曾在园中读书，而园内又有大假山如墩，遂习称"顾野王读书墩"，宋时改"墩"为"堆"。

顾野王在亭林里半官半隐，潜心读书，悉心编纂《舆地志》。王诗颈联"舆地河山曾版入"即指顾野王曾在此修书《舆地志》。

正如史书记载，顾野王不仅是著名的文字训诂学家，而且还是历史地理学家，所著《舆地志》三十卷是南北朝时期中国地理总志，集汉魏以来二百多家地理书籍之大成，代表了南朝地理学发展的最高成就，是一部开中国地学体例先河的巨著。

明代名臣徐阶，字子升，号少湖，松江府华亭县（今上海松江）人。嘉靖后期至隆庆初年曾任内阁首辅。徐阶也曾以《题顾野王宅宅东有沈苎翁书楼感赋一律》为题写诗吟咏。诗云：

野色春香次第搜，海云江月共迟留。
荒碑雨过苔侵字，古寺烟深树隐楼。
龙去尚看池水黑，鹤归应吊草堂幽。
苎翁亦是清朝彦，倍觉临风动远愁。

除了读书堆，此诗还描写了另外两处与顾野王关系密切的亭林著名景观。

一是颔联提到的“荒碑”。此碑名为“松雪碑”，又称“子昂碑”，碑文标题《松江宝云寺记》，由文化名人赵孟頫书写，立于元朝至大元年（1308）。赵孟頫，字子昂，号松雪道人，南宋宗室后裔，元代著名书画大师。此碑以其字或号来命名，属“亭林八景”之一。颇为有趣的是，此碑虽云“松江宝云寺记”，却主要写有关顾野王在亭林的事迹。碑文开头写道：“顾亭林湖在华亭东南三十五里，湖南有顾亭林，顾公野王尝居此，因以为名。”碑文还记述了在原宝云寺挖掘出一块残碑，上刻有“寺南高基，顾野王曾于此修舆地志”十四个字。据传，顾野王离开亭林后，后人在顾野王读书堆立了一块石碑，唐大中十四年（860），亭林宝云寺僧掘得此碑。

二是颈联提到的“池水黑”，即指“墨池”。相传为顾野王当年洗砚处，故又称洗砚池，也称“野王墨池”，旧时亦为“亭林八景”之一。墨池位于读书堆西侧。正德《松江府志》载云：“顾府君宅。在亭林镇，地有高丘，……高丘正当寺后，……寺有沼，深黑，冬夏不竭，云野王墨池。”1993年版的《亭林镇志》记载：“墨池（又名洗砚池），历代民间相传读书堆西麓，有小池通向山门之外，终年积水，清澈见底，因顾野王平素在小池洗砚而得名。”

三、越来溪畔顾公墓

史载，陈宣帝太建十三年（581），顾野王逝世，时年六十三岁。诏赠秘书监。其墓地位于山清水秀的苏州石湖风景区，上方山脚下，越来溪西侧，原地名下周村，现在苏州市职业大学校园内。

宋范成大《吴郡志》载曰：“梁顾野王墓，在吴县楞伽山下，近越来溪。绍兴间，其碑石虽皴剥断裂，尚巍然直立。后为醉人推仆，石碎于地，今尚有存者。又《吴地记》云：在横山别隅，平地不起坟。”①

明代诗人周南老《顾野王墓》诗云：

迢遥越溪水，映带楞伽山。
清淑气所穷，郁郁佳城环。
野王识龙穴，卜兆于其间。
平地不起坟，乃知防后艰。
癖爱山水胜，清兴殊不悭。
丹青更清绝，犹得留尘寰。

此诗描写了顾野王墓的几个特色，全诗大致分为三个层次。

前四句为第一层，描写这里灵山秀水风景好。石湖越来溪是集春秋吴越遗迹、吴地山水风光为一体的风景名胜区。这里凝聚江南田园之美，得山水清淑之气，越溪水与楞伽山（上方山）相映成趣，形成碧水青山、茂林修竹的自然风光，风景秀美如画，令人心旷神怡。

中间四句为第二层，描述顾公墓的别具匠心。史书记载，顾野王遍观经史，学识渊博，天文地理，蓍龟占候，无所不通。因此，“野王识龙穴，卜兆于其间”，此处墓地应该是顾野王精心挑选的风水宝地。而“平地不起坟，乃知防后艰”则是顾公墓的主要特色，也是智者顾野王具有远见卓识的体现。唐陆广微《吴地记》云：“顾野王坟在横山东，平陆地，遗言不起坟。”②历史上，横山是吴山、上方山、七子山等山脉的总称。

最后四句为第三层，进一步表述顾野王选葬于此的缘故。顾野王一向癖好灵山秀水，又好丹青，擅长画人物，尤工于画草虫。如前所述，宣城王任扬州刺史时，曾让顾野王在其府中画古贤，又让王褒写赞词，画像和赞词珠联璧合，时人

① 范成大：《吴郡志》，江苏古籍出版社1986年版，第552页。

② 陆广微：《吴地记》，江苏古籍出版社1986年版，第36页。

称为“二绝”。

明末清初著名的经学家、思想家顾炎武，与顾野王同一谱系。清顺治年间，顾炎武曾与一位族兄专程去上方山下、越来溪畔拜谒顾野王墓，写下《同族兄存愉拜黄门公墓》，诗曰：

古墓横山下，遗文郡志中。
才名留史传，谱系出先公。
岁月千年邈，郊垧百战空。
立松标旧窆，偃石护幽宫。
地自豪家夺，碑因贵客砻。
贤兄能发愤，陈迹遂昭融。
念昔遭离乱，于今事略同。
登车悲出走，雪涕问临戎。
述记名山业，提戈国士风。
荒祠亡血食，汗简续孤忠。
山势仍吴镇，溪流与越通。
眷言怀往烈，感慨意无穷。

此诗开头几句点明顾公古墓的位置和顾野王在中国文化史上的地位。“谱系出先公”表明自己属于顾野王谱系，意即自己是顾野王的同族后辈。

顾野王“才名留史传”，不仅因为博学多才，更是因为品德高尚，忠信正直。诗中“述记名山业，提戈国士风”即描述顾野王著述丰硕，文武皆能，而且品行好，具有国士风范。何谓“国士”？宋人黄庭坚《书幽芳亭》认为“士之才德盖一国，则曰国士”。“国士”是很高的评价，不仅指一国中才能最优秀的人物，而且也是一国中最勇敢、最有力量之人。比如，侯景之乱爆发时，顾野王坚决反对。《陈书》载云：“及侯景之乱，野王丁父忧，归本郡，乃召募乡党数百人，随义军援京邑。野王体素清羸，裁长六尺，又居丧过毁，殆不胜衣，及杖戈被甲，陈君臣之义、逆顺之理，抗辞作色，见者莫不壮之。”[①]叛乱发生后，顾野王招募乡人数百

① 《二十四史·陈书》，中华书局2000年版，第278页。

人参加义军援助京师，以瘦弱之躯执戈披甲，慷慨激昂声讨叛军，赢得人们的尊敬。《陈书》作者由衷赞叹顾野王为“一代之英灵矣”。

作为顾野王的后人，顾炎武十分自豪。诗中感怀于顾野王的不朽功德，表露出自己追随先贤的心迹。全诗最后二句“眷言怀往烈，感慨意无穷”与王安石对顾野王的赞诗“不朽在名德，千秋想其余”颇有异曲同工之妙。

值得关注的是，顾炎武此诗还写出顾公墓吸人眼球的特色魅力：“立松标旧窾，偃石护幽宫。”前一句写古墓立有一棵松树作为标志，后一句写墓边有横卧大石护卫着古墓。作为例证，诗人在诗前序中写道：“卢襄《石湖志》曰：‘墓上有一巨石，横卧可二丈许，石上古松一枝，似盖，湖上望见之即知为野王坟。’今树与石无恙。”

顾公墓上这横卧二丈许的巨石令人拍案惊奇。传说，这巨石为陨石，当地百姓称为“落星石”，也因此，顾公墓被称为“落星坟”，意即顾野王为天界文曲星下凡。

民国文化名人李根源在《吴郡西山访古记》中记载了他拜谒顾公墓时的所见所闻：“大石三方，名落星石，即亭林先生记中石也，镌钱晓征篆书‘陈黄门侍郎希冯顾公讳野王之墓’十四字，嘉庆八年三月，钱大昕书。土人呼曰落星坟，殆以此三石得名云。”[①]

无疑，“落星坟”的传说让顾公墓多了几分神秘色彩；“文曲星下凡”之说让后人对顾野王更增几分崇敬之情。犹如世人称赞李白为“诗仙”，“落星坟”之说亦可理解为后人对“江东孔子儒”顾野王的崇高评价。

顾野王墓现为苏州市文物保护单位，2011年得到修缮。如今，顾公墓园松柏常青，秀木繁茂，清水环绕。在顾公神道上，在青山碧水的映衬下，顾野王铜像巍然屹立，神色庄重，凝视着远方。带有神圣又神秘色彩的“落星坟”成为人们拜谒瞻仰的一处人文景观。

---

① 俞前、陈志强、张舫澜：《顾野王》，文汇出版社2014年版，第85页。

两晋之际的吴郡顾氏

孙中旺

魏晋南北朝时期，今苏州地区的大族以顾、陆、朱、张最为著名，并称“吴郡四姓”。作为孙吴政权的支柱及东晋以后吴姓士族的代表，吴郡四姓对吴郡地域乃至整个中国历史都产生了深远的影响，其中吴郡顾氏尤为突出，在两晋之际曾发挥过至关重要的作用。

一、晋代以前吴郡顾氏概述

吴郡顾氏与吴郡陆氏齐名，汉晋之间，人们往往将顾、陆并举，代表吴郡地区的世族。如陈琳在《檄吴将校部曲文》中就记载了“吴诸顾、陆旧族长者，世有高位”[①]。左思《吴都赋》也记载“虞、魏之昆，顾、陆之裔。岐嶷继体，老成弈世”[②]。可见顾、陆二姓均为当时今苏州地区“世有高位”的吴地旧族，具有深厚的家族文化传统。

---

① 陈琳：《檄吴将校部曲文》，《文选》卷四四《檄》，上海古籍出版社1986年版，第1984页。

② 左思：《吴都赋》，《文选》卷五《赋丙·京都下》，上海古籍出版社1986年版，第218页。

在吴郡四姓中，顾氏定居今苏州地区最早，其祖先为“越王勾践之支庶”，后来封于顾邑，子孙遂以顾为氏，“世为吴著姓”[①]。东汉明、章之际，顾氏家族中的顾奉曾随南昌大儒程曾学习《严氏春秋》等，并于和帝时被会稽太守张霸举荐，后来仕至颍川太守，孙吴丞相顾雍即为顾奉之曾孙。另外，宋人朱长文的《吴郡图经续记》中也记载了汉明帝时，吴人顾综“辟有道”，后历任御史大夫、尚书令、殿上三老等职，并记载顾雍为其裔孙。[②]这表明吴郡顾氏大概在东汉前期已经显名于时，并且已经有了深厚的文化修养。

作为著名的儒学世族，顾氏代表人物多践行儒家的道德规范，以敦厚著称于世。孙吴时期，顾氏的代表人物为顾雍，他在孙权统治时期曾担任丞相一职长达十九年，政风谦谨稳健，“其所选用文武将吏各随能所任，心无适莫”[③]。顾雍在施政期间努力协调皇权与世族间错综复杂的矛盾，以寻求各种政治势力之间的平衡，为孙吴政权的稳定和发展起到了重要作用。顾雍长子顾邵也有名于时，孙权配以孙策之女，并任其为豫章郡守，顾邵政绩卓著。虽然后来顾雍之孙顾谭和顾承受“二宫构争”（即太子孙和与鲁王孙霸之争）牵连，被流放到交州而死，顾氏势力有所下降，但仍然拥有相当深厚的实力。

二、两晋之际的吴郡顾氏

两晋之际政局混乱，包括吴郡在内的江东地区失去了有效管理，在此期间，先后有数股势力占领江东，但均被江南豪族联合攻灭。东晋政权建立之初，政局不稳，变乱不断。在此期间，吴郡顾氏的表现尤为突出，他们先后平定了石冰之乱、陈敏之乱和苏峻之乱，并促进了南北士族的融合，为东晋政权在江南的重建和巩固起到了至关重要的作用。

---

① 刘义庆：《世说新语》卷上之《德行第一》，刘孝标注引《文士传》，上海古籍出版社1993年余嘉锡笺疏本，第26页。

② 朱长文：《吴郡图经续记》卷下《冢墓》，江苏古籍出版社1999年版，第68页。

③ 陈寿：《三国志》卷五二《吴书·顾雍传》，中华书局1982年版，第1226页。

（一）顾祕平定石冰之乱

太安二年（303），长江中游地区爆发了张昌起义，起义军的一支在石冰的统率下攻占扬州，进破江州，临淮人封云起兵响应，也攻破徐州，一时声势浩大。在此形势下，议郎周玘、前南平内史长沙王矩起兵江东，推举吴郡顾祕“都督扬州九郡诸军事”。顾祕字公真，为孙吴丞相顾雍族弟、偏将军顾悌之子，与陆机、陆云兄弟友善，二陆均有诗书赠之。史载顾祕有“文武才干”，入晋后曾担任员外散骑常侍、吴兴内史等职，在江东一带具有广泛的影响力。

顾祕被推举为首领后，就传檄州郡，号召当地士族杀掉石冰任命的将吏进行反抗。不久，前侍御史会稽贺循、庐江内史华谭及丹阳葛洪、甘卓等人纷纷在当地起兵响应。顾祕还任命葛洪为将兵都尉，进攻石冰的别军。在以顾祕为首的江东士族的联合打击下，石冰的势力很快就被消灭。顾祕后来也升任交州刺史。

（二）顾荣平定陈敏之乱，并促进南北士族的融合

永兴二年（305），江东地区又被广陵郡度支寒族陈敏率军占领，后被以吴郡顾荣为首的江东士族所平定。顾荣字彦先，为孙吴丞相顾雍之孙，在孙吴时曾任黄门侍郎，孙吴灭亡后，顾荣作为江东名士精英的代表，曾和陆机、陆云一起入洛阳求仕，并称“三俊”。陆机、陆云兄弟丧命于八王之乱中，顾荣返回江东，被称为“江东首望”。陈敏占据江东后，想拉拢江东大族来建立新政权，任命顾荣等为显职，凡江东豪杰之士，咸加施礼，为将军郡守者四十余人。顾荣一开始对陈敏抱有希望，曾建议陈敏“委信君子，各得尽怀，散蒂芥之恨，塞谗谄之口”，这样就“大事可图”。[①]后来顾荣看到陈敏不足以成事，就开始极力策反与陈敏关系密切的甘卓，于是甘卓会同顾荣、周玘、纪瞻等合力进攻陈敏，陈敏率领万余人征讨甘卓，因顾荣、周玘于江南素有声望，众将士便隔河对陈敏部下说：“本所以戮力陈公者，正以顾丹杨（荣）、周安丰（玘）耳，今皆异矣，汝等何为！”陈敏部下听到后狐疑未决，这时顾荣“以白羽扇挥之，众皆溃去”[②]。陈敏

---

① 房玄龄等：《晋书》卷六八《顾荣传》，中华书局1974年版，第1813页。

② 司马光：《资治通鉴》卷八六《晋纪八·晋怀帝永嘉元年》，中华书局1956年版，第2726页。

单骑北逃，很快就被俘杀。由此可见顾荣在平定陈敏之乱中的重要作用，时人称其“首建密谋，为方面盟主，功高元帅”[①]。陈敏之乱的平定具有重大而深远的历史意义，它为此后北人南徙及东晋立国江东提供了必要条件。[②]

东晋立国江东之初，江东士人对这群“中国亡官失守之士”[③]并无好感。《晋书》卷六五《王导传》就明载司马睿到建康后，“吴人不附，居月余，士庶莫有至者”[④]，司马睿自己也觉得“寄人国土，心常怀惭”[⑤]，在此情形下，能否得到以吴郡为中心的江东大族的支持就成为决定东晋政权能否立足的重要因素，顾荣在促进南北士族融合的过程中起到了关键的作用。

为了消除吴人的抵触情绪，以丞相王导为代表的北方大族除了尝试联姻吴姓士族、主动学习吴语外，在政治上也对江东士族大力笼络，对号称江东首望的顾荣更是极为重视。《晋书》卷六八《顾荣传》记载：“元帝镇江东，以荣为军司，加散骑常侍，凡所谋画，皆以谘焉。荣既南州望士，躬处右职，朝野甚推敬之。”[⑥]顾荣还大力引荐江东才俊参与东晋政权，最终使东晋政权得到了江东士人的拥护，奠定了司马氏乃至此后南朝在东南的偏安之业，具有重大历史意义。著名史学家陈寅恪先生认为，正是在江东士族的代表顾荣的调和下，“南人与北人戮力同心，共御外侮，而赤县神州免于全部陆沉，东晋南朝三百年之世局因是决定矣”[⑦]。

顾荣死后，司马睿本拟“以齐王功臣格”赠荣。吴郡内史殷祐上书，以为这不

---

① 房玄龄等：《晋书》卷六八《顾荣传》，中华书局1974年版，第1815页。

② 王永平：《江东士人与陈敏之乱关系考实》，《江海学刊》1997年第1期。

③ 房玄龄等：《晋书》卷五八《周处传附周勰传》，中华书局1974年版，第1574页。

④ 房玄龄等：《晋书》卷六五《王导传》，中华书局1974年版，第1745页。

⑤ 刘义庆：《世说新语》卷上之上《言语第二》，上海古籍出版社1993年余嘉锡笺疏本，第91页。

⑥ 房玄龄等：《晋书》卷六八《顾荣传》，中华书局1974年版，第1813页。

⑦ 陈寅恪：《述东晋王导之功业》，收入《金明馆丛稿初编》，上海古籍出版社1980年版，第51页。

足以表彰顾荣之功，必使“江表失望”。他直言顾荣平定陈敏之乱，“今日匡霸事举，未必不由此而隆也”，“历观古今，未有立功若彼，酬报如此者也”，这就是说顾荣等江东人士奠定了司马氏东南偏安之业，终于迫使司马睿加封，改赠侍中、骠骑将军，开府仪同三司，谥曰元。司马睿为晋王后，又追封顾荣为公，开国，食邑。[①]太兴元年（318），鉴于顾荣在东晋建立过程中的重大贡献，司马睿还特意破例，允许为顾荣立碑纪念。[②]

在后世江东人看来，司马氏政权及侨姓大族都是由顾荣等人接引而来的，所以南齐时仕途不畅的乌程人丘灵鞠曾愤恨地说：“我应还东掘顾荣冢。江南地方数千里，士子风流，皆出此中。顾荣忽引诸伧渡，妨我辈途辙，死有余罪。”[③]

（三）顾众平定苏峻之乱

咸和二年（327），历阳内史苏峻发动叛乱，攻入建康，大肆杀掠并专擅朝政，史称“苏峻之乱”，后被吴郡以顾众为首的士族力量镇压了下去。

顾众字长始，为顾祕之子，顾荣族弟，早在司马睿为镇东将军时，就任命顾众为参军。后来顾众又因讨华轶立功，被封为东乡侯，辟丞相掾。苏峻之乱时，顾众任义兴太守。

苏峻掌握东晋政权后，任命丹杨人张闿“持节权督东军”，但张闿并不认同苏峻，于是与王导密谋，“密宣太后诏于三吴，令速起义军”。张闿到晋陵郡后，“使内史刘耽尽以一部谷，并遣吴郡度支运四部谷以给车骑将军郗鉴”[④]，充实了平定苏峻的物质基础，并在三吴地区召集义军讨伐苏峻。在此情况下，吴郡顾氏中的顾众自义兴太守任上还吴，“潜图义举”，当时吴国内史庾冰逃于会稽，苏峻任命蔡谟代吴国内史一职，并派将军张悊收兵于吴，顾众策反了蔡谟与张悊，被蔡谟任命为本国督护、扬威将军，而顾众从弟顾飏也被任命为威远将军、前锋

---

① 房玄龄等：《晋书》卷六八《顾荣传》，中华书局1974年版，第1813页。按：顾荣卒后葬在苏州葑门东六里黄天荡南，俗称顾邑墓，有祠名顾将军庙。

② 沈约：《宋书》卷一五《礼志二》，中华书局1974年版，第407页。

③ 萧子显：《南齐书》卷五二《文学·丘灵鞠传》，中华书局1972年版，第890页。

④ 房玄龄等：《晋书》卷七六《张闿传》，中华书局1974年版，第2019页。

督护。顾众与顾飏“潜合家兵”,“吴中人士同时响应”,在高莋打败了前来征讨的苏峻将领弘徽,获其军事物资。顾众派顾飏屯驻无锡,因“恐贼从海虞道入”,亲自领兵至海虞防备。后来苏峻将领张健、马流等在无锡打败顾飏,吴兴内史虞潭遣督护沈伊于吴县抵御苏峻的另一将领管商的进攻,但不久就被管商打败,叛军占据吴郡城,并“焚吴县、海盐、嘉兴,败诸义军”。顾众自海虞由娄县东仓与苏峻别军交战得胜,进屯乌苞。会稽内史王舒、吴兴内史虞潭任命顾众为五郡大督护,统诸义军讨伐张健,“时贼党方锐,义军沮退”。接连吃败仗,形势很不利,顾众退守紫壁,不少人都劝顾众退军于浙江,但顾众认为:“今保固紫壁,可得全钱唐以南五县。若越他境,便为寓军,控引无所,非长计也。”因此坚守紫壁。[①]后来顾众在参军范明等人的帮助下,打败张健,杀掉了张健任命的吴县县令钱弘,收复了吴郡城,并派督护朱祈等九军,与兰陵太守李闳共守庱亭,屡败叛军,为平定苏峻之乱立下了大功。

值得一提的是,苏峻之乱平定后,朝廷论功封赏,顾众认为蔡谟传檄兴兵讨贼,理应居首功;蔡谟则认为顾众首倡义举,并非自己之力。二人都上表朝廷,互相推让,成为一时美谈。顾众后来官至尚书仆射(相当于宰相),去世后朝廷追赠特进、光禄大夫,谥曰靖。

三、余论

吴郡顾氏家族成员在两晋之际的杰出表现,为该家族在东晋以后的持续兴盛奠定了基础。东晋政权稳固后,吴郡顾氏地位显赫,除顾众外,其族子顾和也曾担任过位高权重的尚书仆射一职,这在吴姓士族中是极为少见的。东晋以后,吴郡顾氏仍人才辈出,如南朝宋、齐间的顾宪之在元徽年间为建康令,处理民事纠纷,颇有决断能力,“时人号曰神明”,尊为“顾建康”[②]。后调任衡阳、会稽等郡,所在有声。另外顾琛也数历显职,家族显赫,“一公两掾,英英门户”,连“贵

① 紫壁,《汉书·地理志》为柴辟,故就李乡。详见《晋书》卷七六《顾众传》后附校勘记,中华书局1974年版,第2020页。

② 姚思廉:《梁书》卷五二《顾宪之传》,中华书局1973年版,第758页。

公子、以才傲物”的琅邪王僧达也不得不承认“我之流亚”[①]。在文化方面，吴郡顾氏也取得了突出成就，据《隋书》卷三五《经籍志四》记载，顾氏有文集者包括东晋顾和、顾夷、顾淳，南朝顾迈、顾雅、顾昱等人，另外顾协有《琐语》十卷，顾宪之也有文才，《梁书》本传称其“所著诗、赋、铭、赞并《衡阳郡记》数十篇”[②]。园林方面的顾辟彊，书法方面的顾荣、顾宝先[③]，绘画方面的顾恺之[④]、顾骏之、顾景秀、顾士端，学术方面的顾欢、顾越等人，都是当时相关学科门类中的佼佼者。尤其是陈时的顾野王，博览群书，兼擅天文、地理、经史、文字等各个学科，著述繁富，为一代学术大家。天文学方面，他著有《符瑞图》十卷、《分野枢要》一卷、《续洞冥纪》一卷、《玄象表》一卷；地理学方面，他著有《舆地志》三十卷；历史学方面，他著有《通史要略》一百卷、《国史纪传》二百卷、《顾氏谱传》十卷；文字学方面，他著有《玉篇》三十卷。顾野王的不少著作在中国文化史上影响深远。

① 李延寿：《南史》卷四八《陆慧晓传》，中华书局1975年版，第1190页。

② 姚思廉：《梁书》卷五二《顾宪之传》，中华书局1973年版，第760页。

③ 按：顾宝先为顾琛次子，一作顾宝光，《南齐书》卷三二《何戢传》误为顾彦先，擅书画，《法书要录》《述书赋》《历代名画记》中均有记载。详见《南齐书》卷三二《何戢传》校勘记，中华书局1972年版，第589页。

④ 东晋人顾恺之出自无锡顾氏，为吴县顾氏之一支。《世说新语·夙惠篇》“司空顾和”条注引《顾恺之家传》记有顾敷的生平，可见顾敷为顾恺之家族之人。而顾敷为顾和之孙，则无锡顾氏当出自吴县顾氏。

顾野王昆山后裔考

马一平

摘　要：顾野王是我国南北朝时期著名的文字训诂学家、史学家，他子孙繁盛，家族兴旺，后代散居各地，且名人辈出。文章以昆山历代方志、多部江浙顾氏家谱、出土墓志等文献资料为基础，对昆山顾氏家族进行了深入系统的研究，考证出顾阿瑛、顾鼎臣、顾炎武三个家族均是顾野王后裔，并详细梳理了三个家族之家世人物，编绘了多张世系图。

关键词：顾野王；顾阿瑛；顾鼎臣；顾炎武；昆山；家族；世系

顾野王被誉为"江东孔子""一代鸿儒"，他子孙繁盛，家族兴旺，后代主要分布在江南地区，名人辈出。笔者在研究昆山的名门望族时，发现几支著名的顾氏家族竟均是顾野王的后裔。本文根据多部江南顾氏家谱，并在相关史书、方志、文集、墓志、传记等文献资料中钩沉搜集，详细考证辨析，纠误补缺，对顾野王的三支昆山著名后裔家族进行了系统梳理。

一、顾阿瑛家族

溯源顾阿瑛家族，稽之宗谱，向上可溯至顾野王，是顾野王次子鸿南的次孙太和之后裔，故以顾野王为一世祖。见图1。

第一世　顾野王，原名体伦，因仰慕西汉冯野王而更名，字希冯，吴郡吴县（今江苏苏州）人。南朝梁天监十七年八月初十日（518年8月31日）生，陈太建十二年（580）正月卒[①]，终年六十三岁。南朝梁、陈之际官员，著名文字训诂学家、历史学家、地理学家、文学家、书画家。唐至德二年（757）追赠右卫将军，宋熙宁年间（1068—1077）追封镇远侯。其墓在吴县石湖西岸楞伽山下越来溪畔下周村一都廿八图祸字圩（今苏州市职业大学校园内）。配贺氏，子五，长子盛南，字以成，佐卫大将军，封安远侯，卒谥“庄”；次子鸿南；三子周南，字雅持，追封靖远侯；四子夏南，字玉清，追封平西侯；五子允南，字信符，封征西侯，卒谥“襄”。[②]

第二世　顾鸿南，字扶九，野王次子，南朝人。南朝陈太建九年（577），北周武帝灭北齐，率兵江上欲南侵陈，鸿南以侍御史出镇临淮，行荆、徐两州刺史事，号令严明，甲杖整肃，敌不敢犯，建有功勋。进封宁远侯，卒谥“穆”。子一，冕。[③]

第三世　顾冕，字用宾，鸿南子，隋唐之际人。大业六年（610），为司隶（一作司议）大夫。义宁元年（617），从李密、翟让等起兵破洛口仓。后从秦王李世民入关，补为晋阳守。子二，铉、太和。

第四世　顾太和，字正始，冕次子，唐初人。子二，纪、纲。

第五世　顾纲，字伯纶，太和次子，唐代人。天册万岁元年（695），为右正言。子二，世恩、朝阳。

---

① 《陈书·顾野王》作：“（太建）十三年，卒，时年六十三。”（姚思廉撰、陈苏镇等标点：《陈书》，吉林人民出版社1995年版，第227页）本文中“陈太建十二年正月卒”，依据顾氏家谱所载虞世南撰《希冯公墓碑》。

② 参见顾锦廷、顾文江等重修：《顾氏大宗世谱》卷八《石函谱传》，佑启堂光绪二年（1876）木活字本，第1—2页。

③ 第二世顾鸿南至第二十六世顾元肃，参见顾殿材等续修：《顾氏重修宗谱》，裕昆堂民国八年（1919）木活字本，卷二《统宗世系表上》，第1—2、6、11、20页；卷三《统宗世系表上》，第7页；卷四《统宗世系表中》，第26—28页。顾锦廷、顾文江等重修：《顾氏大宗世谱》，卷五《大宗统图上卷》，第14—15、17—18、20—21、24、27、35—36页；卷六《大宗统图中卷》，第12—13页。

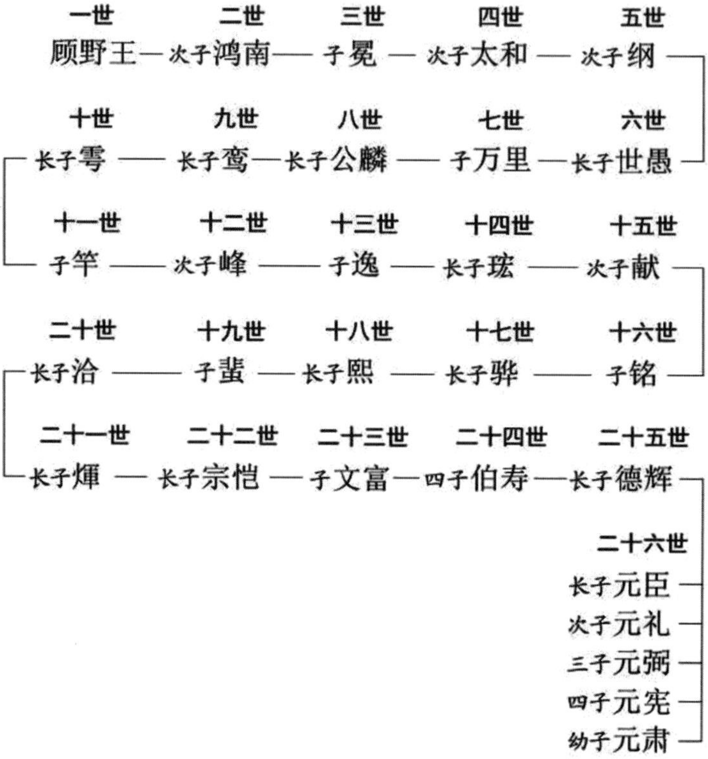

图1　昆山顾氏德辉支与远祖世系图

第六世　顾世愚，字道祖，纲长子，唐代人。天宝年间（742—756），为知枢密院事。子一，万里。

第七世　顾万里，字鹏程，世愚子，唐代人。子二，公麟、随。

第八世　顾公麟，万里长子，唐末人。性果骁，工骑射，通《左传》《战国策》。为折冲都尉，守松江，杨行密来侵，屡战击退。子二，鸾、鹄。

第九世　顾鸾，字文凤，公麟长子，五代人。子三，雩、辗、镮。

第十世　顾雩，字元方，鸾长子，五代北宋初人。官至工部尚书，卒谥“文简”。后周显德五年（958），修顾氏家乘。子一，竿。

第十一世　顾竿，字仲弓，雩子，北宋人。淳化年间（990—994），官尚书令，晋加太傅。子二，崇、峰。

第十二世　顾峰，字山甫，竿次子，北宋人。子一，逸。

第十三世　顾逸，字公骧，峰子，北宋人。子二，玹、方。

第十四世　顾玹，字希元，逸长子，北宋人。熙宁年间（1068—1077），官国子监祭酒。子二，惠、献。

第十五世　顾献，字仲豫，玹次子，北宋人。元丰五年（1082），官至河北招讨使。子一，铭。

第十六世　顾铭，字又新，献子，北宋人。子三，骅、骐、骥。其后代分徙崇明、昆山、太仓、通州、常熟、吴江、嘉定、松江、无锡、南京等地。

第十七世　顾骅，字超甫，铭长子，北宋人。授国子博士，教育英才。子四，熙、区、臣、海。

第十八世　顾熙，字时阳，骅长子，行十三秀，北宋末南宋初人。子一，蜚。

第十九世　顾蜚，字翼之，熙子，北宋末南宋初人。年十六举进士，大观四年五月初三日（1110年5月23日）敕授翰林学士。敕曰："学士顾蜚器度凝远，资识明敏。宏才懿行，足以羽仪本朝；大册高文，足以鼓动当世。"①魏了翁赞曰："儒林仪表，国家栋梁。风云翰墨，锦绣文章。驾长虹于寥廓，听鸣凤于高冈。"②乾道九年（1173），辑顾氏家乘。子三，洽、深、滔。

第二十世　顾洽，字浃甫，蜚长子，行万廿六，南宋人。率家由吴县光福徙居昆山县朱塘乡（其娄江北部分今属昆山市巴城镇）③。隐德不仕。配吴氏，子二，煇、炎。

第二十一世　顾煇，字闇卿，洽长子，南宋人。隐德不仕。配张氏，子三，宗恺、宗幹、宗轩。

第二十二世　顾宗恺，字容德，煇长子，南宋人。入仕为武翼郎。配华氏，子

---

① 转引自顾锦廷、顾文江等重修：《顾氏大宗世谱》卷三《从传》，第42页。

② 同上，第43页。

③ 多部顾氏家谱均作顾伯寿由吴县光福徙居昆山县雍里村，此据《顾氏铭宗天荣分支横溪族谱》卷四《太仓横溪顾氏世系考》及昆山绰墩遗址出土的《顾伯瑜墓志》所载。

一，文富。

第二十三世　顾文富，又名闻传，字训之，宗恺子，南宋末元初人。南宋末年，天下大乱，文富倾财招募兵士，保卫乡里。元伯颜大军攻打江南，文富又率先款附，屡立大功，累官至河南卫辉、怀孟等路打捕鹰房皮货总管，子孙世袭水军千户。元延祐元年（1314）卒，谕祭葬，谥“武惠”。配陈妙清（1239—1312），封安人。子五，长子文显，曾任敦武校尉、海道运粮副千户；次子伯瑜，曾任进义副尉管领海船百户、高良河规运都总管府副总管、大护国仁王寺规运都总管府副总管；三子伯祥，曾任江淮等处营田提举司同提举；四子伯寿；幼子龚留。[1]

第二十四世　顾伯寿，字眉子，自号玉山处士，文富四子，行千十二，元代人。隐居不仕。因孙元臣官职，诰赠为武略将军、水军正千户、飞骑尉、钱塘县男。卒葬朱塘乡第三保绰墩（今昆山市巴城镇绰墩村绰墩山）之阳祖茔。配陶氏，子四，德辉、德华、德章、德美。

第二十五世　顾德辉（谱名），又名阿瑛，字仲瑛，又字道彰，号金粟道人，伯寿长子，元末人，元至大三年（1310）生。十六岁即承父志，打理家族产业，成江南巨富。少年豪宕，轻财结客。三十岁又折节学习，博通文史，工画善诗，擅长书法，精于音律。广购博搜古书名画、彝鼎秘玩，以会海内文士为乐，集录鉴赏无虚日。年甫四十，即将田业、家产全部交给子婿辈打理，专志于文艺，在界溪旧宅之西修筑大型私家园林“玉山佳处”（在今昆山市正仪街道境域），甲于天下。遍邀天下名人雅士，举行“玉山雅集”数十次，诗酒酬唱，文采风流，又将酬唱吟咏诗篇汇刻成《玉山草堂雅集》和《玉山名胜集》。因子元臣官职，被封为武略将军、水军正千户、飞骑尉、钱塘县男。明洪武元年（1368），以长子元臣为元朝官故，全家按例被迁徙流放至临濠（今安徽凤阳）。次年三月十四日（1369年4月20日），阿瑛卒于临濠编管地。同年归葬昆山绰墩顾氏祖茔寿藏，同里挚友殷奎撰墓志铭、同里卢熊书并篆盖。著有诗集《玉山璞稿》二十卷。配王氏，封钱塘县君。子五①，元臣、元礼、元弼、元宪、元肃；女三。[2-3]

---

① 数部家谱均作子八，此据殷奎《故武略将军钱唐（塘）县男顾府君墓志铭》所载，参见顾瑛：《玉山名胜集》下册，中华书局2008年版，第654—656页。

第二十六世　顾元臣，字国衡，阿瑛长子，行福一，元末明初人。元水军都府副都万户，改奉议大夫、湖广行省理问，诗笔俊爽。

顾元礼，阿瑛次子，行福二，元末明初人。元正千户。顾元弼，阿瑛三子，行福三，元末明初人。顾元宪，阿瑛四子，行福四。元末明初人。顾元肃，阿瑛幼子，行福五。元末明初人。

二、顾鼎臣家族

清乾隆五十五年（1790）续修的《雍里顾氏族谱》记载，顾鼎臣家族以顾阿瑛之父顾千十二公为一世祖，记述至清乾隆年间第二十世。《顾氏大宗世谱》和《顾氏重修宗谱》均记载顾阿瑛之父为顾伯寿，行千十二，故千十二公即顾伯寿，应为无疑。所以，顾鼎臣家族实是顾阿瑛的后代。这个家族科第非常显赫，有九人考中进士，其中二人为状元、探花，十四人考中举人。以下简单介绍该家族一些著名人物，以始迁居积善乡雍里村（大致在今昆山生态森林公园、市体育中心一带）的顾元肃为一世祖。见图2。

第一世　顾元肃，又名士恭，行福五，顾阿瑛第五子[①]，元末明初人，元至顺三年（1332）生。由昆山县朱塘乡三保迁居积善乡二保雍里村，潜隐不仕，孝义勤俭，乡间推服。相传卒葬二保白塔港小叔字圩。配董氏（安一娘），子三，大本、大立、大成；女一。[②]

第二世　顾大本，字道中，号颐庵，元肃长子，元末明初人，元至正十三年

---

① 数部家谱均作第八子。

② 第一世顾元肃至第十世顾锡畴，参见《雍里顾氏族谱》，乾隆五十五年刻本，卷四《世系考》，第2—5页；卷五《城居世系考上》，第1—5、10—13、20、23—24、28—30、33—34、36—37、60—61页；卷十三《传志考上》，第6—18、23—27、31—32、38—47、60—72、93—102、105—110页；卷十四《传志考下》，第11—18、31—48、56—65、78—83页。顾锦廷、顾文江等重修：《顾氏大宗世谱》，卷七《大宗统图下卷上》，第25、27—28页。顾殿材等续修：《顾氏重修宗谱》，卷四《统宗世系表中》，第28—29页。

（1353）生。因曾孙鼎臣官职屡赠官如例（同鼎臣官）。配蔡氏（福四娘），屡赠一品夫人，合葬二保东汤村随字圩墓（地属宇区十二图）。子二，贤、良；女一。

第三世　顾良，字士良，号耕乐，又号呆庵，大本次子，明洪武二十年六月初六日（1387年6月21日）生。读书明礼，天性孝友，父丧让遗产于兄贤，退居别处，勤俭自励，资产日盛。又热心公益，饥荒之年尽出其资以济民困。曾为万石长，举

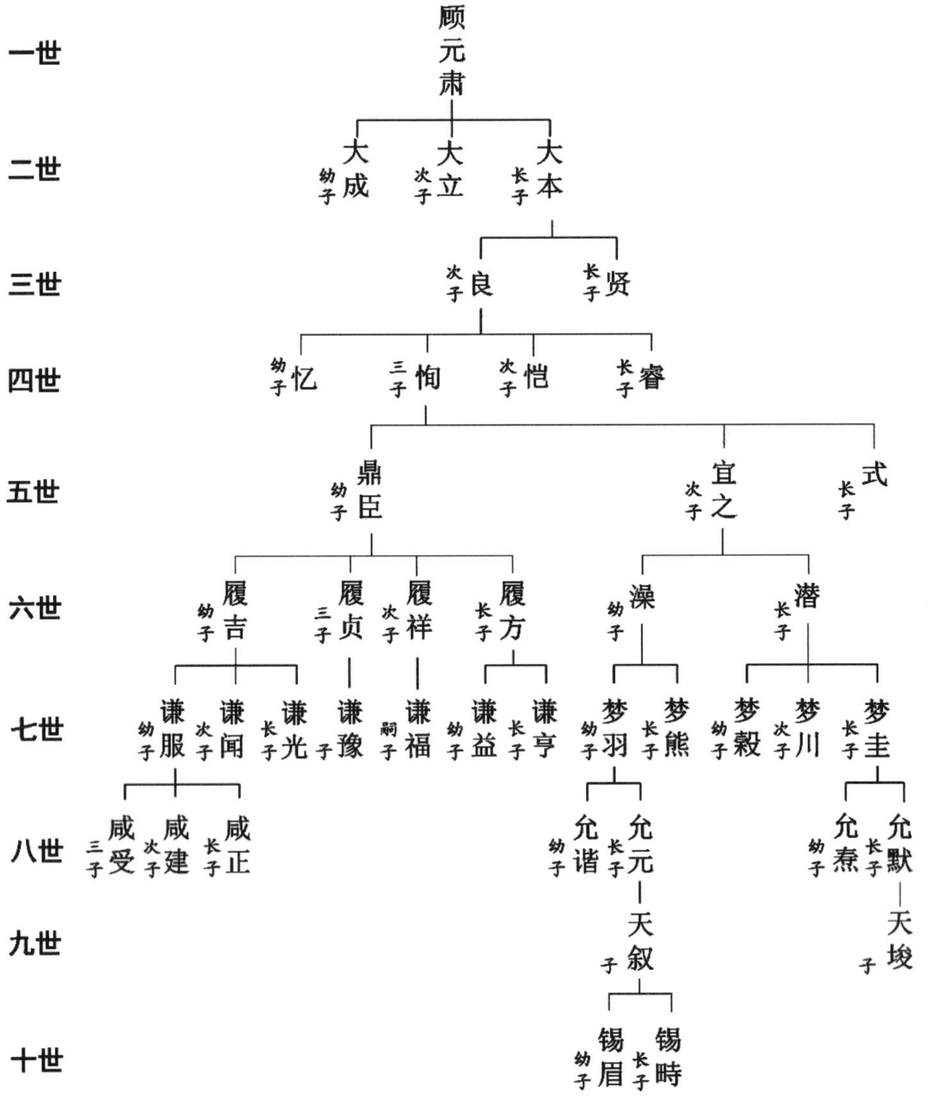

图2　昆山顾氏雍里支世系图

乡饮宾。成化十四年十一月初八日（1478年12月1日）卒，享年九十二岁。因孙鼎臣官职屡赠官如例（同鼎臣官）。配吴氏，合葬二保东汤村昆字圩（雍里村广浦）墓主穴。子四，睿、恺、恂、忆；女七。

第四世　顾恂，字惟诚，号桂轩，良三子，明永乐十六年六月二十五日（1418年7月28日）生。幼好学，稍长益勤励举子业。宣德十年（1435），被父好友、礼部主事吴凯（邑人）招为赘婿，由雍里村迁居昆山城中吴家。后吴凯晚年生三子，且季子吴愈（陆绅、文徵明、王银的岳父）中进士，官至河南布政使司右参政，故顾恂归宗。成化七年（1471），岳父吴凯去世后，顾恂迁出吴家，营第昆山城内鳌峰里以居。为人谦和，常以忠孝教诲子孙，后家虽丰裕，然俭朴如旧。常与夏㫤、沈愚等名流诗酒酬唱，有《鳌峰稿》五卷，《啖蔗余甘》《西湖纪游》各一卷传世。弘治十三年（1500）举乡饮宾。晚岁得闻幼子鼎臣科举状元及第不久，即于弘治十八年五月二十六日（1505年6月27日）卒，享年八十八岁。因子鼎臣官职屡赠官如例（同鼎臣官）。入祀乡贤祠。配吴氏，屡赠一品夫人；侧室杨氏，屡赠一品夫人。恂与吴氏合葬县治西南兴贤里裹拱字圩（县儒学北齐礼坊圩状元泾右），杨氏葬吴县十九都聚坞潭山赐茔主穴。子三，式（吴氏出），杭州府经历；宜之（吴氏出），封监察御史；鼎臣（杨氏出）。

第五世　顾式，字正夫，号有斋，恂长子，明正统三年六月二十三日（1438年7月14日）生。以岁贡授浙江杭州府经历。正德四年三月初六日（1509年3月26日）卒。元配许氏，侧室张氏、凌氏。合葬父墓昭第一穴。子二，起元、邦石（均张氏出）；女二。

顾宜之，初名左，号自如，恂次子，明正统十三年八月二十二日（1448年9月19日）生。以子潜官职封文林郎、山西道监察御史。正德十六年七月二十五日（1521年8月26日）卒。元配周氏，继配南京李氏，妾阮氏、包氏，合葬父墓昭第二穴，包氏葬二保洪区十九图渡桥村西律字圩。子二，潜（周氏出）、澡（包氏出）；女六。

顾鼎臣，初名仝，字九如，号未斋，恂幼子，明成化九年二月二十五日（1473年3月23日）生。弘治十八年（1505）状元及第，授翰林院修撰，历弘治、正德、嘉靖三朝，累官至礼部尚书，加少保兼太子太傅，阶光禄大夫，勋柱国。嘉靖十八年（1539），明世宗朱厚熜出巡，特命顾鼎臣留守京师，辅太子监国三月。次年十月初六日（1540年11月4日）病死任上，赠太保衔，谥“文康”，谕祭九坛，赐葬吴县十九都聚坞潭山。嘉靖初年，鼎臣曾奏请东南滨海诸邑营筑砖城以拒倭寇，唯昆山首应之。后倭寇大侵，横行吴越间，附近诸邑城均损失惨重，独昆山官民据城坚守数十日，大大减少了伤亡，贡献殊大。巡抚都御史张景贤奏请于马鞍山阳慧聚寺法华堂遗址建祠祭祀，嘉靖帝诏可，赐“崇功”额，并撰祝文，春秋祭祀。嘉靖三十八年（1559），建成顾文康公崇功祠。昆山民众为顾鼎臣修建“起凤坊”“宫谕坊”“状元宰相坊”“尚书坊”。鼎臣平素精书法，善馆阁体。著有《未斋集》二十二卷、《文康公集》二十四卷等。配朱氏，累封一品夫人，卒谕祭二坛；侧室薛氏、高氏、京师张氏，合葬潭山。子四，履方（朱氏出）、履祥（薛氏出）、履贞（高氏出）、履吉（张氏出）；女二。

第六世　顾潜，字孔昭，号桴斋，又号西岩，宜之长子，明成化七年八月初八日（1471年8月23日）生。早慧能文，年十四即为邑庠生。弘治九年（1496）举进士，官至山西道监察御史、四川马湖府知府（未任，罢归）。以子梦圭官职，加封中宪大夫。工诗文，俱平正朴实，不事修饰，著述颇丰，著有《静观堂集》十四卷与《读史新知》《林下纪闻》《惇史》《梦林》《玉峰文献录》等。家居时纂辑弘治《昆山志》十四卷，文字简洁，取材精严，有些记载不见于史籍，比较珍贵。嘉靖十三年三月二十六日（1534年5月8日）卒。元配龚氏，继配杨氏，妾刁氏，合葬三保巴城虹桥东南福重字圩。子三，梦圭、梦川、梦穀；女三。

顾澡，字孔修，号东岩，宜之次子，明成化二十二年三月十六日（1486年4月19日）生。国学生，授浙江布政司都事。嘉靖十六年二月初一日（1537年3月11日）卒。元配沈氏，继配朱氏，合葬二保律字圩其母包氏墓昭位。生子二，梦熊、梦羽；女六。

第七世　顾梦圭，字武祥，号雍里，潜长子，明弘治十三年七月二十七日（1500年8月21日）生。幼英敏不群，十岁即能写文章。嘉靖二年（1523），考中进士，累官至江西右布政使（中奉大夫）仕归。为官时不依违阿曲，以国家大事为己任，颇有政绩。为人敦重，孝友恭逊，自奉如寒素，人称其厚德。凡所著述，多前辈学者未探究过者。诗文俊丽古雅，直抒胸臆，卓然有魏晋风格。著有《疣赘录》九卷、《续录》二卷（同里好友归有光作序）与《入蜀集》《北海集》《齐梁集》

《武平集》《还山集》。嘉靖三十七年十二月二十三日（1559年1月30日）卒。配长洲皇甫氏，合葬长洲县唯亭港东乎字圩，归有光铭墓。子二，允默、允泰；女一。

顾梦羽，字舜祥，号寅斋，滦次子，明正德十一年五月十四日（1516年6月13日）生。由国子生任湖广蕲州同知，廉而好施，常常假贷以应。万历二十一年闰十一月二十日（1594年1月11日）卒。以曾孙锡畴官职，赠光禄大夫、太子太保、礼部尚书，入祀乡贤祠。配金氏，赠一品夫人，合葬二保洪区十九图渡桥村青墩庙律字圩墓主穴。子二，允元、允谐；女四。

第八世　顾允默，字茂仁（一作懋仁），号鉴阁，梦圭长子，明嘉靖七年十一月二十日（1528年12月31日）生。从归有光游，为文宏赡赅博，历试不举，中年为国子监生。常以己未中进士为憾，卒前闻子高中探花，索笔赋诗，作罢即逝。万历二十年六月十一日（1592年7月19日）卒，葬吴县秉字圩墓主穴。以子天埈官职，累赠奉直大夫、左春坊左谕德兼翰林院侍讲。配张氏，子一，天埈；女四。

顾允元，字懋善，号凤山，梦羽长子，明嘉靖二十年八月十二日（1541年9月1日）生。万历十四年（1586）年成进士，任福建建宁府瓯宁县知县。任内抗大疫，严执法，禁陋俗，颇有政绩。丁内艰归，以暴疾于万历十九年二月十九日（1591年3月14日）卒。以孙锡畴官职，赠光禄大夫、太子太保、礼部尚书，入祀昆山乡贤祠和瓯宁名宦祠。配王氏，累赠一品夫人，合葬吴县十九都二十六图陆家坞墓主穴。子一，天叙；女二。

以下三人是同胞兄弟，亦第八世，为四川马湖府同知顾谦服之子，谦服为鼎臣第四子履吉的第三子，故三人为鼎臣曾孙，皆以文名与气节享誉天下。

顾咸正，字端木，号弃庵，谦服长子，明万历十九年八月初九日（1591年9月25日）生。崇祯六年（1633）中应天府举人，授陕西延安府推官，颇多政绩。南明永历元年九月十九日（1647年10月16日）被清军杀害于南京。入祀乡贤祠，清乾隆四十一年（1776），获赐谥“节愍”。配本邑张氏（张振德之女），合葬本县朝阳门外东周字圩。子二，天逵（岁贡生）、天遴（府庠生），二人因掩藏江南著名抗清英雄陈子龙，永历元年五月十三日（1647年6月15日）遇难于松江秀野桥；女二。

顾咸建，字汉石，号如心，谦服次子，明万历二十二年三月十五日（1594年5月4日）生。崇祯十六年（1643）成进士，任浙江杭州府钱塘县知县，任内政绩显著。

南明隆武元年闰六月初一日（1645年7月23日）被清军杀害于杭州。闽中南明皇朝闻噩耗后赠太仆少卿，谥“忠节”。入祀乡贤祠，清乾隆四十一年（1776），获赐谥“忠节”。配长洲张氏，妾朱氏，合葬吴县潭山赐茔。子二，震修、震省；女二。

顾咸受，字幼疏，谦服三子，明万历二十五年四月二十六日（1597年6月10日）生。天启四年（1624）中应天府举人。隆武元年七月初六日（1645年8月26日），昆山城破遇难。清乾隆四十一年（1776），奉旨入祀忠节祠。配吴县金氏，妾曹氏、朱氏，合葬吴县潭山赐茔。子三，震恪、震恭、震武；女四。

第九世　顾天埈，字升伯，号开雍，梦圭孙、允默子，明嘉靖三十八年三月初六日（1559年4月13日）生。自幼笃志好学，万历二十年（1592）探花及第，累官至左春坊左谕德兼翰林院侍讲（阶奉直大夫）。万历三十年，曾奉旨出使朝鲜国，妥然完成使命归国，受到万历帝褒奖。[①]后因是昆党首领，被弹劾罢官归乡。天埈敏秀通理，读书具独特见解。最初与王肯堂一起提倡沉博绝艳之文风，力求独诣。谢政归乡后，每日读书、圈点卷籍累至万余卷。诗词歌赋，怡然自得，文风转为老成。尤潜心于藏书、刻书。著有《顾太史集》八卷、《毁余集》二卷、《四书说意》等。天启五年二月二十七日（1625年4月4日）卒，入祀乡贤祠。配长洲刘氏，妾薛氏，合葬本县八保吴桥镇网字圩新阡。子三，锡永、循、舒；女三。

顾天叙，字礼初，号笋洲，梦羽孙、允元子，明嘉靖四十四年八月二十五日（1565年9月19日）生。万历十六年（1588）中应天府举人，历任江西广信府铅山县、直隶大名府元城县知县。辞官后隐居吴县邓尉山三十年，郡举乡饮宾。以子锡畴官职，累封光禄大夫、太子太保、礼部尚书兼翰林院学士。弘光元年（1645），闻南都（今南京）陷，遂绝食，至闰六月十三日（1645年8月4日）而逝。入祀乡贤祠。配周氏，加赠一品夫人，合葬吴县十九都聚峰山主穴。子二，锡畴、锡眉；女一。

第十世　顾锡畴，字九畴，号瑞屏，恂六世孙，天叙之子，万历十三年九月十三日（1585年10月5日）生。十三岁赴南京乡试，魏国公（中山王徐达九世孙）一见惊异，即有东床之选。万历四十七年（1619）考中进士，天启四年（1624）授右

---

① 此据《雍里顾氏族谱》卷五《城居世系考上·顾天埈传》所述，然《明实录·明神宗实录》卷367—379“万历三十年”中，均无出使记载，特注备考。

春坊右赞善兼翰林院检讨，天启六年，因得罪阉党魏忠贤，被削籍。崇祯初年，魏党败，朝廷召回谴逐诸臣，锡畴逐级晋升为国子监祭酒，阶朝议大夫。既而得受封诰，省亲归乞在籍终养。与父天叙悠游邓尉，时或迎养于昆山马鞍山东麓“乐彼之园”，娱侍父亲六年。父以国事蜩螗，促令入都。锡畴返京陛见后，上疏切中时务，崇祯帝眷遇殷渥，擢礼部左侍郎、充经筵日讲官，代理尚书事务。后因抗疏得罪大学士杨嗣昌，遭罢官。崇祯十五年（1642），廷臣交荐，锡畴起用为南京礼部左侍郎，管右侍郎事。南明福王朱由崧立，于南京建立弘光政权，锡畴升为礼部尚书，吏部尚书张慎言去职，帝命锡畴兼管，加太子太保，晋勋阶上柱国、光禄大夫，并覃封三代。时权臣马士英当国政，锡畴与其道不同不相谋，乃乞祭南海，归不复出。弘光元年（1645）五月，南都陷，昆山城也被清军攻破，闰六月，父天叙绝食亡。同月，唐王朱聿键于福州登基称帝，改元隆武。遵遗命，锡畴赴闽。隆武帝诏晋建极殿大学士，加少保、太子太师、礼兵两部尚书兼都察院左都御史，以父丧坚辞。旋奉命联络浙、直（南直隶）抗清士人，并督师温州。次年，锡畴寓居温州江心寺。恰值温州总兵贺君尧因征军饷事挞辱甚至屠杀诸生，温州人士奔诉锡畴，将疏劾之，五月十六日（6月9日）夜，贺君尧遣朱姓杀手潜入寓所，刀刺其胸杀之，并投尸于江。温州人士寻觅三日乃得，棺殓寺中，驰报其家，迎柩以归，葬于吴县十九都二十六图陆家坞祖父允元墓侧穆位。清顺治十一年（1654），浙江兵备副使陈圣治建祠立碑于信国寺，康熙五十八年（1719）入祀乡贤祠，乾隆四十一年（1776）追谥“节愍”。锡畴忠孝双全，与人相处恭敬谦逊，入仕后居官自守，正气凛然，不畏得罪阉党与权贵，屡遭夺职，气节不屈。生平被收入《明史·列传》。著作有《纲鉴正史约》三十六卷、《秦汉鸿文》二十五卷、《尚书讲意》等多种。配南京徐氏，累封恭人，加赠一品夫人；妾张氏。子四；女十，一女嫁昆山叶方蔼。

三、顾炎武家族

（一）昆山顾氏千墩（灯）支远祖世系

顾炎武曾辑编简明扼要的《顾氏谱系考》（仅数页），认为其家族本出吴郡，五代之际或徙于滁，宋南渡时有讳“庆”者，又自滁徙海门县姚刘沙（后属崇明县），为该支一世祖，在《与卢某书》中又称顾野王为“寒宗始祖”[4]。经考，顾炎武家族乃顾野王次子鸿南的长孙顾铉之后裔。笔者参阅多部江南顾氏家谱，对各谱之间及与方志等文献有抵牾者，经考辨后将本人认为较准确的纳入世系，并以页下注方式说明与文献相异的内容。下面先简介其家族的远祖世系。见图3。

第一世　顾野王，见前。

第二世　顾鸿南，见前。

第三世　顾冕，见前。

第四世　顾铉，字尔调，冕长子，唐初人。唐永徽年间（650—655）为谏议大

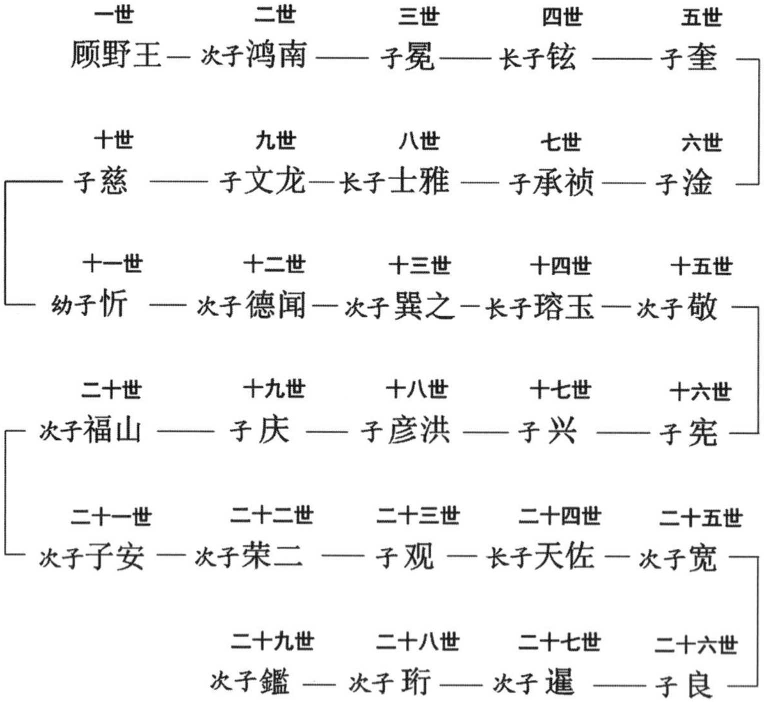

图3　昆山顾氏千墩（灯）支远祖世系图

夫。贞观二十三年(649)辑《顾氏世系考》。子一,奎。[①]

第五世　顾奎,字文葆,铉子,唐代人。乾封年间(666—668)为河源军经略副使。吐蕃进攻河源,奎大破之,升任兵部尚书令。子一,淦。

第六世　顾淦,字子滢,奎子,唐代人。永淳元年(682)为监察御史。子一,承祯。

第七世　顾承祯,字体应,淦子,唐代人。开元年间(713—741)考中进士[②],为武阳令,以宽大为政,民不知劳,擢为大司马参军,仕至司农卿。告归后,迁居海州之沭阳。年七十余卒。子二,士雅、士服。[③]

第八世　顾士雅,字君诗,承祯长子,唐代人。贞元年间(785—804)举五经博士。子一,文龙。

第九世　顾文龙,字应惕(一作暘),士雅子,唐代人。宝历年间(825—826)以擅画闻名于世。曾遍游诸侯之门。宝历元年(825),修顾氏世谱。年八十二卒。子一,慈。

---

① 第四世顾铉至第二十九世顾鑑,参见顾殿材等续修:《顾氏重修宗谱》卷二《统宗世系表上》,第1—2、5—6、10—11、18—19页;卷三《统宗世系表上》,第5—6页;卷四《统宗世系表中》,第3—4页。顾锦廷、顾文江等重修:《顾氏大宗世谱》卷三《从传》,第45—47页;卷五《大宗统图上卷》,第17、20、23、26—27、34页;卷六《大宗统图中卷》,第1页。

② 顾锦廷、顾文江等重修:《顾氏大宗世谱》卷五《大宗统图上卷》记载顾承祯为"贞元(785—805)科进士",一与其年龄不符,二其长子士雅于贞元年间举五经博士。今据该谱卷一《先世科甲》:顾承祯为"开元科进士"。

③ 顾锦廷、顾文江等重修:《顾氏大宗世谱》卷二《英贤纪略·别传五·唐司农卿承贞传》[顾雍二十九世孙顾彦成在北宋政和五年(1115)撰],承贞的生平与此承祯基本相同,但承贞字起元,为三国吴丞相顾雍五世孙顾恺之(雍三子穆之后)之裔孙(恺之幼子顾玄之后),而按该谱卷五《大宗统图上卷》载承祯又为顾雍十二世孙顾野王(雍次子济之后)之裔孙,顾承祯究竟是顾雍次子还是三子的后裔,待考。

第十世　顾慈，字彦晖，文龙子，唐末人，为东川节度使。乾宁四年（897），王建（后为前蜀开国皇帝）攻打东川节度使驻节地梓州，城陷顾慈自刎死，举家罹难，唯幼子忻挈母侥幸逃离，历尽艰辛，跋涉万里东归到家。配钱氏，儿子失考，幼子忻。

第十一世　顾忻，慈幼子，行十六节干，五代人。居泰州。十岁时父殉难，母钱氏仓促遇变，震惊致疾。忻不茹荤十年，率妻尽心尽力侍奉，五十年如一日，至诚至孝，母寿至九十余无疾而终。子三，德敷、德闻、德施。

第十二世　顾德闻，忻次子，北宋人。至道年间（995—997）以武举登第，后任武略将军，仕至昭义将军。西夏入侵，攻打天顺城，德闻率其属将赵明、长子震之为先锋力拒，俱战死，追赠龙虎将军、上护国。子二，震之、巽之。

第十三世　顾巽之，字顺义，德闻次子，北宋人。大中祥符年间（1008—1016）为兖州州判。子二，瑢玉、瑶玉。

第十四世　顾瑢玉，字良甫，巽之长子，北宋人。宝元年间（1038—1040）由太学生擢为延州州判。子二，严、敬。

第十五世　顾敬，字庄里，瑢玉次子，北宋人。家居昇州句容县，乐善好义。皇祐元年（1049），京东大水，流民就食昇州者以万计，敬竭帑岁以给之，欢声笑若雷。地方官具表以闻，拜为扬州别驾，不就而卒。子一，宪。

第十六世　顾宪，字仲仁，敬子，北宋末人。熙宁二年（1069）为汴州刺史。靖康之变时与子兴、孙彦洪随驾南迁，卜居崇明镇西沙道安乡顾殊符。绍兴三年（1133）卒于家，享年九十六岁。为迁崇明始祖。子一，兴。

第十七世　顾兴，字尚谷，宪子，北宋末南宋初人。赋性淳谨，博涉史书，舟楫贸易，南北往来，敦睦里闾，乡人感德，咸称长者。与父和子同居崇明道安乡顾殊符。子一，彦洪。[①]

---

① 第十七世顾兴至第二十九世顾鑑，参见顾心毅纂修：《顾氏重汇宗谱》，民国（编年不详）稿本，第6册，第31页（第四十六世至五十世世系考·宪宗支）、第43—44页（第五十一世至五十五世世系考·宪宗支荣二派）；第14册，第20—22页（第五十六世至六十世世系考·天佐支暹派）。

第十八世　顾彦洪，又名洪，字八纮，兴子，北宋末南宋初人。靖康之变时，与堂弟顾彦福一路护驾宋康王（即宋高宗）南渡至杭州。后与彦福一起移居崇明。筑居艺圃，开垦种植不倦，遂以富厚甲于乡里，亲戚故旧及乡里贫困者，凡有患难莫不周恤，里中称为宽量公。子一，庆。

第十九世　顾庆，字文仲，彦洪子，行四十九秀，南宋初人。教子读书习礼，鼎新门阀，与人交愈久愈敬。为昆山顾氏炎武支一世祖。配陈氏，子四，清山（字伯林）、福山（字伯善）、寿山（字伯纪）、名失传（字伯纯）。

第二十世　顾福山，字伯善，庆次子，行万六，南宋人。由崇明镇西沙迁居昆山县东北隅新安乡二十四保［明弘治十年（1497）后属太仓州六都］花蒲村（今属太仓市浮桥镇牌楼街道），为迁昆山始祖。子三，子敬、子安、子宁。

第二十一世　顾子安，福山次子。南宋末人。配陈氏，子二，长子名佚，次子荣二。

第二十二世　顾荣二[①]，字若华，子安次子，元代人。任元东海市舶司[②]司正，以抚绥课裕功绩，晋授怀远将军，佩金虎符。曾筑昆山泗安桥。配虞氏（水军都万户虞棠之女，名闰一娘），子一，观。

第二十三世　顾观，又名文昌，字孟容（一作孟颙），时称官一秀，荣二子，元代人。袭父职，为东海市舶司司正。为接待四方客商，自刘家河至南薰关筑长堤三十余里，建怀远、寅宾、春云、秋月、歌风、咏德等十四楼于其间，美酒佳肴，笙歌艳舞，海外商贾云集而至。每年二月十二百花生日，召集各国巨商在颁春馆举办珍宝观赏交易会，海外奇珍异宝荟萃竞秀，贸易兴旺，繁华异常。太仓海市至

---

① 顾锦廷、顾文江等重修：《顾氏大宗世谱》卷五《大宗统图上卷》作“荣中”，此据顾炎武《顾氏谱系考》、顾殿材等续修《顾氏重修宗谱》卷三《统宗世系表上》第5页、顾心毅纂修《顾氏重汇宗谱·顾氏分宗图·宪宗》所载。

② 《太仓县志·大事记》载：“至正二年（1342）在太仓（武陵桥北）设庆元（宁波）市舶提举分司，检查出入港口船舶、征收商税等。”参见太仓县县志编纂委员会：《太仓县志》，江苏人民出版社1991年版，第11页。此据顾殿材等续修《顾氏重修宗谱》卷三《统宗世系表上》第5页所载。

是极盛，江南之富甲于诸路。巨舶商帆，歌楼舞榭，财货堆积如山，市廛鳞次栉比。至正二十四年（1364），方国珍军队入侵后，船舶与街市俱被付之一炬，观伏剑殉职。配陆氏（贵一娘），子三，天佐、天佑、天荫。

第二十四世　顾天佐，晚号觉信，观长子，行真一，元末明初人。元末大乱，与弟奉母避乱迁居江阴白鹿乡彭湾，乱定后复归昆山。明洪武四年（1371），朝廷推行粮长制，天佐即为粮长①，民颂其德。谨于礼佛。配陶氏，子九，恭、宽、惠、敬、宏、寰、宁、洪成、洪德。

第二十五世　顾宽，字叔裕，天佐次子，元末明初人。配张氏，子一，良。

第二十六世　顾良，字以能，宽子，明初人。配闻氏，子三，昊、暹、暟。

第二十七世　顾暹，字彦昇，号遁庵，良次子，明代人。子五，玉、珩、瑜、珂、琩。

第二十八世　顾珩，字德润，号耕云，暹次子，明代人。弘治元年（1488）撰《追远记》（顾氏家族）。子二，钦、鑑。

第二十九世　顾鑑，珩次子。明代人。

（二）昆山顾氏千墩（灯）支世系

本支迁昆山始祖顾福山（伯善）的九世孙顾鑑，晚年又率家迁居昆山县沺川乡千墩镇，为迁千墩始祖。兹将昆山顾氏千墩（灯）支世系简介于下。见图4。

第一世　顾鑑，字仲明，号默庵，珩次子，明景泰元年九月十二日（1450年10月17日）生。少而克家，事双亲至孝，待兄弟友爱。喜阅经史，为人正直，体恤贫穷，歉收之年例免佃农一半田租，又谢绝官府发放的灾粮，以让与贫民。曾建祠堂以祀先祖，立义塾以诲乡里子弟，设粥摊以济饥民。嘉靖三年（1524）率家从太仓州六都花蒲迁居昆山县千墩镇，购范仲淹裔孙范氏旧宅与田亩以居。因子济官职，封征士郎、刑科给事中。嘉靖九年八月二十五日（1530年9月16日）卒，年八十一岁，葬尚书浦东八保号区空字圩（今昆山市千灯镇境内），南京太常寺少卿

---

① 明洪武四年规定：浙江、直隶（南直隶，今江苏、安徽等地）、江西、湖广、福建等地，纳粮一万石左右的地方为一区，指派田多大户充粮长，负责征收和解运税粮。参见《明实录·明太祖实录》卷六十八。

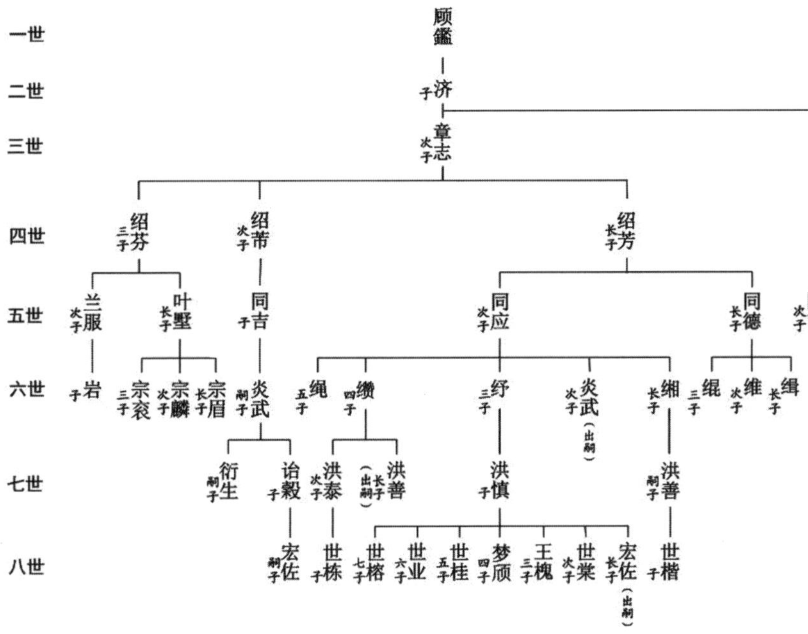

图 4　昆山顾氏千墩（灯）支世系图

同邑方鹏撰墓志铭。配王氏（1453—1532），夙禀贞懿，孝奉公婆，敬顺亲族，相夫教子，以得八秩高寿，封孺人。子一，济；女一。[①]

第二世　顾济，字舟卿，号思轩，又号少山（一作少峰），鑑子，明成化十八年（1482）生。正德十二年（1517）考中进士。历官行人司行人、刑科给事中。临朝敢于直言，后乞养归。嘉靖四年（1525）卒，先于父母，年仅四十四岁，祔葬父茔，光禄寺寺丞同邑陆鳌撰墓志。后因次子章志官职，赠中宪大夫、江西饶州府知府。配陆氏，累封太恭人，高寿至八十三岁[②]。子二，枞、章志；女一。[③]

① 第一世顾鑑至第八世顾世榕，参见顾心毅纂修：《顾氏重汇宗谱》第14册，第20—22页（第五十六世至六十世世系考·天佐支暹派）；第16册，第24—28页（第六十一世至六十五世世系考·天佐支枞派、章志派）。

② 《淞南志》作“八十二岁”，此据方鹏《封刑科给事中顾公合葬墓志铭》记载。

③ 第二世顾济至第六世顾炎武，合参顾殿材等续修：《顾氏重修宗谱》卷四《统宗世系表下》，第9—11页。

第三世　顾枞，字子绳，号玉阳，济长子。明弘治十六年（1503）生。太学生。屡试未第。嘉靖三十一年（1552）卒，祔葬空字圩祖茔。天性孝友，内行修备，为凛凛笃行儒者。配周氏，子一，绍夔；女三。

顾章志，原名乐，字子行，又字行之，号观海，济次子。嘉靖二年四月十一日（1523年4月26日）生。少孤，三岁丧父，母陆氏辛勤哺育，艰苦万状。稍长依兄枞读书，克自砥砺，又负笈山中，坚苦无与。嘉靖三十二年成进士。入朝为官三十余年，仕至南京兵部右侍郎（嘉议大夫）。履职之所，均清正廉洁。天性淳厚，忠信至孝。以少年历经磨难故，平生自奉甚俭，然周济亲友宗族无微不至。万历十四年八月十三日（1586年9月25日）疾病发作卒于南京兵部任上，年六十四岁。同年十一月二十六日（1587年1月4日），明神宗赠都察院右都御使，赐葬昆山县六保五图尚书浦西鸣字圩（今千灯镇南端蒋泾西南顾炎武故居内），占地五十余亩，礼部尚书嘉定徐学谟撰墓志。元配王氏（1524—1556），卒于京师官邸，贤孝睦亲，累赠淑人，十八岁嫁章志，生子六，唯绍芳长成，余均幼殇；继配孙氏（？—1603），累封淑人，生子二，绍芾、绍芬；女一。[5]

第四世　顾绍芳，字实甫，号学海，又号宝庵，章志长子。明嘉靖二十六年十二月初八日（1548年1月18日）生。弱冠补州庠生。万历五年（1577）成进士，选为翰林院庶吉士。万历七年授翰林院检讨。万历九年经请病假同意后，家居三年。万历十二年复以原官起用，参与修纂《大明会典》。万历十四年父卒，回乡丁忧。万历十六年前后在昆山县城马鞍山南柴巷建筑新宅，内有遗清堂、背山楼等建筑。万历十七年服阕返京，晋经筵日讲官，又升左春坊左赞善兼翰林院编修。大学士太仓王锡爵对其很是器重。万历十九年请假归乡。万历二十一年二月二十二日（1593年3月24日）竟以疾卒①，年仅四十七岁（其出生23天过农历新年，即为二岁）。明神宗特命守臣致祭，赠左春坊左庶子。祔葬父赐茔昭位，王锡爵撰墓志铭。绍芳孝友廉介，虽清贫，独好行义，曾设义学以教族人，甚至借贷而应

① 周可真《顾炎武年谱》作绍芳卒于“万历二十二年（1594）”（周可真：《顾炎武年谱》，苏州大学出版社1998年版，第4页），此乃舛误，系未见王锡爵《宫赞学海顾君墓志铭》和冯梦祯《快雪堂日记》之故。

戚党急需，故卒之日，私囊如洗，几无以为殓。尤善诗，工五律，朱彝尊称其风格近孟襄阳，又精弈棋。著有《宝庵文集》二十卷、《宝庵诗集》二十卷（今存《宝庵集》二十四卷）。元配太仓周氏（伯母周氏侄女，1545—1573），二十岁嫁绍芳，二十九岁死于难产，端慧明淑，勤俭持家，赠孺人，生子二，长同德，一子夭亡；女一。继配陆氏，封孺人，生子一，同应；女二。[①]

顾绍夔，字和甫，号二怀，又号恬庵，枞子，明嘉靖二十九年（1550）生。三岁丧父，由叔父章志抚养长大。万历十六年（1588）考取举人，选授海州学正，升四川成都府郫县知县，仅一载即政绩斐然。旋病殁于任上，子同文、同玄扶柩归葬尚书浦东杨巷能字圩。著有《恬庵集》《朐山唱和》。配王氏（叔母王氏侄女），子二，同文、同玄。

顾绍芾，字德甫，号蠡源，又号梦庵，章志次子，嘉靖四十二年（1563）生。邑庠生，遵例入国子监。苦志力学不怠，然数试未举。五十岁弃科举，悉心研究朝章国典、地形、兵法、盐铁、户口等经世之学，尤注重心节义行。工诗，所作歌行古体得李白遗意，而奇奥秀拔绝类李贺。又善书法，遒劲入褚遂良、虞世南堂屋，大书画家董其昌盛赞之："见德甫笔墨，令人怀退舍之想。"[②]有《梦庵集》《庭闻纪述》行世。崇祯十四年（1641）卒，年七十九岁，祔葬父赐茔穆位。元配周氏，早卒；继配李氏（？—1618）；妾黄氏（？—1646）。子一，同吉（李氏出），早卒。抚侄同应次子绛（后改名炎武）为嗣孙，精心教诲。

顾绍芬，字昌甫，号騄源，又号敏庵，章志三子，约嘉靖四十四年（1565）生。幼游邑庠，洁身自爱。研究典籍学问之余，钻研岐黄术，以治病济人为己任。平素热心公益，次兄绍芾曾修葺千墩延福寺塔，绍芬不甘落后，决心造桥便民。临殁前还嘱两子在千墩浦上筑桥。次年桥成，遂取名"证愿"。崇祯十年（1637）卒，葬吴县凤凰山。配叶氏，子二，叶墅、兰服。

---

① 王锡爵：《宫赞学海顾君墓志铭》，《王文肃公文集》中失载，参见顾心毅纂修：《顾氏重汇宗谱》第8册，第60—62页。

② 转引自陈元模：《淞南志》，见《中国地方志集成·乡镇志专辑④》，上海书店1992年版，第835页。

第五世　顾同德，字伯念，号存拙，绍芳长子，明末人，年长弟同应近二十岁。少年即成邑庠生。为人坦直和易，笃于孝友。以父官，当得荫，让与弟同应。堂弟同吉病殁无子，家产颇饶，当以同德子为后，谢勿立，让弟同应次子绛（炎武）嗣其后。万历四十七年（1619）修顾氏东墙门世谱。晚年超然物外，自号无念居士。举乡饮宾。配周氏，子三，缉（苏州府廪生）、维（邑庠生）、绲。

顾同文，字宇宣，号华渚，绍夔长子，明末清初人。邑庠生。以耆德著称，两荐乡饮宾。清顺治六年（1649）重修顾氏东墙门世谱。八十四岁卒，葬千墩浦西六保昆字圩（俗称下百亩）。元配王氏，继配金氏，子三，孝宏（岁贡，浙江温州府泰顺县训导）、孝延、孝开（邑廪生）。

顾同玄，字景初，绍夔次子，明末清初人。邑庠生。配吕氏，妾王氏，子二，绩、纬，均州庠生。

顾同应，字仲从，号宾瑶，绍芳次子，明万历十二年（1584）生①。十岁丧父，然颖敏好学，稍长文才出众，交多时望，萃三吴俊彦，结遗清堂文社，享誉东南。少即为府学廪生，然屡困乡试，七试不举，万历四十三年、四十六年两中副榜，后以父官恩荫入国子监。其丰神淡荡，幼孤让产，为宗党所称。与人交重然诺，敦行谊。性豁达，家虽贫，犹重义轻财好施予。惜英年早逝，天启六年（1626）卒，仅四十三岁②。其墓在昆山县西绰墩光逊圩（今巴城镇正仪街道境内）。著有《遗清堂文集》《秋啸诗草》《药房诗草》等。湖广学政同学友王志坚为之作传。[6]配何氏，出身书香门第，性严肃，少言语，独喜读书，颇耽经史诗文，时与同应相唱和吟咏；妾黄氏。子五，缃、绛（后改名炎武，出嗣堂叔同吉③）、纾、缵、绳，除纾

① 此据明冯梦祯撰《快雪堂日记》卷五十三“乙未年四月初八日”条，《四库全书存目丛书·集部》第164册，齐鲁书社1997年版，第742页。

② 《淞南志》作“四十二岁”，误；此据《快雪堂日记》记载和对其生卒年推算及道光《昆新两县志》、光绪《昆新两县续修合志》所载。

③ 有学者说炎武过嗣给堂伯父同吉，误。《淞南志·顾同应传》和《顾氏重汇宗谱·宾瑶公传》中均有“次子绛（改名炎武）出嗣从叔同吉”的记载，同吉比同应小一岁。

为黄氏出外[①]，余均为何氏出；女四。

顾同吉，字仲逢，绍芾子。明万历十三年（1585）生，万历三十年卒，十八岁未婚而病亡。为炎武嗣父（原堂叔）。聘妻王氏（1586—1645），辽东行太仆寺少卿邑人王宇孙女、太学生王述女。未婚守节，侍奉公婆，抚亡夫堂兄同应次子绛（明亡后改名炎武）为嗣子，爱如己出，悉心教导。曾断指疗姑，崇祯九年（1636）朝廷建坊旌表贞孝。南明隆武元年七月十四日（1645年9月3日）闻清军攻陷两京，绝食殉国，至三十日而谢世，事载《明史》。夫妻合葬祖赐茔东六步五尺处。

顾叶墅，字季皋，号又昙，绍芬长子，明末清初人。少为邑庠生。崇祯十四年（1641），二伯绍芾去世后，与堂侄顾维一起构家难，指使人焚毁炎武家室庐，欲夺家产。明亡后入山为僧。配浦氏，子三，宗眉（昆庠生）、宗麟（昆庠生）、宗衮。

顾兰服，字国馨，号穆庵，绍芬次子，明万历四十三年（1615）生。幼聪颖，善读书，弱冠补太仓州学生员，又援贡为监生。多才绩学，肆力于诗文，好作长歌。与堂侄炎武极亲善，与归庄、朱用纯辈为笃义之交。崇祯十年（1637）冬秉承其父遗志，捐千金在千墩浦建“证愿桥”[②]。明亡后屏居田野，精究医理以济人。清康熙十二年二月十四日（1673年3月31日）卒，葬泙川乡七保东里浜空字圩新茔。元配浦氏，继配朱氏、陈氏，妾钱氏。子一，岩（太学生）；女三。

第六世　顾缃，字遐篆，同应长子，明末清初人。天才俊逸，曾受业于长洲探花陈仁锡[③]，崇祯六年（1633）中顺天府举人。因天下动荡不安，遂研究兵书。平生好义重诺，世传其《两京赋》和时务诸策。崇祯十五年，年未四十，赍志以殁，

---

① 钱邦彦《校补顾亭林先生年谱》明万历四十八年（1620）条作“同母弟纾生”（张穆等撰，黄坤、徐德明校点：《顾炎武年谱：外七种》，上海古籍出版社2012年版，第111页）；周可真《顾炎武年谱》作生炎武后“何氏又生三子一女”，均误。此据朱用纯《处士顾纾墓志铭》（潘道根考辑：《昆山先贤冢墓考》，见《上海图书馆未刊古籍稿本》第16册，复旦大学出版社2008年版，第379—383页）。

② 该桥清乾隆五十二年（1787）重建改名“凝薰桥”，俗称“混堂桥”，1991年11月折去，后重建新桥。

③ 陈仁锡（1579—1634），著名学者，仕至南京国子监祭酒。

祔葬父墓。配王氏，嗣子一，洪善（弟缵长子）。

顾炎武，乳名藩汉，谱名绛，庠名继坤，字忠清，又字宁人，明亡后改名炎武，又曾名圭年，学者称亭林先生，同吉嗣子，同应次子。明万历四十一年五月二十八日（1613年7月15日）生。襁褓中出嗣叔祖绍芾为孙、已故堂叔同吉为子。十四岁成昆山县学生员。毕生精究经世致用之学，四十五岁起离乡远游鲁、苏、浙、京城、冀、秦、晋等地，行万里路、读万卷书，精勤考察，发愤著书，在经学、史学、地理学、音韵学、金石学、文学等众多领域取得了极高的成就，被誉为清代朴学开山祖，终成一代大思想家和大学问家。一生著作宏富，有《日知录》《音学五书》《天下郡国利病书》《肇域志》等六十多种。清康熙二十一年正月初九日（1682年2月15日），病逝于山西曲沃，由当地友人与知县经纪丧事，遗柩暂置秦氏室，当年三月由专程前往的堂弟岩、堂侄洪慎偕嗣子衍生扶柩归葬于曾祖赐茔东偏、嗣父母墓之昭位。翰林院检讨门人吴江潘耒撰墓表，著名学者鄞县全祖望撰神道表。配王氏（？—1680），系嗣母王氏侄女，未生育；妾四，韩氏、戴氏、某氏、山西静乐某氏。子二，诒榖，韩氏出，四岁殇；某，何氏出不详，康熙四年（1665）殇。嗣子一，衍生。又抚堂侄（本三侄）洪慎长子世枢（后改名宏佐）为嗣孙。

顾纾，字子严，号介庵，同应三子，生母黄氏，明万历四十八年（1620）生。自幼天资过人，少负经济才。居丧期间，因悲恸哭泣过度而致目盲，故弃举子业。然经史诸子百家之书，令人口诵，即一过不忘，且历久而问之，必数千言不错一字，令人惊叹。隐居千墩旧庐，时值兵荒，遗产殆尽，然能自立，殚苦耐劳，稍稍逾其先业。迨嫡母何氏殁，诸兄弟均已早逝，二兄炎武出嗣，乃独执丧事。炎武久游在外，留其配王氏于千墩家中，待嫂事事甚恭。家族中一切事务均独肩承担，井井有条。炎武出游秦晋间，屡征不赴，其寄书益相砥砺，以完其节。炎武亡，命子洪慎奔赴三千里前往扶柩归里安葬。徐乾学诸甥位列高官，势隆一时，而能修养自重，终身未曾轻访其庭。念叔祖绍芾自幼抚育之恩，以长孙宏佐嗣炎武亡子诒榖后，以承嗣叔祖一门。清康熙二十一年（1682）卒，葬昆邑夜区光圩，同邑朱用纯撰墓志铭。配王氏[1]（1621—？），寿至七十岁后，勤劳持家，敦睦亲族。子

① 朱用纯《墓志铭》作“黄氏”，误；此据徐秉义《恭祝舅母王孺人七十寿序》记载。

一，洪慎。

顾缵，字子叟，号南式，同应四子，明天启元年（1621）生。南明隆武元年（1645）七月，清军攻打昆山城时，缵誓以身许国，持檄守城，白衣指麾，奋不顾家，城破被戮，时二十五岁[①]，天炎尸腐，莫知死所，衣冠祔葬父茔侧。康熙年间，因长子洪善官职，赠征仕郎、内阁中书舍人。配朱氏（1621—1694），端正和顺。清军攻打昆山城时，朱氏引刀刺喉自刎，僵卧瓦砾中，何氏守媳尸不离，被清兵游骑砍伤右臂，许久朱氏苏醒，发现婆婆臂被折损，二人相抱匿藏于破屋中，得以幸免。越日扶掖乘舟出城，逃生荒村。朱氏教子有方，后长子洪善成进士，因其官职封孺人。子二，洪善（出嗣大伯缃）、洪泰。

顾绳，字子武，同应五子，明末人，生年未详。南明隆武元年七月初六日（1645年8月26日），与兄缵一起殉难于清军攻陷昆山城之役。

第七世　顾洪善，字达夫，号柏亭，缃嗣子，缵长子，明崇祯十五年（1642）生。少补县学生员，康熙十五年（1676）成进士，官至内阁中书舍人。天资敏捷，淹贯经史，文章纯正，议论卓然。时朝廷制诰、高文大册，多半出其手。又通晓满文，精翻译。参决机务，颇能符合上峰旨意，诸大臣咸爱重之，拟荐大用。康熙二十年，遽以疾卒于京师，年仅四十。由堂弟（本胞弟）洪泰扶柩归葬绰墩光逊圩祖茔。配钱氏，子一，世楷。

顾洪泰，字来白，缵次子，明崇祯十六年（1643）生。邑庠生。资性机警，具经纬才。表亲徐乾学聘至京中管理家事，颇能胜任。徐氏罢官家居，洪泰亦杜门绝迹，囊橐萧然，然吟诵不废。配王氏，子一，世栋（又名梁）。

顾诒穀，又名林元，炎武长子。清顺治七年正月初五日（1650年2月5日）生，顺治十年（1653）四岁殇。嗣子一，宏佐。

顾洪慎，字汝嘉，号学圃，纾子，清顺治九年六月十九日（1652年7月24日）生。弱冠游京师，补国子监生，屡试太学名列第一，以资授州同知职。时表戚徐乾学、徐元文兄弟为当朝高官，谓可超擢，而洪慎不愿也，以亲老辞归。性伉爽拔

---

① 《淞南志》作"二十六岁"，误；此据张穆《顾亭林先生年谱》"天启元年"条记载（商务印书馆1937年版）和徐乾学《舅母朱太孺人寿序》推算。

尘，喜结宾客，倾家弗顾。于淞南汤墩房舍西隙地数亩，结屋三楹，治为园圃，以娱老母，并与诸名士分韵拈毫，觞咏竟日。后家益困、气益豪，耕读诗酒以终。有《学圃诗草》若干卷。康熙三十九年（1700）卒，与妻合葬夜区绰墩光逊圩祖茔。配赵氏，子七，宏佐（出嗣堂伯诒穀[①]）、世棠、王槐、梦颀、世桂、世业、世榕。

顾衍生，谱名洪瑞，字茂引（一作茂应），炎武嗣子，炎武吴江族弟鼎文（字闇公）子。清康熙五年（1666）生，卒年未详。配山西曲沃县靳氏[②]，为炎武六十九岁时请媒四人与衍生议婚者。后代失传。

第八世　顾世楷，字允伯，洪善子，清初人。十七岁补府庠生，自以簪缨世胄，立志科举，益奋力于学，早夜淬厉，足不出户，然屡踬省闱，遽病瘵卒。配邵氏，子一，炯绵。

顾世栋，又名梁，字直方，洪泰子，清初人。庠武生。迁居千墩谷家村。配盛氏，子二，鹤林、祖衡。

顾宏佐，原名世枢，字复吕，改名宏佐，字荣绪（由嗣祖炎武命名），诒穀嗣子，洪慎长子，清康熙十五年（1676）生。天姿英爽，风度凝然，十三岁补松江府学增广生。长洲名儒何焯颇赞其文，惜年未二十患肺病卒，葬昆山县六保香字圩。配周氏，嗣子一，炯诗。

顾世棠，字思召，号甘园，洪慎次子，清康熙十六年（1677）生。幼颖敏，十三岁游庠，以太仓州庠生入国子监。喜搜罗先世文稿，抄录以藏。长兄宏佐早逝，析产予长子炯诗嗣兄后。在原址重筑遗清堂，储藏堂伯祖炎武部分遗稿，以俾世守。建别宅二，一为邻雪轩，供先贤祀事，纳石刻碑记于壁，以志旧德；一为学为圃，植四时花卉，时与知交寄怀诗酒，觞吟其中，四壁多书先人诗，告诫子孙勿忘。书法秀劲绝伦。著有《甘园诗集》四卷。乾隆五年（1740）卒，葬昆山县为区五图积字圩新阡。配陈氏，子四，炯诗（出嗣大伯宏佐，太学生）、炯书（太学生）、炯礼（太学生）、炯易（太学生）；女四。

---

① 《顾氏重汇宗谱》作“出嗣洪瑞”，但顾炎武致弟顾纾信中提出将侄孙世枢（后改名宏佐）为亡儿诒穀嗣子，并得到顾纾同意。

② 《顾氏重汇宗谱·世系考》作“王氏”，未知孰是。

顾王槐，字三佑，洪慎三子，清初人。太学生。配支氏，子几未详。

顾梦颀，字兆硕，洪慎四子，清初人。元配徐氏，继配范氏，子二，炯忠、炯恕（出嗣五叔世桂）。

顾世桂，字钧五，洪慎五子，清初人。元配张氏，继配祁氏，嗣子一，炯恕。

顾世业，字刘授，洪慎六子，清初人。配支氏，子三，炯义（出嗣七叔世榕）、炯碧（出嗣再堂叔世果）、炯续。

顾世榕，字敷公，洪慎七子。清初人。迁居千墩吴家堰。配古氏，嗣子一，炯义。

后世从略。

综上，昆山顾阿瑛、顾鼎臣、顾炎武三个家族均为顾野王后裔，由此可见江南顾氏家族的枝繁叶茂、兴旺发达。

参考文献：

[1]陶冶：《元代顾伯瑜墓志及其母陈妙清墓志释读》，《北方文学》2016年第10期，第95—97页。

[2]顾阿瑛：《金粟堆生圹自志》，《中国地方志集成·乡镇志专辑⑧》，江苏古籍出版社1992年版，第308—309页。

[3]殷奎：《故武略将军钱唐县男顾府君墓志铭》，顾瑛《玉山名胜集》（下册），中华书局2008年版，第654—656页。

[4]顾炎武：《与卢某书》，《顾亭林诗文集》，中华书局1983年版，第134页。

[5]徐学谟：《明故南京兵部右侍郎赠都察院右都御使顾公墓志铭》，四库全书存目丛书编纂委员会《四库全书存目丛书·集部》第125册，齐鲁书社1997年版，第519—523页。

[6]叶奕苞纂，昆山市地方志编纂委员会编：《康熙昆山县志稿》，江苏科学技术出版社1994年版，第301页。

苏州顾氏与古塔

钱玉成

顾氏为苏州的名门望族，张学群先生主编的《苏州名门望族》一书只编写了二十四个大姓，而他将顾氏置于诸姓氏之首，并编为上、下两篇，可见顾氏在苏州的地位之高、影响之大。张学群在该书《苏州顾氏（上）》中说："顾氏为定居吴中最早的土著氏族之一，在苏州是源远流长、枝繁叶茂、代有英贤的大族。"据2006年初中科院研究员袁义达的调查分析，顾姓在全国仅列第八十九位，但在苏州包括原吴县，据2005年底统计，有77408人（城区16549人），居第九位。东汉三国时，顾陆朱张四姓已并称名家，顾氏累世簪缨，人才辈出，文采风流，照耀吴中。这已经将历史上的顾氏情况表达得很清楚了。他在两篇文章中将顾氏现代的情况也做了详尽的表述。

在苏州的历史和现代社会中，顾氏对苏州古塔所做的贡献巨大。古塔是指古代的佛塔，是佛教建筑中的主要部分，是由信仰佛教的民众和寺院共同筹办建造的，它的构建是一项大型的工程技术项目，耗资巨大，耗时长久，而且只能在社会稳定、民众富裕、文明发展的太平盛世开展此项工程。根据留存至今的古塔统计，苏州古塔主要是在五代至北宋和明清这两段时期内建造的。而顾氏在这两段时期内对建造古塔给予了很多支持和资助，成为建造苏州古塔的中坚力量。

现在我们能见到的苏州最古老的佛塔是虎丘云岩寺塔，即俗称的虎丘塔，在1957年发现的塔藏文物中就有顾氏供养的文物。1953年春某夜，虎丘塔底层砖墩发生崩坍，大量塔砖从底层砖墩处崩落，并发出巨大的响声，此事惊动了住在塔旁的住持楚光，次日楚光即上报了此事，引起了苏州市、江苏省和中央有关部门的重视，具体负责此事的中央文化部文物局业务秘书罗哲文先生当年即来现场视察，并责成苏州市政当局抓紧时机抢修此塔。后来，主管此事的文化部郑振铎副部长作出批示说："中央对此异常重视，认为该塔有关国际观瞻，影响重大，必须在今年内紧急抢修，以防意外。如果突然发生变故，恐将造成不可弥补的损失……"

抢修虎丘塔的工程于1957年3月初开工，至9月底竣工。在开工不久的3月30日下午的施工中，工人于二层楼面下的砖层中发现一十字形窖穴，其中珍藏了石函、经箱和放置其中的《妙法莲华经》七卷和供养人题名一卷，可惜保存条件欠佳，经卷和供养人题名卷的纸已经硬化作黑色（磁青纸），无从打开展阅了。但经箱内有长方形象牙牌一块，长6.2厘米，宽2.7厘米，色已泛黄，上刻"弟子顾超舍愿三世亲生父母疾证菩提佛道"，这件供养的象牙牌是我们目前所能见到的顾氏与古塔供养关系最早的证物。因为此经箱底部有着明显的用毛笔书写的文物入塔时间："辛酉岁建隆二年十二月十七日丙午入宝塔。"建隆即宋太祖赵匡胤创建赵宋王朝所使用的第一个年号，建隆年号共使用四年，即公元960至963年，建隆二年即公元961年，这是显示顾氏与古塔关系的最早的时间。而同时置于经箱内的供养人题名卷的首页上墨书题写的字迹虽不清晰，但依稀可见其右侧首行竖写的是"金花银装经函一"七字，其左紧挨的第二行为"弟子孙仁遇"，与经箱底部题写的"弟子孙仁遇舍金银并手工装"是一致的，而再左近的第三、四两行的上部即两位顾姓供养人姓名"顾超"和"顾相"，再后出现过"金""唐""陈""邵"等姓氏的供养人姓名，这供养人题名卷首页上不多的姓名中已出现两位顾姓施主，可惜供养人题名卷后面不能显示，否则必当还能发现一些为虎丘塔作出供养的顾氏先贤的人名，但这已经能证明顾氏在建造虎丘塔和入藏文物中的供养关系。

虎丘塔竣工未隔多久，瑞光塔也开始建造，历二三十年时间，终于在北宋仁宗时的天圣年间（1023—1032）竣工。20世纪80年代，瑞光塔也开始倾斜，木构部分损坏相当严重，苏州市政府指令刚完成虎丘塔抢修任务的修塔办公室易地再战，抢修垂危的瑞光塔。

抢修瑞光塔首要是加固地基。1987年，在加固地基施工中将原在塔体砖基下的磉石取出，然后以钢筋混凝土取代之。在塔体东门南侧取出的磉石上发现其表面铭刻着一篇定磉题记，题记不算太长，照录如下：

苏州平江军吴县永定乡住居弟子顾知宠并妻赵十四娘及男承泽、承沼、承济以家眷男女等，谨因瑞光禅院募众缘建造宝塔一所，□发志心，舍净财造莲花磉一十六片，净面磉八片，愿此功德回向，四恩三有，普及一切，法界有情，同生净国。具家眷姓名如后。新妇：言十四娘、夏卅二娘、张十四娘、卢九娘；女：顾廿一娘、廿六娘；孙女：顾八娘、十娘、十一娘、十二娘、十三娘；孙男：顾显忠、显隆、显常、显之、显明、显华；铁寿：保儿、曾子；铁僧：树子；女孩：住儿、足儿；富婆：顺子。时景德元年甲辰四月廿一日定磉题记，永充供养。石匠马琮、马珣、沈皓、侯旺；勾当行者：慧翱；僧：守隆、乘最、迁麟；主持主传法沙门：蕴谦；都作头：徐迎胜。

这是一篇佛寺供养人捐赠财物的真实记录，题记清楚地说明，因瑞光禅寺募众缘建造宝塔，苏州平江军吴县永定乡住居弟子顾知宠一家舍财造莲花磉十六片、净面磉八片（此二十四片磉石为内外塔壁转角处柱下之垫石，其中十六片雕刻莲花纹，而外壁内侧八片只作平整加工，未雕琢纹饰）的情况，这与抢修瑞光塔时取出的二十四块柱石情况完全符合，而题记中精确记载了定磉的时间，即放置磉石、构筑佛塔基础的确切日期为北宋景德元年（1004）甲辰岁四月廿一日，这就为确定瑞光塔建造年代提供了新的证据，从而澄清了历代文献上关于建塔的错误记录。

定磉题记上记载了瑞光塔供养人顾知宠夫妇及其家眷的名单，其中男性供养人姓名俱全，女性供养人无论长幼都只题姓氏和排行数字，而无名字，这反映了当时取名的习俗，铁寿、铁僧据字义当为男仆的称谓，富婆当是年岁较大的女仆的称谓，而顾氏宗亲共22人。

我们还发现瑞光塔三层内塔墩砖壁上嵌置有供养建塔砖材的题记二块，其中砖铭为“弟子顾知宠并妻赵十四娘舍塔砖一万片己酉岁记”和“弟子范迪为亡妻顾氏十六娘舍砖一万片砌第三层塔，大中祥符三年庚戌岁记”，砖铭中的“己酉岁”比定磉的甲辰岁晚了五年，庚戌岁比甲辰岁晚了六年，当为宋真宗大中祥符二年和三年即公元1009年和1010年，也就是说顾知宠一家在瑞光塔建塔之初供养了基础的磉石，而时隔五年和六年再次供养了建构三层塔的砖材共两万片，至于三层以上的塔的建构中是否还有顾氏之供养，因信息缺乏而无法确定。

1978年4月发现于瑞光塔三层天宫内的一卷《大隋求陀罗尼神咒经》下方的供养人题记中出现了两位顾姓供养人的姓名，题记摘文如下：

剑南西川城都府净众寺讲经议持念赐、紫义，超同，募缘传法沙门蕴仁、传法沙门蕴谦、传法沙门可闻、传法沙门道隐、比丘至通，同入缘男弟子张日宣、郭用庄、闵超、闵荣、叶禧、沈迁、管福、王文胜……顾宠、盛福、徐远、凌秀……同入缘女弟子沈三娘、沈四娘、汪七娘……顾十二娘、陆十娘、刘十二娘……咸丰四年十一月□日杭州赵宗霸开。

此件《大隋求陀罗尼神咒经》印本，印制于北宋王朝第三位皇帝宋真宗赵恒的咸平四年，即公元1001年，是中国印刷术早期的印本，极具历史科学和艺术价值，已被定为国家珍贵古籍名录，编号为第07189号。而印本下方题记中的男弟子顾宠和女弟子顾十三娘都是参与此次供养印刷此件佛经的施主，即供养人。

瑞光塔发现的文物中，还有两件金涂塔，其中大的一件铜金涂塔塔座底边长15厘米，通高26.8厘米，此塔平面为正方形，可拆卸，大致可分为五部分，从上到下分别为塔刹、蕉叶形插角、塔身、铜盖和四面带有十六罗汉像的须弥座。整个塔身深受印度佛教影响，各面刻有佛传故事，蕉叶形插角外侧共刻故事一十六则，内侧分立四天王像。塔刹细长，约占全塔高度之三分之一，刹身有相轮五重，刹座为莲形复钵。底座盖的上面刻发愿文一段：“苏州长洲县通贤乡清信弟子顾彦超将亡妇在生衣物敬舍，铸造释迦如来真身舍利宝塔一所，伏用资荐亡妣胡氏五娘生界永充供养，岁次乙卯十月□日舍”。这又是一位顾姓信佛弟子敬舍金涂塔的实证，其以衣物转换成金涂塔捐赠供养给瑞光寺院僧人，再转置于塔第三层塔心柱窖穴内，其所刻之“岁次乙卯”与瑞光塔建塔年代（1004—1032）相比较，似应为北宋真宗大中祥符八年（1015）的乙卯年，而未必是五代后周世宗显德二年（955）的乙卯年。苏州在吴越国境内，即未必是吴越国王钱俶八年

（955）的乙卯年。根据浙江省博物馆研究，此一金涂塔正式名称为阿育王塔，但并非由吴越国王所铸造，而是民间仿制的。

民国年间，顾氏后裔顾公硕先生对虎丘塔、瑞光塔等古塔做了考察，拍摄照片，为后人留下了珍贵的古塔信息资料。新中国建立后，顾公硕先生于1950年成为苏州市文物保管委员会委员，参与了1957年的虎丘塔抢修加固工程。1960年元旦，苏州博物馆建立，顾公硕为第一任副馆长，虎丘塔内发现的珍贵文物也入藏苏州博物馆。

综观虎丘塔和瑞光塔这两座古塔中相当有限的文物信息，我们已经可以发现历史上的苏州顾氏对于建造苏州古塔和供养塔藏文物的贡献了。

文艺创作

拜谒吴江三里桥顾公野王庙，敬赋一律

张舫澜

镌石英魂信可招，名经千载未曾凋。
惊涛浮玉文成典，大德悯农公喝潮。
六代衣冠如梦散，两朝人物属谁骄。
寻常乱世多归隐，士遣微言启后苗。

南乡子·题和鼎立于顾野王墓园

王　焱

2020年6月6日应顾野王后人顾建新先生之邀而作

回梦寄吴乡
犹记落星石上霜
绘罢丹青凭伫立　野王
凉月松萝忆陈梁

依旧越溪旁
塔伴楞伽山更苍
擎日和风鼎吐玉　生香
文圃千年遗脉长

江东孔子顾野王

（原创昆剧）

顾问：顾秉林　蒋志明

编剧：王焱

出品：上海市金山区亭林镇人民政府

目　录

人　物

顾野王（生）

贺夫人（正旦）

文　锦（末，老院公）

试　墨（文丑，顾野王的侍从）

画　眉（贴旦，贺夫人的侍女）

李　度（花脸，宦者，亦即太监）

凤凰仙子（闺门旦）

二壮士（武生）

二反将（武生）

二凤凰（旦）

注：

1. 贺夫人与凤凰仙子可用同一个演员饰演。

2. 老院公与侍从，可以同时饰演二壮士。

3. 太监可以饰演二反将之一。

4. 丫鬟可以饰演二凤凰之一。

共需八位演员。

开　篇

［女声伴唱］

女声合（唱）【一剪梅】

天际霞光入水中。

轻驾龙舟，恒鼓箫钟。

遥升赤羽正出东。

杲杲行时，天地垂虹。

犹见金乌飞碧空。

暗夜初开，晴雪消融。

繁星明月永相从。

澄澈辉光，长济苍生。

第一场　闻变

背景合（唱）【江儿水】

飒飒西风烈，

起江南。

倾颓岳岭·崩如片。

萧萧残日·当空颤，

茕茕战骨·缠野蔓。

忙祷苍天速遣，

蚩尤五兵，

早息侯景之乱。

［背景合唱声中，老院公急匆匆上］

老院公　　　　公子，不好了，侯景作乱，江北江南遭涂炭！公子！（急下）

［顾野王孝服哀上］

顾野王（唱）【双调·风入松慢】

西窗秋月·室清寒，

戚戚·衣单。

椿堂殒谢·空悲叹，

音容·回梦年年。

（料）寝冢·蒿莱侵占，

泪珠（儿）·遍洒腮边。

（吟集句）秋来处处割愁肠，星汉西流夜未央。扃闭朱门人不到，天涯一望断人肠。

（白）俺，江南吴郡顾野王，幼展才学，长怀壮志。深得梁王恩泽，赐俺黄门侍郎兼太学博士。只因家父新殁，丁忧在家。俺念梁王恩重，又念朝中动荡，故而身在家乡，心系君王！唉，想俺希冯呵——

（唱）【锦堂月】

（自幼儿）读遍·圣贤，

钟情·楷篆，

曾经·缀玉成篇。

长恋·丹青，

春秋·（在）笔下斑斓。

醉心这·锦绣山河，

曾踏过·崖高水浅。

（恨不是）天上日，

巡彻·人间，

照破·黑暗。

［贺氏抱衣上］

贺　氏（唱）【前腔】

秋意·未阑，

（伴）灯烛·影颤，

年来·世事萦牵。

长念·亡兄，
恍惚·梦里团圆。
心长恨·不是木兰，
难替（老）父·戎衣血染。
月已半，
还怕·凉寒，
（忍）泪眼·（将夫君）轻唤。
（白）夫君！
顾野王　　　　夫人，你怎还未歇息？
贺夫人　　　　你看夜色沉沉，须要歇息了。（为顾野王披衣）
贺　氏　　　　夫君呵——
（唱）【前腔换头】
难眠，
惊梦连连，
（似）素帏·冷透，
（似）狂风·漫卷珠帘。
（似）南陌·桑田，
频挥·瀚海危弦。
似谁在·乱里惊呼，
飘荡荡·江污河染。
魂未定，
难抚·惊心，
惊心·还颤。

顾野王　　　　哦，好可怕的梦境！夫人须是在俺守孝期间，连日操劳所致。无妨，看看天已破晓，待俺唤来院公，请医调治。

［老院公急上］
老院公　　　　公子，不好了！
顾野王　　　　老院公，天方破晓，何事惊慌？

老院公　　　　公子呵——

（吟）【忆君王】背盟侯景吞三江，血染台城困梁王。如画江南成鬼乡。忆君王，悔恨当初偏引狼！（泣）

顾野王　　　　呀！我巍巍梁王，怎遭此困；我大好江南，竟遭此劫。好不教我痛心也——

（唱）【醉翁子】

难掩，

泪涔涔·逐波济汉。

未·消弭旧痕，

又（有）新痕绽。

老院公　　　　都说江南好，谁知江南竟凋残！

顾野王（唱）心（暗）转，

问·可有儿男，

霹雳弯弓·息狼烟？

老院公　　　　可惜这满朝兵将，他们逃的逃，散的散，个个避而不战！

顾野王　　　　个个避而不战？

顾夫妇　　　　（急切同问）俺那岳父（爹爹）贺长史呢？

老院公　　　　（欲言又止）那贺长史么……

贺夫人　　　　（急切）快说，俺爹爹怎样了？

老院公　　　　贺长史奉旨镇守京师，誓死而战，怎奈寡不敌众，又无援兵，早已……

贺夫人　　　　怎样了？

老院公　　　　（泣）全军覆没，一同阵亡！

贺夫人　　　　爹爹！（心痛，晕）

顾野王　　　　（急扶）夫人！

老院公　　　　画眉、试墨快来！

［画眉、试墨急上］

画　眉　　　　夫人！（扶，唤）

顾野王　　　　（起身）试墨，快取俺铠甲来！

试　墨　　　　相公，你要做什么？

顾野王　　　　俺要去勤王救驾！

试　墨　　　　诶！（下）

贺夫人　　　　（醒，虚弱）哎呀爹爹！

画　眉　　　　（揩泪）夫人！

老院公　　　　公子，你非兵非将，一介文臣，单枪匹马，休说退敌，反是送死！

顾野王　　　　诶！

（唱）为臣子，

休论·（武官）文官，

老院公　　　　可你还在孝中啊！

顾野王（唱）（愿以）我血·（将家）国奠！

（白）老院公，速去招募横塘壮士，只道国家有难，谁愿随俺顾希冯前去退敌，俺重金酬报！俺顾希冯宁舍家园，誓保江南！夫人保重！（下）

老院公　　　　遵命！（下）

贺夫人　　　　宁舍家园，誓保江南！夫君呵——

（唱）【叨叨令】

（你）豪情·垂浩瀚，

（俺）悬望·自凭栏。

（你）战鼓频敲·驰征马，

（俺）夜夜朝朝·更漏残！

（白）画眉，你与俺一同进香，为官人祈求平安。

画　眉　　　　诶！

贺夫人　　　　哎呀爹爹！（与画眉同下）

第二场　斥乱

［众壮士持长枪上］

壮士合（唱）【点绛唇】

叱咤云天，

（列）刀枪·灿灿。

尸途·难辨，

（看）吴地凋颜，

长啸·声声叹。

［顾野王孝服铠甲，持长枪上］

顾野王（唱）【混江龙】

山河频唤，

驱驰战马·发冲冠。

（只因他）家国·祸乱，

（俺只得）铠甲·（蔽）孝衫。

（白）可怜俺岳丈战死京师，死无葬身之地，好不令人心痛！也不知陛下何处？身可安好？陛下呀陛下，你要待俺前去救驾！（带众人行）

［探子上］

探　子　　报！陛下困饿已久，今日驾崩！

顾野王　　你说什么？

探　子　　陛下已然驾崩！

顾野王　　你可见到陛下真容？

探　子　　（泣）见到了陛下真容。

顾野王　　啊呀！陛下，你你你，你如何不待俺救驾，径自去了！（挥手，探子下）

众壮士　　公子，如何是好？

顾野王　　陛下虽去，家国还在。你我兄弟，慷慨男儿，岂任贼子践踏家乡也——

（唱）瑟瑟西风·扑人面，

萧萧白骨·烁光寒。

弱书生·壮怀霄汉，

横塘士·道义更坚。

（咱）生逢·国难，

誓死·（卫）江南！

探　子　　　　报！前面已是贼营！

顾野王　　　　如此且住！

众壮士　　　　但听公子之令！

［顾野王登上高处］

顾野王　　　　（高声白）贼子听者！为人臣者，有圣臣者，有功臣者，有态臣者，有篡臣者，亦有贼臣者！圣臣必尊，功臣必荣，篡臣必危，态臣必死，贼臣更有天地诛！

众壮士　　　　噫，公子文弱，声若洪钟。你看，叛军竟然骚乱起来了！

顾野王　　　　（续白）今尔上不敬天，中叛君王，下虐黎民，委弃臣道，惨绝人寰，震怒皇天！我等壮士，只为家国，替天行道，誓死而战！

众壮士　　　　只为家国，誓死而战！

顾野王　　　　壮士们，与俺冲杀进去！

众壮士　　　　啊！

［众壮士杀进敌营，武打场面］

［叛军纷纷逃窜］

众壮士（唱）【油葫芦】

（你）恰似尊神·垂怒天，

教群兽·闻（之）丧胆，

（教）飞龙跃跃·绽欢颜。

（教）奔波香象·蹄儿颤，

（教）黑云滚滚·急消散。

顾野王（唱）望日边，霞斑斓，

丹心碧血·（将）青霄染，

高奏（着）·凯歌还。

试　墨　　　　（崇拜地）公子，我还以为跟您来打仗是送死，谁知您这金嗓子一声喝，就像狮子之吼，不仅那乱军肝胆俱裂，还驱散了乌云唤出了太阳。您这武功，可真是惊天动地！

顾野王　　哈哈，退敌倒是不假；驱乌云出太阳么，不可妄说！（率众行进，下）

试　墨　　嘿嘿，神人，神人！（急忙随下）

［宦者捧圣旨上］

宦　者　　（吟）愁恨年年长相似，雍雍新雁咽寒声。惊残好梦无寻处，往事悠悠已成空。

（白）唉，可叹侯景叛乱，梁王薨逝。可喜新主即位，整饬天下。因那顾氏野王平乱功高，圣心大悦，为此封爵，宣其上朝伴君。谁料那顾野王不愿入朝，不肯侍君。陛下嘉其忠义，惜其才学，另下旨意，封其海盐县监。一个闲官。哈哈。（呼）圣旨到，顾野王接旨！

［顾野王急上，跪］

顾野王　　草民顾野王接旨！

太　监　　制曰：世子顾野王，重孝哀哀之时，招募横塘壮士，为国平息叛乱，解朕深切之忧。着即封为海盐县监，即日赴任。钦此！

顾野王　　（接过圣旨）卑臣谢主隆恩！

太　监　　哼！顾野王，你也太不识抬举，大官不做，小官不拒。真真岂有此理！（下）

顾野王　　送公公！哈哈，海盐，恰俺祖上顾雍丞相曾经在彼生长；海盐县监，好一个任重而闲的官儿！海盐僻静，正可教化一方，以展胸中抱负。俺且携众家眷，带五车书，海盐赴任去者！海盐，俺来也！（下）

第三场　喝潮

［试墨挑担上，老院公随上］

二人合（唱）【八声甘州】

枯藤·瘦马，

凛秋风·吹动瑟瑟寒花。

斜阳·西下，

衰草·深处（有）人家。

试　墨　　（挑起担子，唱）昨宵雨浓·湿路滑，

［老院公险些滑倒，侍从放下担子急扶］

老院公　　（甩开侍从，又倒，杖飞，唱）旧杖抛飞·惊乱鸦。

二人合　　（相扶，唱）天涯，

满凄凉·剩水残霞。

老院公　　（望天）时值中秋，昨日骤雨已过，今日时阴时晴。不知今晚可得明月？

试　墨　　（揪老院公胡子）老头儿，雨又下起来了，休再戏耍！

老院公　　（举杖佯打）你个小娃娃，没大没小，看不打你！

试　墨　　哈哈，你敢追我，我看你在泥巴里跳舞！（二人追打）

［顾野王夫妇相携，丫鬟撑伞扶贺夫人，三人上］

画　眉　　老爷夫人，慢些儿行！

三人合（唱）【前腔换头】

渐遐，

（止不住）伤心·泪洒，

叹家乡·河破山碎皆疤。

贺夫人　　（回望，泣）哎呀爹爹呀！

顾野王　　夫人休再悲伤！

贺夫人（唱）（再不见）青砖·碧瓦，

（再不见）湖畔·翠柳桃花。

（再不见）珠帘美人·弹琵琶，

（再不见）苑囿亭台·景物佳。

三人合（唱）嗟讶，

好江南·顷刻（成）污洼！

［几人相拥而泣］

老院公　　启禀老爷夫人，已到海盐地界！

顾夫妇　　　　（喜，望）哦，已是海盐了！

试墨、画眉　　（惊呼）老爷、夫人，快看！

［百姓仓皇奔逃而来］

顾野王　　　　初到海盐，便是如此光景。也不知百姓仓皇，所为何事？快些问来！

试　墨　　　　（呼喊）喂！你们为何奔逃？

众百姓　　　　快逃，快逃，大潮袭来了！

顾野王　　　　呀！大潮！

试　墨　　　　哪里来的大潮？

众百姓　　　　年年此日，钱塘大潮！

试　墨　　　　就无堤坝么？

众百姓　　　　堤坝早已年久失修！快逃快逃！

众　人　　　　官人（老爷），这可如何是好？

试　墨　　　　老爷，这倒霉的，偏咱赶上了！咱也快些逃回去吧！

顾野王　　　　胡说！既为海盐父母，自当海盐之责，岂可临难逃脱！试墨，你速唤乡勇拦潮筑坝！

试　墨　　　　是！（下）

顾野王　　　　老院公，你快快呼唤老弱乡亲，登上城门！

老院公　　　　（呼喊）喂，乡亲们，新县监在此！快快登上城门！

众乡亲　　　　原来新老爷在此！（转向跑来，登上城门）

顾野王　　　　老院公，你与夫人快登城门！

夫　人　　　　官人，既遇危难，岂能相抛！

老院公　　　　老爷，我与你同生同死！

顾野王　　　　（望）这可如何是好？这可如何是好？（拜）苍天呀，你可速发神将，来退潮水！

（急）看黑压压猛浪，卷天荡地。忽想起当年急切之时喝退乱军，喝散乌云，喝出骄阳。想物皆有灵，今日不如一试！

［顾野王拉起夫人、老院公，登上城门］

顾野王　　（断喝）潮水呀潮水，你是逐俺而来，还是迎俺而来！俺顾野王初到海盐，你休要伤我百姓，休要毁我良田！

（唱）【解三醒】

远望你·阴风飒飒，

似听你·战鼓杀伐。

（莫不是）伍子驱车·随潮下？

（莫不是）海鲸没·戏浪花？

［试墨奔上］

试　墨　　老爷，风急浪高，才筑堤坝，顷刻冲开！

顾野王　　哦！

（唱）（筑不起）金汤屏障·高堤坝，

（擂不起）金鼓齐鸣·壮山崖。

（白）潮水呀潮水，俺就任到此，岂为一己之私。若俺德薄，有辱海盐，俺宁可交还官印，也要守护一方安宁！（抛官印）

众百姓　　咦，潮水不再前行！

顾野王（脱去官帽、官服，再抛）

众百姓　　潮水退些儿了！

顾野王　　潮水呀潮水，你为何还不退去？罢！（欲纵身）

贺夫人　　（惊恐，抱住顾野王）老爷，你若舍身，我也同去！

画眉、院公　　老爷，使不得！

顾野王（唱）拼一死，

（若得）江山永固，

（宁愿）长伴·鱼虾。（推开夫人、画眉和院公，纵身跳下）

众　人　　（呼）老爷！

众百姓　　潮水退了，潮水退了！

［众人急下城门，寻找顾野王］

［顾野王躺在地上，官印、官服、官帽皆在其侧。贺夫人和仆人们抚顾野王，泣唤“老爷醒来”；众百姓手捧官印、官服、官帽，跪拜呼唤“大恩老爷醒来”］

［顾野王苏醒］

顾野王　　（环顾众人，拉住夫人）夫人，潮水可退了？

众　人　　老爷，潮水已退。

顾野王　　可有伤亡？

众　人　　并无伤亡。

顾野王　　可损良田？

众　人　　大恩老爷，良田可复！

［顾野王缓缓站起，接过官印、官服、官帽］

顾野王　　（将众人扶起）休要如此。我初到此地，让乡亲们受惊了。

众百姓　　是我们连累大恩老爷差点丧命！

百姓甲　　你不知道，前几任老爷，每逢大潮将临，便各自逃命，不顾百姓死活！

顾野王　　竟有此事！唉，你们快些回去，整饬家园吧。

众百姓　　有此大恩老爷，海盐幸矣！（拜下）

顾野王　　（远望四野）可叹大好山河，适才满目疮痍，如今又是一片瓦砾。好不教人伤心！

贺夫人　　老爷，悲椿堂已去，惜美景难再，叹故土难回！

顾野王　　眼见它百花凋零成泥土，眼见它亭台寥落作废墟，眼见它风流散尽无踪迹。好不教人痛心！俺顾希冯曾走遍千山，涉过万水。这大舆茫茫，承载万物；大舆之上的一花一草，一树一木，一山一水，曾滋养苍生。如今，你那斑斓秀色都尽归何处了？

贺夫人　　当初斑斓秀色，当初鸟语花香！唉，只在夫君心中。

顾野王　　在俺心中？

贺夫人　　夫君，这大舆胜景，在世间难觅踪迹，却已铭刻在你心中；你可将它形之笔下，使之永在，又可警世！

三仆人　　诶诶，写下来，写下来！

顾野王　　使之永在，又可警世！有理，有理！

贺夫人（唱）【解三酲】

（咱）满载着·五车书画，

这都是·万古烟霞。

（这）五典三坟·平天下，

（还）有蝇字·记桑麻。

（你看它）无边落木·萧萧下，

（唯简儿）不尽清芬·脉脉发。

画　眉　　　　看，雨停了，夕阳又出来了！

顾野王（唱）都一霎，

（想）春秋·迭代，

丽日·（却）长华。

老院公　　　　太阳要下山了！

试　墨　　　　天要黑了！

顾野王（唱）【掉角儿序】

日徐徐·沉沦野沙，

遍四围·寒威风飒。

凄恻恻·频啼乱鸦，

闹哄哄·又惊狂马。

行迹稀，

斜晖减，

隐虫鸣，

冰霜挂，

（教）万物·齐杀！

（这）十万·人家，

（可怜）沦入·苍涯。

（俺）泪如麻，

（恨不作）挥戈·三舍，

（恨不）挽住·光华！

（白）哎呀太阳啊，你看天下昏昏，满目萧然。你若沉沦，谁护苍生？还记幼时，因深恨家园不宁，天昏地昧，曾作《日赋》。当时立下誓言，此生要做骄日，为天下吐尽光辉。如今，国家尚在乱中，骄日当在中天，岂可就此息却光明，任它苍茫黑暗！

贺夫人　　夫君啊，你心怀文韬武略，志在家国天下，岂肯等闲岁华！

顾野王　　夫人有何高见？

贺夫人　　闻说夫君先祖故里，背山面水，山清水秀。到彼之后，不如沉潜学问，将你心中的大舆之美，尽写简上。

顾野王　　好啊！以志大舆，以化天下，以警后世！也不枉俺自幼蒙教，不枉这满腹经纶！

试墨、画眉　　果真如此，便是永不破碎的好山河！哈哈！

贺夫人　　果真如此，世人之幸矣！

五人合（唱）【尾声】

夜色苍茫路正遐，

休回望飘零蒹葭，

一鞭行色向天涯。（五人相扶，同下）

［宦者上］

宦　者　　人生白驹过隙，转眼宋齐梁陈。无奈宫中争斗，幸存白发此身。唉，俺侍奉了一代代君王，见惯了砍砍杀杀。终日如履薄冰，战战兢兢。如今梁已成陈，陈又天嘉。陈主敕令，补顾野王为撰史学士。想起顾野王，当年拒入朝中，宁去海盐，教我多年难解。如今野王仍在海盐，竟教几代君主时时挂念。嗨，我懂了，我懂了，我懂了！（下）

第四场　引凤

［众百姓捧诗书上］

众百姓（唱）【菊花新】

才学博洽世无双，

浩荡仁德满钱塘。

老幼呼声长：

江东孔子顾野王！（百姓相互作揖而下）

背景合（唱）【好姐姐】
轻烟，
凉月在故山，
弄白波·秋水近远。
（看）乌衣巷口，
梧叶正连连。
离红尘，
栖迟此身旧宅院，
湛湛光辉手中卷。
［伴唱声中，顾野王捧书卷上］
顾野王（唱）【玉抱肚】
秋光不倦，
照池塘梧桐叶满。
剔牙松斑驳如鳞，
读书台云蒸霞灿。
天文地理史浩瀚，
吞珠吐玉著成篇。

（吟）生来人世四十春，帝子叠如天上云。愿做微尘轻流转，大舆圣壤是乾坤！

（白）俺，顾希冯。年过不惑，岁值天嘉。想俺生来至今，算来已历九位君主。俺自任此处，百姓感念俺当年舍命退潮之恩，乖戾渐退，民风归厚。俺身体力行：教化一方众，潜心著大舆。往来文人雅士，谈讲诗画学问，挥洒锦绣篇章。那日，江总、王褒几人来访，道俺到此之后，此地浇风转淳朴，粗野变诗礼，这未开化之地竟变成一片净土。嗳呀听得此言，好不令人欣慰开怀也！你看此处云蒸霞蔚，山色湖光，再看梧桐成阴，独缺凤凰。俺想这神鸟，五采而文，甘露是饮，何等吉祥也！那王褒与俺字画双绝，曾与俺当下相约：《舆地志》书成之时，俺画凤凰图，他题芙蓉字。哈哈，惟愿凤凰一出，天下太平！只是，这世上哪有什么凤凰，你教我如何画来？王褒啊王褒，你的字好题，俺的画难作哟！咦！俺不如先奏一曲《凤凰吟》，或可招感些些灵气！（抚琴）

（唱）【琴歌】

烟霞澹澹兮，谁动云霓？

梧桐叶茂兮，谁栖寒枝？

我种竹实兮，谁为餐食？

我欲岐阳兮，谁与鸣啼？

梦里垂鸿兮，谁衔祥瑞？

不见彩翩兮，幽怀难寄。

（琴声止，他提起画笔，渐渐铺开画纸）

（唱）【川拨棹】

徐开卷，

漫调那·青与丹。

整画笔·细描谪仙，

整画笔·细描谪仙。

画一笔九苞如绚。

画一笔翠羽鲜，

画一笔帝泽酣。

【前腔换头】

再画（他）逡巡·华池边，

乍闻韶·舞翩翩，

（你）与河图洛水同源，

（你）与河图洛水同源。

恰亭林·秋（正）斓斑。

清风来梧叶舒卷，

怎不见仙姿颜！（画成，喜，视画）

（白）咦，忽觉异香扑面，天音遥来，是何景象？（望）呀！凤凰仙子下凡也！

（唱）【步步娇】

（看）万里碧空金光遍，

双目先迷乱。

白云不敢动，

空山凝寂，鱼蛟隐面。

（夹白：听那啼声呵——）

（似）水殿·芙蓉开，

（似）月宫·飞霜霰。

［凤凰仙子飞上］

凤凰仙子（唱）【前腔换头】

翩跹，

君子之国生吾仙，

四海翱翔遍。（望）

仙姿谁描绘？

遥观五色，（似在）亭林水畔。

（俺）展翼·向空飞，（飞行，到茅屋，看）

（见）卷上·（凤凰）似盘旋。

（唤）姐妹们，你们怎生到此？

［众凤凰听到呼唤，从画上起身］

众凤凰（彼此疑惑）我们怎生到此？（看到顾野王）原来是顾老爷作画相邀。

凤凰仙子　　姐妹们，快随我飞天去也！

顾野王　　（急抓住凤凰裙角）凤凰一出，天下太平。仙子，你们是我所绘，休离人间！

凤凰仙子　　老爷休阻，你乃人间圣贤，何必苦留我等？

众凤凰　　且放凤凰回天去，人间自有顾野王！

顾野王　　（沉吟松手）“人间自有顾野王”！何意也？

凤凰仙子　　心若无尘，山川壮丽。你在人间，教化人心，庄严河山，堪比圣人再世。功莫大焉!

顾野王　　　　过誉了!

凤凰仙子　　　姐妹们,回去者!

凤凰合(唱)【川拨棹】

抬凤眼,

叶连连·遮(住)碧天。

举轻身·飘动裙边,

举轻身·飘动裙边,

乍回眸·人声正喧。

远去也·莫牵连,

(有)顾野王·在人间。(舞下)

顾野王　　　　(白)咦,你们都远去了,远去了!怎么,一霎时全都不见了!全都不见了!

[贺夫人、试墨、画眉、老院公急上]

四人合　　　　老爷,你怎样了?

顾野王　　　　(怅然)适才所见,是真?还是幻?

(唱)【步步娇】

偶然一幅凤凰卷,

引来凤凰现。

四人合　　　　凤凰!刚才翩翩而去的,难道是凤凰?

顾野王(点头)

五人合(唱)(教人)痴痴凝望眼:

(你)可否再来?

(我)倚门长盼。

从此读书堆,

仙音永留恋。

顾野王(唱)【醉扶归】

(俺)肉胎凡体·心多憾,

恨非仙子·在人间。

长悲世事·有饥寒，

更嗟微力·才学浅。

（俺只愿）骄阳擎左·照云天，

（右提）金枪·振无间。

背景合（唱）【尾声】

此生誓不息光辉，

只为人间有黑暗，

野王佳话代代传。

——剧终——

附录

顾雍族葬小王山

张志新

穹窿山东出一脉，蜿蜒而下，到达藏书境内。山不高峻，间隔平原而与正东的笔架山遥遥相对，这山便是著名的小王山。

地名都有出典，此山什么时候，又是缘何被称为“小王山”的？这还要追溯到遥远的战国、秦汉时代。

战国初期，越王勾践灭吴，传了六世。传到越王无疆即位时，“楚威王兴兵而伐之，大败越……尽取故吴地至浙江。而越以此散，诸族子争立，或为王，或为君，滨于江南海上，服朝于楚。后七世，至闽君摇，佐诸侯平秦。汉高帝复以摇为越王，以奉越后”。这是《史记·越王勾践世家》里的一段记载。说的是无疆被灭之后，至越王勾践十三世孙安朱之子——摇，由于他辅助汉高祖刘邦灭秦，并在打击楚霸王项羽的战争中立了功，而受到刘邦的嘉奖，恢复了他“越王”的地位。其父安朱同时受封为“顾余侯”，并赐姓“顾”。汉惠帝三年（前192），摇又被封为东海王，因为都城在东瓯，又称东瓯王，成为汉初的一名异姓王，王位世袭罔替。

汉景帝时，朝廷重用晁错，议行削藩，引发了“七国之乱”。吴地的刘濞拥兵自立，领头起来造反。顾余侯安朱五世孙顾贵起兵杀了刘濞，协助朝廷征伐其他叛汉部族，顾贵被汉景帝封为吴侯，刘濞的大片属地，成了他的封地。顾氏一族开始成为吴地“朱、张、顾、陆”四大家族之一的豪门望族。当时的小王山，是顾贵的一处封地，因此名“顾氏家山”。顾贵死后，就葬在这座山里，这座山也就有了“小王山”之称。在此之后，和陆墓为陆氏家族墓地、张陵山为张氏族葬之地一样，小王山便成了顾氏一门的族葬之地。

顾氏一族，历代名人辈出。卒而葬于小王山的名人也为数不少。如东吴名相顾雍，顾野王之父、建安令顾烜，两浙漕运都运使顾彦成，宋代著名诗人顾禧等等，都先后落葬于此。其中尤以三国时的东吴丞相顾雍最为有名。

顾雍（168—243），字元叹，吴县人。东汉末年，才女蔡文姬之父蔡邕为避仇人，隐居山中。顾雍幼年时，曾拜蔡邕为师，学习琴艺和书法。相传他经常焚香操琴于山顶石硎之上，所以小王山还有了“琴台山”的别称。顾雍才思敏慧，静心专一，琴艺书法日见长进，深得蔡邕的喜爱，因而顾雍经常受到他的称赞。蔡邕辞赋文章皆绝，还通天文律算，他在顾雍的成长过程中起到了非常重要的作用。

顾雍成年后，曾获州郡举荐，先后担任过娄县、曲阿和上虞县令。每到一处，他都取得了很好的政绩。孙权担任会稽太守时，长期不在会稽。作为会稽郡丞的顾雍常常代理太守之职，行使太守的责权。任内他参与讨平山贼，使会稽郡内祥和安定，一郡之民安居乐业。顾雍治郡之绩深得孙权的赏识和百姓的称戴。

黄武元年（222），孙权即位。在曹丕废汉献帝自立和刘备称帝之后，他也称帝，号称“东吴”，还都建业（今南京），形成了历史上的“三国时代”。顾雍时任太常，封醴陵侯。此时，顾雍也由左司马升任大理奉常、常书令，封阳遂乡侯。黄武四年，他迎母亲到吴国都城建业。孙权亲自下阶迎接，向顾母行跪拜礼，可见孙权对顾雍的器重。后来，东吴第一任丞相孙邵逝世，孙权即命顾雍接任丞相之职，顾雍一连当了19年，一直到76岁。顾雍在任内，选调朝中各官，均以能力为依据，不存丝毫私心。他经常亲自或派员到民间察访，制定合适的政令或提出建议，供孙权定夺。“若见纳用，则归于上；不用，终不宣泄。权以此重之。”（《三国志》）有一次张昭提出：“法令太稠，刑罚微重。”孙权咨问顾雍，顾雍对曰：“臣之所闻，亦如昭所陈。”于是孙权决定议狱轻刑，并在国内鼓励垦殖，发展农桑，使吴国出现了政通人和的大好局面。这其中，顾雍曾起过非常重要的作用。

顾雍少言语、不饮酒，举止文雅而适得大体。顾雍不发虚言，不讲无用之话，但在朝有所陈及，“辞色虽顺而所执者正”。孙权评说他：“顾君不言，言必有中。”顾雍不喜欢参加宴饮，因为只要他在场，文武将吏都怕酒后失态，不敢肆情狂饮，宴会上就少了欢快热烈的气氛。有时连孙权都很忌他，曾叹曰：“顾公在坐，使人不乐。”顾雍听后不争辩，依然我行我素。对此袁宏曾评述：“元叹穆远，神和形检。如彼白珪，质无尘玷。立上以恒，匡上以渐。”

顾雍为人大度，能容人。他亲平民，经常接见基层官吏，并秉公行事，而使吏民归服。他在朝中曾遭中书、典校郎吕壹、秦博的诬陷。后来吕壹等人的罪行败露，他们下狱后，顾雍仍去看他们，劝他们服罪，并不因为曾经被诬陷而幸灾乐祸、落井下石。相反，当尚书郎怀叙辱骂吕壹时，顾雍还斥责怀叙：“官有正法，何至于此？”

顾雍为相，直至76岁高龄，孙权仍十分倚重他。吴赤乌六年（243），顾雍患重病，孙权命太医赵泉为他诊治，并即刻授顾雍少子顾济为骑都尉，以此冲喜。顾雍听后说：“泉善别死生，吾必不起，故上欲及吾目见济拜也。”深谢孙权体察老臣之心。顾雍逝世后，孙权素服临吊，赐谥号“肃侯”，还评价顾雍说：“故丞相雍，至德忠贤，辅国以礼，而侯统废绝，朕甚愍之。”对顾雍做出了极高的评价。

顾雍死后，葬于顾氏氏族墓葬地——小王山。对此吴地方志多有记载。

1928年，李根源母阙太夫人逝世，准备落葬小王山。当时顾氏冢墓已不能确指。李根源在小王山做了详细的调查与勘查，生怕葬母而误伤先贤阴宅。他在调查中发现一块碑碣。由于仆地已久，风雨剥蚀，字迹已不十分清晰。李根源剔洗后仔细辨认，上面有“汉驰义侯顾氏迁吴始祖贵、吴丞相封醴陵侯顾公雍，梁建安令赠侯爵顾烜之墓”等字样。此碑为嘉庆二十一年（1816）顾氏后裔重立。碑后隐约可见三个并列的坟堆。李根源当即手绘《顾氏三贤墓地图》。着手重修先贤之墓，还在墓旁亲书“吴丞相顾公雍葬此”摩崖石刻。在他所著《松海》一书中记载：“（顾氏三贤墓）距吾母兆域五十丈，逾岭即是，有墓碣可认。”李根源先生在修复顾氏墓后才营造自己母亲的坟墓，可见他对吴地先贤的尊重。

顾氏三贤墓现依然并列于小王山麓，墓前立有石碑三块，但墓区内杂草丛生，比较荒芜。目前，苏州顾氏文化研究会为传承顾氏历史文化，发扬祖先优秀事迹，争创和谐社会，正筹措经费，准备修复这三位先贤的古墓，同时向有关部门提出申请，将墓列入文物保护单位。此举不仅可以使先贤遗迹得到有效保护，还可充实穹窿山景区的文化内涵，让参观游览者知道这段历史，借此深入了解吴地的人文历史情况。这种以民间力量来做好文物保护工作的方法，是值得大力提倡的。

周有光为顾野王文化题词

王　道

著名语言学家、“汉语拼音之父”周有光先生从苏州走出去后，一直关心苏州的传统文化。2013年冬天，我们顾野王文化工作室到北京拜访了年逾百岁的周有光老先生。他听说是顾野王文化工作室时，连说知道知道，顾野王是文字学的鼻祖，两人也算是“同行”了。工作室创办人顾建新献上了顾野王的内刊，周老一一翻看，很是认真。他又打开工作室送给他的特制的苏扇看了半天，饶有兴趣，上面是画家劳思绘画的虎丘山图，中间为顾野王题写的“大吴胜壤”四个大字。

周有光先生在书房里接待我们，他慈祥和蔼，没有一点架子。他说顾野王是位非常了不起的人物，编写了我国第一部楷书字典《玉篇》，运用了反切注音法，一直延续到汉语拼音的诞生。他还说，传播顾野王文化非常有意义，鼓励我们一直做下去。最后在我们的请求下，他认真地为我们题写了工作室名称。

2014年5月，我们工作室又与北方昆剧院编剧王焱女士一同前往周家拜访周有光先生，周有光的夫人张允和生前弘扬昆曲，支撑起北昆社的大旗，曾与北昆交往颇多，而周老也曾频繁前往帮忙。见面后大家相谈愉快，当听说王焱的小女正在学习绘画、昆曲、诗词等传统文化时，周老颇为高兴，说这样好，支持她学习中国的传统文化。周老送给每个人一本他的纪念集，还谦虚地说都是别人写的，他就不签名了。临告别时，周老双手行礼，温和地与大家作别。我们谨记着周老的教诲和支持，我们永远怀念周老。

后 记

“郁郁乎文哉”！每当写下“后记”二字的时候，就代表着又一本书即将付梓。《千年回响——纪念顾野王诞辰1500周年研究论集》马上要出版了，心甚慰之。2019年12月，在我现在工作的单位——苏州市职业大学的校园里举办了一场隆重的纪念大会——纪念顾野王诞辰1500周年学术研讨会。是日，来自北京、上海、南京等知名高校的教授、学者齐聚一堂，以学术研讨的形式纪念这位1500年前的先贤。

“山光映水色，故园存文心。”素有“江东孔子”之称的南朝陈代黄门侍郎顾野王的纪念园坐落于学校北校区内。越来溪畔、上方山麓历来钟灵毓秀，文脉绵长。早在南宋范成大的《吴郡志》中就记载：“梁顾野王墓在吴县楞伽山下，近越来溪。绍兴间，其碑石虽皴剥断裂，尚巍然直立，后为醉人推仆，石碎于地，今尚有存者。”巧的是，纪念园与范成大晚年泛舟隐居的石湖遥相对望。一代硕儒的铜像在上方山顶楞伽塔的掩映下耸立于澄澈清明的山水天地之间，循眼望去，仿佛可以感受到顾野王和范成大之间穿越了时空的对话。

说起顾野王园，苏州人有句家喻户晓的俗语：“宁可赤脚奔，莫踏顾公坟。”也有说成“宁可赤脚奔，不踏野王坟”的。不管是哪个版本，都可以看出苏州人内心深处对于顾野王的尊崇。在史家典籍里，顾野王是“博通经史，擅长丹青”的“江东孔子儒”：他作为文字学家，旁征博引、采撷众长编订《玉篇》，成就

“千古奇书”；他作为历史地理学家，领衔大著作、执掌国史，编纂“梁史”，撰写《通史要略》，修书《舆地志》；他作为文学家，诗才敏捷，文采斐然，首创武夷讲学之风；他作为丹青圣手，擅长人物，笔法精工，与王褒并称“二绝”。在乡野百姓心中，顾野王是践守忠孝的慷慨义士，是舍宅为寺的大善人，是“养育五子皆封侯”的成功父亲（顾野王的五个儿子被苏州百姓尊为五财神，每逢大年初五，万人空巷，老百姓登上方山，祭拜顾野王），更是庇护一方、勇立潮头的喝潮大王……林林总总，我们可以看到的是一个立体丰满、“博洽倾当世”的百科全书式的人物，难怪北宋文学家王安石会作诗赞曰：“不朽在名德，千秋想其余。”

这样想来，绿水环绕，四季皆有风景的大学校园，因是顾野王的归葬之所，更添了厚重的历史感。记得王安石在寻访顾野王故居而不得时，曾怅然一叹：“寥寥湖上亭，不见野王居。”后来，在范成大的记载中，顾野王园开始慢慢变得清晰。明代卢襄在《石湖志略》中提及：“今墓上唯一巨石，可二丈许，横卧……石旁古松一株，似盖，湖上望见之，即知野王坟。”在经年沧桑之后，因缘际会，顾野王园得以修缮，秉承旧制，且充分体现原墓葬显山、显塔、显松、显石的原则，而墓上数块铁褐色的陨石和“似盖”的松树，更让这座“落星坟”充满了肃穆而神秘的气息。如今，整饬一新的顾野王园不仅是顾氏后人缅怀先祖的精神家园，更是学校文化育人的一方天地。

城市是文化的容器，文化是城市的灵魂。长三角一体化的国家战略，让江南文化站上了新的历史平台，并且正在展现勃勃生机和活力。文化的助推力量日益得到关注，尤其是历史所显现的区域文化的内生性力量的影响长远而深刻，被视为社会持续发展的源动力。苏州，历来山水清嘉，人文荟萃。以“顾陆朱张”为代表的名门望族，更是苏州璀璨文化的精华。所谓“江南无二顾”，顾氏一脉，以“野王”为宗。2019年，恰逢其诞辰1500周年，上海金山，苏州光福、吴江先后举行了盛大的纪念活动，我校也受邀参加了活动。经过精心的筹备和多方的鼎力支持，是年年末，纪念顾野王诞辰1500周年学术研讨会在我校顺利召开。而《千年回响——纪念顾野王诞辰1500周年研究论集》一书也是那时萌生的想法。在此，要诚挚感谢清华大学原校长顾秉林院士，当我们提出请他为此书作序的想法时，老校长没有片刻犹豫，欣然成文，这无疑是对地方院校的一种支持和激励，让我们在未来的办学发展道路上，秉持文化育人的理念，迈开高质量发展的步伐，大步向前；要感谢前来参加此次纪念大会的所有专家学者，当我们提出要编纂论文集时，大家不吝赐稿，使得本书的编纂顺利进行，这一篇篇论文，是专家学者勤勉治学的成果，亦是当代学人致敬先贤，与之对话的一种手段；还要感谢致力于推动顾野王研究的顾氏后裔和学术同好，让顾氏文化研究蔚然成风。

千年回响，声若钟磬。顾野王生于光福，很长一段时间生活在吴中和吴江，历浙江和福建，归葬于石湖上方山脚下的下舟村。文化是推动社会进步和发展的纽带，在长三角一体化的背景下，我们期待沪苏浙闽保持长期紧密的互动与对话，倡导成立“长三角顾野王研究学术联盟”，携手并肩，一起走向未来。

谨以此文致敬吴地先贤，黼黻文章，美于后世。

曹毓民

壬寅仲春